Theories of Social Work Practice

사회복지 실천론

최세영 저

어가 語歌

머리말

우리 사회는 4차 산업혁명의 가속화로 가상과 현실의 융합 속도는 가속화되어 가면서 이제는 모든 것이 연결되고 보다 지능적인 사회로 진화해 가고 있다. 이러한 가운데 급작스러운 코로나 바이러스(COVID-19)의 팬데믹(pandemic) 안에서 누군가는 위기로, 누군가는 기회로 지금 이 시간을 살아가고 있다. 이번 코로나-19는 아주 특별한 위기를 경험하게 했으며, 이로 인한 인류는 문명의 지각 변동을 느끼게 되었다.

그만큼 코로나-19는 우리의 삶의 양태를 변화시켰을 뿐만 아니라 우리 사회 전체, 그리고 사회복지 영역 또한 변화시켰다. 사회복지기관·시설은 재난에 취약한 사회적 약자를 위한 곳이지만 팬데믹 상황에서는 우리 사회 곳곳에서 취약점이 드러났고, 사회복지에 대한 요구와 관심의 증가는 표면으로 여실히 드러났다. 이제 사회복지실천현장과 사회복지서비스 영역, 사회복지정책 및 사회보장제도, 그리고 사회복지 관련 법 등 이런 코로나 팬데믹 상황에서 취약성을 보였던 문제들을 하나씩 찾아내어 대처하고, 향후 발생 우려에 대한 대비책과 예방을 위해 여러 논의가 이루어지고 있다. 이것은 결국 사회복지가 추구하는 가장 근본적인 이념을 구현하며 인간다운 삶을 추구하기 위한 노력을 하고 있는 것이다.

전 세계적 팬데믹 상황 속에서 우리 사회는 또 다른 어려움과 직면하고 있다. 그동안 우리나라는 가장 젊은 나라였지만, 전 세계에 유례없이 아주 빠른 속도로 2026년 초고령 사회로 진입할 것으로 예측하고 있다. 우리나라는 머지않은 몇 년 후에 전체 인구의 20%가 넘는 노인인구 구성비가 될 것이라 예측되고 있고 더불어 아이러니하게도 저출산 문제는 매우 심각한 수준을 기록하고 있다. 2020년 우리나라 출산율은 0.84명으로, OECD 회원국 중 최저를 기록하고 있으며, 출산연령에서는 평균연령보다 3세가 많은 32.3세로, 최고치를 기록하고 있다(통계청, 2021). 우리나라는 고령화와 저출산의 문제에 있어 그 어느 나라에서도 찾아볼 수 없는 사례를 만들며 기록을 갱신하고 있다. 이처럼 저출산, 고령화의 진전과 더불어 계층간의 불균형, 다양한 가족, 인권의식의 신장 등으로 다양한 사회문제가 표출되면서 사회복지시스템에 대한 전문성과 체계성 및 세분화된 사회복지사의 역할이 더욱 필요해졌다.

사회복지실천은 개인과 집단, 지역사회의 사회적 기능을 회복시키고 강화시키는 전문적인 활동을 지향해야 하며, 이와 함께 사회복지실천 영역과 분야를 확대함으로써 사회복지의 전문성에 대한 요구와 필요를 충족시키고자 노력해야 한다. 사회복지실천은 환경 속의 인간을 이해하고 사회복지사와 클라이언트가 함께 활동하는 것에서부터 시작한다. 오늘날 실천활동은 개인과 환경이 연계된 적극적이고 거시적인 상호작용 속에서 접근하며, 사회, 경제, 교육, 문화, 환경 등 모든 면에서 이루어지고 있다. 따라서 기존의 사회복지와 관련된 이론과 기술, 그리고 변화하거나 새롭게 등장하는 사회복지실천현장의 서비스나 제도, 법 그리고 행정 전달체계 등을 이해해야 한다.

사회복지사를 준비하는 학생들은 사회복지의 지식과 기술, 가치와 이념, 윤리 등의 내용을 더욱 체계화하고, 이론적 모델링을 통해 전문성 소양을 갖추어야 한다. 급변하는 우리 사회의 모든 환경적 요인들까지 사회복지실천현장을 이해하는 데 접목하고 다양한 문제들을 어떻게 해결할 수 있을지를 끊임없이 고민하면서 사회복지실천 과목을 통하여 학생들 스스로 자신의 역량을 더욱 계발하고 활용할 수 있기를 바란다.

이 책은 사회복지실천현장 실무경험을 바탕으로 실천현장의 이해와 도움이 되는 내용을 중점으로 기술하였으며, 한국사회복지교육협의회에서 제시한 사회복지실천론 교과목 목표를 기초로 구성하여 객관성과 체계성을 갖추었다. 또한 사회복지전문가로서 기본적 소양을 갖출 수 있도록 그 내용에 충실을 기하였다.

이 책은 총 3부 14장으로 구성되었다. 제1부는 사회복지실천의 토대로, 사회복지실천의 개념과 철학, 사회복지실천의 가치와 윤리, 사회복지실천의 역사적 발달과정, 사회복지실천현장에 대한 이해, 사회복지실천대상과 문제를 통하여 사회복지실천의 개념과 관점을 정립하고자 하였다. 제2부는 사회복지실천의 접근방법으로, 사회복지실천의 통합적 접근, 사례관리, 관계형성에 대한 이해, 면접의 방법과 기술을 통하여 클라이언트를 바라보는 관점과 서비스를 제공하는 접근방법 등을 자세히 소개하였다. 제3부는 사회복지실천의 과정으로, 접수 및 자료수집 단계, 사정 단계, 계획수립 단계, 개입 단계, 종결과 평가 단계로 나누어 살펴봄으로써, 사회복지실천과정의 각 단계별 특징을 이해하고 필요한 기술을 습득할 수 있도록 설명하였다.

또한 각 장별로 사회복지사의 자질향상과 전문성을 높일 수 있도록 사회복지사 1급 기출문제를 수록하여 학생들의 실력 향상에 도움이 되도록 구성하였다. 전문성을 갖춘 예비사회복지사로서 이 책을 통하여 습득한 클라이언트와 관련된 지식과 기술을 사회복지실천현장에서 활용·적용할 수 있기를 바란다.

이 책의 집필상 부족한 부분과 한계점 등에 대해서는 아낌없는 충고를 바라며, 앞으로도 다양한 사회적 요구와 현실의 변화에 맞게 수정·보완하기 위해 최선을 다하는 낮은 자세로 보답할 것을 다짐한다.

끝으로 이 책을 집필할 수 있도록 건강과 여건을 허락하시고 이끄신 하나님께 감사드린다. 또한 이 책의 발간을 위해 적극적으로 지원해 주시고 수고해 주신 도서출판 어가 어진용 대표님과 임직원분들, 끝까지 세심하게 배려해 주신 편집부 담당자분들의 노고에 특별히 감사의 말씀을 전한다.

2021년 6월

저자 최세영

차례

PART 03 사회복지실천의 과정

THEORIES OF SOCIAL WORK PRACTICE

PART 01

사회복지실천의 **토대**

THEORIES OF SOCIAL WORK PRACTICE

Chapter

01

사회복지실천의 개념과 철학

01 사회복지실천의 정의와 기능

1) 사회복지실천의 정의

사회복지실천(social work practice)이란 용어는 1998년 '사회복지사업법' 시행령 및 시행규칙 개정 당시 한국사회복지사협회가 사회복지실천 방법과 관련된 교과목을 정리하면서 사회복지실천론과 사회복지실천기술론으로 구분하여 본격적으로 사용하기 시작하였다. 이전까지는 주로 사회사업(social work)이라는 용어를 사회복지실천으로 사용하였다.

사회복지실천의 정의를 논하기 위해 먼저 사회복지와 사회사업의 개념을 개략적으로 알아보자. 사회복지와 사회사업의 개념은 그 사회의 특성과 문화, 사회복지 역사, 학자 등에 따라 다르게 정의한다. 광의의 사회복지 개념은 사회제도나 체계 간의 조직적 활동을 의미하며, 인간의 복지를 유지하거나 개선하는 데 목적을 두는 사회사업을 포괄하는 개념이다(Johnson, 1998).

한편, 사회사업은 사회적으로 인간관계상의 기능수행에 문제를 겪고 있는 사람의 문제를 해결하거나 예방하도록 돕고자 하는 활동이라 할 수 있다. 사회사업은 협의의 사회복지 개념으로서 개인, 집단, 지역사회가 개인적 만족과 사회적 독립을 누릴 수 있도록 도와주는 인간관계에 대한 과학적 지식과 기술에 바탕을 둔 전문적 서비스라고 할 수 있다.

사회복지실천(social work practice)의 용어를 살펴보면 '사회복지'와 '실천'이 합쳐져서 만들어진 단어이다. 실천(practice)의 사전적 의미는 행위, 실행, 실제 등의 개념이 포함되어 있다. 따라서 사회복지실천은 '사회복지의 시행' 또는 '사회복지를 위한 실제 활동'이라 말할 수 있다. 그렇다면 사회복지의 개념을 사회구성원 모두의 복지상태(well-being)를 취한 사회의 총체적 노력이라고 했을 때, 여기서 말하는 총체적 노력에는 국가, 사회의 접근을 포함하게 된다. 다시 말해 사회복지의 의미에는 직접적인 실천방법과 정책적·제도적·행정적 영역인 간접적 접근영역까지 포함하고 있어서, 사회복지실천의 범위가 너무 광범위할 수 있다(이경준·오봉욱·박선하·하태선, 2014).

프리드랜드와 앱트(Friedlander & Apte, 1980)는 사회복지란 "국민의 복지를 향상하기 위한 법률, 제도, 프로그램, 급여 및 서비스 체계"라고 정의하였다. 김영모(1973)는 "사회제도상의 모순에서 야기되는 사회문제[1]를 해결하는 방법이 사회정책이고, 인간행동의 부적응에서 비롯된 사회문제를 해결하는 방법이 전문사회사업"이라고 정의하였다.

그렇다면 사회복지실천은 무엇인가? 사회복지실천은 사회사업, 개별사회사업, 임상사회사업, 일반사회사업 등과 유사한 정의와 개념으로 설명할 수 있다. 이에 메리 리치몬드(Mary Richmond, 1922)는 사회복지실천이란 "개개인 그리고 개인과 사회환경 사이에서 의식적인 조정을 통해 개개인의 인격발달을 이루어 가는 과정"이라고 하였으며, 핀커스와 미나한(Pincus & Minahan, 1973)은 사회복지실천을 "사람과 사회환경에 존재하는 체계들 사이의 연결과 상호관계"라고 정의하였다. 돌고프(Dolgoff, 1997)는 사회복지실천을 "인간복지(human well-being)의 향상, 빈곤과 억압의 경감, 최상의 삶의 질 향상을 위한 업무를 수행하는 전문직"이라고 정의하였는데, 삶의 질 향상이 대두되고 전문성을 강조한 것이 두드러져 보인다.

위에서 살펴본 바와 같이 사회복지실천이 무엇인지 한마디로 정의하기는 어렵다.

1) 사회문제는 노인문제, 실업문제, 인구문제, 환경문제 등과 같이 사회제도 및 구조의 결함이나 모순으로 말미암아 발생하는 여러 문제를 말한다.

왜냐하면 시대와 상황에 따라 조금씩 다르게 정의해 왔기 때문이다. 그 다양한 정의를 정리하면 다음과 같다.

① 사회복지사가 클라이언트의 욕구와 문제해결을 돕기 위해 일정한 개입목표를 설정하고, 일련의 과정을 통해 활동하는 것이다.

② 정부의 제도 안에서 개인, 집단, 지역사회를 대상으로 이들의 욕구와 문제를 해결해 주기 위해 펼치는 전문적인 사회복지활동이다.

③ 사회복지사가 사회적 안녕상태를 이루기 위해 필요한 구체적 서비스들을 그 서비스가 필요한 현장에서 실천에 옮기는 활동이다.

④ 개인, 집단, 가족 그리고 지역사회를 대상으로 클라이언트의 문제와 욕구를 스스로 해결하도록 도와주어 사회적 기능을 향상시키고 삶의 질을 높이는 전문적인 활동이다.

⑤ 개인, 집단, 지역사회로 하여금 그들 각자의 사회적 기능을 증진·복구시키며, 그러한 목적에 합당한 사회적 조건들을 스스로 만들어 갈 수 있도록 돕는 전문적인 활동이다.

이젠 사회복지실천의 정의에 대한 시대별 변화를 간략히 살펴보면, 1917년 리치몬드(Richmond)는 『사회진단』에서 개별사회사업에 대해 미시적이고 치료 접근 중심인 정의를 제시하였다. 1929년에 발생한 대공황으로 1930년대는 빈곤, 실업 등 사회문제와 경제문제가 심각했던 시기로서, 사회자원을 균등하게 배분해야 했고 사회개혁적 측면에서 사회복지실천에 거시적 활동이 포함되었다.

1958년 전미사회복지사협회(NASW)에서는 인간과 사회환경의 부조화로 인해 나타나는 개인이나 집단의 문제를 해결하거나 최소화하여, 이러한 문제를 사전에 예방하여 개인, 집단, 지역사회의 잠재력을 최대화하려는 것을 목적으로 하는 원조활동이라고 정의하였다. 이것이 사회복지실천에 관한 공식적인 최초의 정의이며, 개인이나 집단의 문제 예방을 거론하였다는 데 의미가 있다. 따라서 대상과 방법에 따라 개별사회사업, 집단사회사업, 지역사회조직 등으로 각각 다른 접근방법을 사용해 왔다.

1973년에는 다시 전미사회복지사협회가 사회복지정의를 "개인, 집단, 또는 지역사회가 사회적 기능을 향상시킬 수 있는 자신들의 능력을 회복하거나 증진시키고, 자신들의 목표달성을 위한 조건을 스스로 만들어 갈 수 있도록 돕는 전문활동"이라고 했다. 1958년의 정의와 비교해 볼 때 사회복지실천이 개인, 집단, 지역사회의 사회기능 향상 및 회복을 돕는 역할을 강조하면서도 최초로 사회복지실천이 전문직이라는 것을 강조한 더욱 발전된 정의라고 볼 수 있다. 이러한 흐름은 1970년대에 체계론 개념이 사회복지에 도입되게 하였고, 1980년대에 생태체계적 관점[2]의 영향을 받아 전통적 실천방법론을 통합하는 통합적 접근방법이 대두되었으며, 1990년대에 들어서는 권한부여모델이 소개되었다.

2) 사회복지실천의 목적과 기능

(1) 사회복지실천의 목적

사회복지실천에 대한 정의가 시대에 따라 달라졌듯이 사회복지실천의 목적도 사회나 문화, 시대의 가치 등에 영향을 받아서 조금씩 달라져 왔다. 그러나 사회복지실천의 궁극적 목적인 '인간의 삶의 질 향상'은 시대나 사회가 변해도 달라지지 않는다. 사회복지실천의 목적은 사회구성원 대다수가 동의하는 내용으로 구성되어야 한다. 그만큼 사회복지실천가는 모든 사회구성원이 가용자원과 기회에 쉽고 공정하게 접근할 수 있도록 보장해 줌으로써 개인, 가족, 집단 또는 지역사회의 사회적 기능을 향상시키고 삶의 질을 향상시키는 데 도움을 주어야 한다.

일반적인 사회복지실천의 목적은 첫째, 개인의 문제해결능력과 대처능력의 향상이다. 둘째, 개인과 환경간 불균형이 발생할 경우 감소되도록 돕는다. 셋째, 개인과 환경 간의 상호작용에 초점을 두고 사회정책을 개발한다. 넷째, 개인과 환경 간의 상호 유익한 관계를 증진시키는 것이다.

그렇다면 미국사회복지사협회(NASW, 1958)가 최초로 발표한 사회복지실천의 목적

2) 생태체계적 관점에 대해서는 본 서 제6장 사회복지실천의 통합적 접근에서 상세하게 다루고 있다.

은 다음과 같다.

① 개인과 집단이 그들과 환경 간에 불균형 상태가 발생했을 때 문제를 찾아내어 문제의 어려움 정도를 감소시키거나 해결하도록 도와주는 것이다.

② 개인이나 집단이 그들과 환경 간에 불균형 상태가 일어날 수 있는 잠재적 문제를 미리 발견하여 예방하는 것이다.

③ 개인과 집단과 그들과 환경 간에 불균형 상태가 일어날 수 있는 잠재력을 발견하여 확인하고, 이를 강화해 주는 것이다.

이는 사회복지실천에 관한 공식적인 최초의 정의이며, 개인이나 집단의 문제 예방을 거론하였다. 이후 1973년 다시 개인, 집단 또는 지역사회가 사회적 기능(social functioning)을 향상시킬 수 있는 자신들의 능력을 회복하거나 증진시키고, 자신들의 목표 달성을 위한 사회 조건을 스스로 만들어갈 수 있도록 돕는 전문적 활동이라고 재정의하였다.

사회복지실천의 목적에 관한 실질성명(Working statement on purpose of social work, 1981)에 따르면, 사회복지실천의 목적은 "인간의 삶의 질을 높이고, 인간의 치유와 복지 증진에 이바지하는 개인과 환경 사이의 상호 이익적 상호작용의 회복과 증진"이다.

핀커스와 미나한(Pincus & Minahan, 1973)은 『통합적 접근 방법에 의한 사회복지실천(*Social Work Practice: Model and Method*)』에서 사회복지실천에 대한 목적을 다음과 같이 네 가지로 제시하였다.

① 개인, 집단, 가족의 문제를 돕고 대처능력을 향상시키는 것이다.

② 인간이 필요로 하는 사회자원, 서비스, 기회 등의 환경체계가 원활하게 상호작용하도록 돕는 것이다.

③ 자원과 서비스를 제공하는 다양한 사회복지 기관이나 조직이 클라이언트에게 보다 나은 서비스를 제공할 수 있도록 효과적이고 효율적인 운영을 추구하는 것이다.

④ 새로운 사회정책의 개발과 향상에 기여하는 것이다.

1970년대에 핀커스와 미나한이 제시한 사회복지실천의 목적은 학계나 정부의 공식적인 기구가 아니라 개인 차원에서 정의한 것임에도 불구하고 오랫동안 활용되어 왔다. 이는 그들이 사회복지실천에서 차지하는 의미와 영향력이 크다는 것을 알 수 있다.

이러한 목적의 특징을 보면 클라이언트 문제에 대한 대처능력 향상이 언급되었고, 체계개념으로 자원, 기회, 서비스의 개념이 소개되었으며, 효과성을 언급함으로써 평가의 중요성을 설명하였다. 그리고 처음으로 사회복지정책을 언급하여 사회복지실천이 사회복지정책과 접목되었음을 알 수 있다. 따라서 기존의 입장과의 차이점을 살펴보면 사회복지실천을 개인의 심리치료에 초점을 맞춘 미시적 개입에서 지역주민과 주변자원, 개인과 이를 둘러싼 전체 체계를 거시적으로 개입을 확장했다는 것을 알 수 있다.

(2) 사회복지실천의 기능

사회복지실천의 목적과 목표가 사회복지실천이 지향하는 궁극적 상태를 제시한다면, 사회복지실천의 기능은 개인과 사회를 위해 사회복지실천이 담당하는 구체적인 역할을 말해 준다. 사회복지실천의 기능은 다양하다. 그중에서 클라이언트의 사회적 기능 증진과 사회정의 향상이 대표적인 기능이다.

① 클라이언트의 사회적 기능 증진 기능

사회적 기능이란 인간의 기본 욕구를 충족하는 데 필요한 과업과 활동을 완수하고 지역사회에서 요구하는 주요 사회적 역할을 수행하는 개인의 능력을 의미한다. 따라서 사회복지실천이 클라이언트의 사회적 기능을 증진시킨다는 것은 예방, 재활, 치료활동을 통해 욕구가 있는 개인들의 사회 기능을 높여 준다는 것을 의미한다. 즉, 개인, 집단, 지역사회의 손상된 능력을 회복하도록 도와준다는 것이다.

예 가출청소년들을 위한 거리상담, 가족의 기능 회복을 위한 가족치료 등

② 사회정의 향상 기능

'정의'는 인간의 사회적 관계에서 실현되어야 할 궁극적인 가치를 말한다. 이에 따라 사회정의는 사회제도가 모든 사람들의 기본적인 인권을 인정하고 지원하는 공정성과 도덕성을 발휘하는 것을 말한다.

사회복지사는 클라이언트가 권리를 찾도록 도와주는 활동을 한다. 즉, 옹호활동을 하며, 공정하고 정의롭게 모든 사람들의 권리가 인정되도록 사람들을 촉구하고, 권리를 박탈당하거나 무시당하는 사람들을 위해 대변자 역할을 한다. 따라서 사회복지실천이 사회정의를 향상시키는 것은 사회복지사가 옹호활동을 하면서 사회정의를 향상시킨다는 의미이다.

예 임금체불 노동자들을 위한 옹호활동, 다문화 가족에 대한 인식개선 활동 등

미국사회복지사협회(NASW)는 사회적 기능 증진과 사회적 정의라는 두 가지의 사회복지실천 기능을 좀 더 세분화하여 여섯 가지로 제시하였다.

① 클라이언트의 역량을 확대하고 문제해결능력과 대처능력을 향상시키도록 돕는다.

② 클라이언트가 필요로 하는 자원을 획득할 수 있도록 돕는다. 각종 자원에는 주거, 음식, 최소한의 생활필수품 등 유형의 서비스는 물론 의료, 법률 등 무형의 서비스까지 포함된다.

③ 조직이 사람에게 반응하도록 한다. 욕구가 있는 클라이언트의 욕구가 충족되고 문제가 해결될 수 있도록 사회복지기관을 비롯한 사회기관(조직)이 도와주고 움직여야 한다는 의미이다. 즉, 사회복지실천은 조직이 사람에게 반응하도록 하는 것이지, 사람이 조직에게 반응하도록 하는 것이 아니다. 결국 조직이 클라이언트의 인간적 존엄성을 존중하면서 적절한 절차와 기준에 의해 서비스를 제공하는지 모니터하고, 문제가 있으면 시정을 요구한다는 의미이다.

④ 개인과 환경 내의 다른 사람, 다른 조직과의 상호관계를 촉진한다. 클라이언트의 문제해결을 위해서는 클라이언트를 둘러싸고 있는 환경체계 활용한 상호작

용이 이루어지도록 해야 한다. 예를 들어, 가출청소년의 문제를 해결하기 위해 청소년과 가족, 부모, 친구들과의 상호작용을 원만하게 이루어질 수 있도록 중개자 역할을 하기도 하고 촉진자의 역할을 하기도 한다.

⑤ 조직과 제도간의 상호관계에 영향력을 행사한다. 클라이언트에게 복합적인 욕구 및 서비스를 충족시켜 주고, 도움을 필요로 하는 클라이언트를 위해 조정·중재하는 기능을 한다.

⑥ 사회정책과 환경정책에 영향을 미친다. 물리적·사회적 환경을 개선하거나 물질적 서비스를 확보하는 데 필요한 정책 수립과 법 제정을 위해 활동한다.

미국사회복지사협회(NASW)가 제시한 사회복지실천의 기능은 위에서 제시하는 인간과 환경에 초점을 두는 이분법적이고 이중적인 사회복지실천의 기능에서 벗어나 사회의 다양성과 시민들의 상호의존성을 고려한 보다 포괄적이고 보완적인 기능을 제안한 것으로 보인다.

02 사회복지실천의 이념과 유형

1) 사회복지실천의 이념

사회복지실천의 이념은 매우 다양하다. 사회복지실천은 사회통제적 성격을 띠기도 하고 한편으로는 사회변화를 목적으로 하기 때문에 이념적 배경이 서로 대립되기도 한다. 사회복지실천이 표면적으로는 인도주의와 이타주의의 이념에서 비롯된 것으로 보이지만 기본적으로는 사회진화론의 영향을 많이 받았다. 그러나 시대에 따라 약간씩 다른 이념과 철학의 영향을 받기도 했다.

이념이란 한 개인이나 집단의 구성원이 공통으로 소유하는 신념체계를 의미하며, 사회복지실천과 제도는 그 사회이념의 변화에 따라 영향을 받는다. 사회복지실천이 다양한 이념과 철학을 배경으로 하고 있으나 가장 영향을 준 이념과 철학적 배경들을 살펴보면 다음과 같다.

(1) 인도주의와 박애사상

사회복지실천은 1601년 영국의 구빈법(Elizabethan Poor Law)에 그 기원을 두고 있어, 구빈법에 의한 우애방문자(friendly visitors)들이 사회복지사의 시작으로 볼 수 있다. 이들은 대부분 자원봉사자였으며, 박애주의·인도주의를 가장 주된 이념으로 갖고 있었다.

인도주의(humanitarianism)란 모든 인간은 인간이라는 점에서 동등한 자격을 갖추고 있다고 생각하며, 인류의 공존을 꾀하고 복지를 실현시키려는 사상이다. 박애사상(philanthropy)은 인간의 인격과 인간성을 존중하고, 평등사상에 입각하여 인종, 종교, 습관, 국적 등을 초월한 인간애를 말한다. 초기 사회복지의 기초이념은 인도주의와 박애사상이다. 기독교 사상을 실천하려는 중산층이 자선조직협회와 우애방문활동을 통해 빈곤층을 대상으로 실천한 사상은 이타주의에 기반을 둔 것으로, 이후 사회복지실천의 기본 철학이 되어 '타인을 위하여 봉사하는 정신'으로 실천되었다.

(2) 사회진화론

사회진화론은 19세기에 나타난 사회발전 및 사회변동 이론에 관한 주된 사상의 하나로 다윈(Darwin)이 주장한 자연도태와 적자생존의 법칙이 주(主)가 된 생물학적 진화론을 스펜서(Spencer)가 사회발전을 설명한 이론이다. 이는 사회에도 자연적 진화 과정이 존재하므로 특별한 개입 없이 그냥 두면 빈민 등 상대적으로 위치가 낮은 사람들의 생활방식은 도태된다는 것이다. 그러나 사회진화론을 주장한 사람들은 최소한의 자발적 자선을 정당화했는데, 이는 도움을 받는 이들에게 기독교적 미덕을 장려하고자 했기 때문이다. 그들은 빈곤과 고통이 생기는 원인은 도덕성의 결여 때문이라고 여겼으므로 도덕성의 향상만이 빈곤과 고통에서 벗어나는 치료법이라고 믿었다. 사회진화론의 영향을 받은 자선조직협회는 빈민들에게 도덕성 향상 등을 강조하였다.

자연법칙의 진화론을 사회법칙에 적용한 사회진화론은 사회에서 요구하는 대로 사회적합계층은 살아남고, 사회부적합계층은 소멸한다는 이론이다. 부자들은 우월하고 빈민들은 열등하기 때문에 가난하게 살 수밖에 없다고 보았는데, 즉, 생태계의 적자생존[3]의 자연법칙이 사회에도 적용된다는 것이다. 사회진화론은 사회복지실천의 사회통제적 측면에서 수용되었다. 예를 들어, 우애방문자들이 빈곤층 대상자에게 기독교적 도덕을 강요하여 그에 따르도록 했다. 즉, 충고에 따르지 않은 사람에게는 최소한의 도움을 제공하여 겨우 생존할 수 있게 함으로써 빈민이 사회적합계층에게 위협적이거나 방해가 되지 않는 존재로만 남아 있도록 한 것이다.

자선조직협회의 우애방문원 활동은 인도주의와 박애사상의 영향을 받아 인도주의적 서비스를 제공한 측면도 있지만, 한편으로는 사회진화론의 영향을 받아서 빈민이 부자 혹은 사회 주류 계층에 방해가 되지 않는 상태로 남아 있도록 했다. 이것이 사회 통제적인 측면이라고 볼 수 있다.

(3) 민주주의

민주주의(democracy)는 모든 인간은 평등하고 주인이 된다고 주장하는 이념이다. 따라서 민주주의는 모든 인간은 평등함을 인정하면서 클라이언트도 평등한 대우를 받을 권리가 있음을 말한다. 민주주의는 인도주의와 사회진화론에 입각한 우월한 자원봉사 제공자가 열등자인 클라이언트에게 봉사 및 시혜를 무조건 받도록 강요하는 것에서 주는 자와 받는 자의 평등한 권리를 인정하였다. 클라이언트에 대한 시혜를 결정하는 데 있어서 클라이언트가 적극 참여해야 한다는 사회적 움직임이 나타났고, 후에 클라이언트의 자기결정권에 영향을 미쳤다. 민주주의는 빈곤층의 가치를 인정한 인보관 운동에서 받아들여 사회 개혁으로까지 이어졌다. 이로써 시민의식의 확산으로 사회복지실천 이념이 '주는 자' 중심에서 '받는 자' 중심의 서비스로 전환되면서

3) 적자생존(適者生存, survival of the fittest): 생존경쟁의 원리에 대한 개념을 간단히 함축한 말로서 환경에 가장 잘 적응하는 생물이나 집단이 살아남는다는 의미이다. 다윈(Darwin)의 진화론에 대한 원리로 잘 알려져 있지만, 영국의 철학자이자 경제학자인 스펜서(Spencer)가 1864년 처음 사용하였다.

클라이언트에게 서비스 수혜 여부를 결정할 수 있도록 서비스 선택권을 강조하였다.

또한, 사회진화론에서 빈곤이나 장애의 책임은 전적으로 클라이언트 개인의 책임으로 돌렸다면, 민주주의는 그 책임을 사회책임으로 돌리고 있다. 이들도 빈곤, 장애에서 탈피할 동등한 기회를 제공받을 권리를 가지고 있다고 보는 것이다.

(4) 개인주의

개인주의(individualism)는 개인의 존엄, 가치, 권리 등을 중요시하는 사상으로 국가나 사회보다 개인을 중요시한다. 따라서 개인의 자유와 권리를 중요시하고 클라이언트의 개인적 특성을 존중하여 클라이언트에 대한 '개별화'를 중요시하게 되었다. 사회복지실천에서 개인을 기초로 하여 모든 것을 규정하는 것은 개인의 욕구와 특성에 맞추어 실천계획을 세우고 개입이 이루어져야 함을 강조하는 것이다.

개인주의는 사회복지를 자유시장에 맡기는 자유방임주의로 나타났다. 개인주의가 사회복지실천에 미친 영향으로는 '개인 권리 존중'과 '수혜자격 축소'를 들 수 있다.

개인의 자유와 권리를 중요시하므로 클라이언트의 개인적 특성을 존중하여 클라이언트에 대한 '개별화'를 중요시하게 되었다. 또한 개인주의 사상에서는 개인의 의무와 권리가 강조되면서 빈곤의 문제 또한 빈곤한 자의 책임으로 돌아갔으며, 빈곤한 사회복지 수혜자는 빈곤하게 살 수밖에 없어야 한다는 '최소한의 수혜자격 원칙'을 낳았다. 이는 저임금 노동자보다 더 낮은 보조를 받도록 하는 정책을 펼침으로써 엄격한 자격 요건하에서 최소한의 서비스만을 제공한다는 흐름에도 영향을 준 것으로 볼 수 있다(Whitaker & Federico, 1997).

(5) 다원주의(다양화)

21세기 세계화의 영향으로 다원주의의 경향이 두드러지게 되었다. 다원주의란 유일한 절대적인 관점이나 가치관에 따라 어떤 일을 주장하는 것이 아니라, 여러 가지 관점과 가치관의 병립과 공존을 인정하고 각각의 관점, 가치관에 따른 다양한 주장을 용인하는 입장을 말한다. 특히 오늘날 우리는 글로벌 시대에 살고 있기 때문에 각자의 윤리, 문화, 신념, 관심, 종교 등의 다양성을 존중하는 것은 현대 민주주의의 중요한 원칙 중 하나이다(Maguoire, 2007).

다원주의 사회에서는 각 개인의 강점을 인식하고 다양한 인구집단의 풍부한 문화적 배경, 역사, 견해 등을 이해하고 여러 가지 상대적인 관점에서 바라보고 인정한다. 다원주의가 사회복지실천에 미친 영향은 다양한 계층에 대한 수용, 다양한 문제 및 접근 방법에 대해서도 개방적인 입장을 보이는 등 새로운 경향이 지속적으로 발생하고 있다. 즉, 다원주의의 영향으로 다양한 계층과 문제를 인정하는 계기가 마련되었다.

예를 들어 결혼이주여성, 외국인 노동자, 새터민(북한이탈주민)에 대한 사회복지실천이 이루어지고 있으며, 성적 소수자에 대해서도 사회복지 분야가 관심을 갖고 개입하고 있다. 이러한 대상은 아직까지 사회적으로 소수이며, 적극적으로 권리를 주장하거나 옹호받지 못하기 때문에 사회복지실천은 이들이 자신의 처한 삶의 조건을 향상시킬 수 있는 힘을 가질 수 있도록 역량강화 접근의 필요성을 강조하고 있다.

이러한 측면에서 다원주의는 다양한 계층과 다양한 문제를 인정하는 계기가 되었으며, 역량강화 논의를 활발하게 하는 데 영향을 주었고, 클라이언트가 열등한 존재가 아닌 스스로 변화할 수 있는 잠재력을 지닌 가치 있는 존재임을 인식하여 스스로 변화할 수 있는 여건을 마련해 주었다(최세영·김준환·박주현·장연식, 2017).

2) 사회복지실천의 유형

(1) 사회복지실천 수준에 따른 분류

사회복지실천의 수준에 따라 사회복지실천을 미시 수준의 실천, 중범위 수준의 실천, 거시 수준의 실천으로 나눈다. 사회복지사가 실천현장에서 만나는 클라이언트가 개인이나 가족 같은 가장 작은 크기이면 사회복지실천은 미시 수준의 실천이라 하며, 클라이언트가 집단이나 조직 같은 중간 크기이면 중범위 수준의 실천이라 한다. 마지막으로 사회복지사가 지역사회나 전체 사회 혹은 국가 수준에서 활동하는 것은 거시 수준의 실천이라고 한다.

① 미시적 수준의 사회복지실천

미시적(micro) 차원의 사회복지실천은 개인이 가장 친밀한 사람과 상호작용하는 과정에 개입하는 실천활동 혹은 개인과 가족이 직면한 문제를 해결하도록 돕는 활동을 말한다.

미시적 사회복지실천 활동의 특징은 개인의 심리적·사회적 상태, 부모 및 자녀관계나 부부관계 등에 개입하게 되므로 일반적인 실천 대상은 개인이나 가족이다. 미시 수준에서 사회복지실천은 개인 및 가족을 대상으로 상담 혹은 치료 프로그램이나 서비스, 구체적인 자원 제공의 형태로 전해진다. 대부분은 클라이언트 개인 혹은 가족과 사회복지사가 직접 대면한 상황에서 이루어지는 직접실천이 많기 때문에 사회복지사의 실천활동도 직접 서비스 제공이나 중개자의 역할이 많다. 미시적 차원의 사회복지실천을 위한 지식과 기술은 전통적으로 개별사회사업, 임상사회사업 등의 교과목을 통해 소개되었으며, 개별 클라이언트를 원조하는 데 필요한 지식과 기술을 강조한다.

② 중범위 혹은 중간 수준의 사회복지실천

중범적(mezzo) 차원의 사회복지실천은 미시적 수준과 거시적 수준의 사회복지실천의 중간적 위치를 가진다. 가족처럼 친밀한 관계보다는 조금 거리가 있는 관계, 즉 기관이나 조직 내부, 기관이나 조직 간 상호작용 등에 개입하므로 집단, 조직이나 기관 등이 클라이언트가 된다. 중범위 수준에서는 직접실천과 간접실천 모두를 사용한다.

중범위 사회복지실천의 특징은 일반적으로 체계 간 의사소통을 촉진시키거나 중재, 협상을 이끌고 교육시키며 사람들을 참여하게 한다. 사회복지사는 자조집단이나 지지집단을 운영하는 등의 활동을 하게 된다.

③ 거시적 수준의 사회복지실천

거시적(macro) 수준의 사회복지실천은 클라이언트의 삶의 영향을 미치는 지역사회나 전체사회, 혹은 국가의 복지체계를 대상으로 한다. 따라서 거시 수준의 사회복지실천은 지역사회나 국가 수준에서 활동하는 것이며, 전체 사회의 향상과 변화를 목적으로 한다.

거시적 사회복지실천의 특징은 주로 사회복지사가 국가나 사회의 정책개발, 정책대안을 발굴하고 제시하는 활동, 제안된 법안에 대한 분석 및 증언 등의 활동, 기관이나 조직의 행정체계 및 프로그램과 관련된 대안 제시, 지역사회 자원의 개발, 취약한 집단을 옹호하는 활동 등을 수행한다. 따라서 클라이언트를 직접 만나기보다는 간접적인 사회복지서비스 지원 형태로 이루어지기 때문에 간접실천이라고 할 수 있다.

(2) 개입 방식에 따른 분류

클라이언트를 변화시킴으로써 문제해결을 도와주는지, 클라이언트의 환경을 변화시킴으로써 간접적으로 클라이언트의 문제해결을 도와주는지, 즉 개입 방식에 따라서 사회복지실천을 직접실천과 간접실천으로 나뉜다.

① 직접실천

직접실천(direct practice)은 직접개입이라고도 하는데, 클라이언트를 직접 변화시킴으로써 클라이언트의 문제해결을 도모하는 방식으로 실천하는 것이다. 주로 개인, 집단, 가족을 대상으로 클라이언트를 직접 대면하여 변화를 일으키는 것이다. 일반적으로 클라이언트의 사회적 기능이나 대처능력을 향상시키기 위해 개인, 가족, 소집단 체계에 직접적으로 개입하는 미시적 실천을 말하지만, 지역사회의 집단이나 단체들에 제공하는 거시적 방법들의 측면을 포함하기도 한다.

예 장애아동 양육을 위한 부모 상담, 클라이언트가 필요한 정보제공, 가족치료, 기술교육 제공, 장애인 취업상담, 독거어르신 재가방문 등

② 간접실천

간접실천(indirect practice)은 간접개입이라고도 하는데, 지역사회를 중심으로 클라이언트를 둘러싼 환경체계에 개입하여 사회적 지지체계나 자원들을 발굴 또는 연계하는 방법을 활용거나, 서비스를 제공하는 제도나 기구, 정책 등에 초점을 두는 실천방법이다. 그래서 클라이언트를 직접 변화시키기보다는 클라이언트를 둘러싼 환경을 변화시켜서 문제를 해결하는 방식이다. 클라이언트가 겪는 곤란이나 어려움 중에는 클라이언트 개인의 기능에 문제가 생겨 발생하는 것도 있지만, 클라이언트를 둘러싼 환경에 문제가 있거나 두 체계 간 상호작용에 문제가 생겨 발생하는 것도 있다. 이런 경우 클라이언트의 변화만으로는 문제가 해결되지 않기 때문에 환경이나 두 체계 간 상호작용의 변화를 도모한다.

예 아동학대 예방을 위한 홍보 활동, 학교폭력예방 활동을 위한 자원봉사자 모집, 희귀질환 아동을 위한 모금 활동, 예산 확보운동, 캠페인 등

(3) 개입대상에 따른 분류

① 개인대상 실천

개인대상 실천은 개인을 대상으로 한 사회복지실천이다. 이는 개인과 개인을 둘러싼 환경의 상호작용에 초점을 둔 PIE(Person in Environment) 관점을 토대로 개인을 이해하기 때문이다. 즉, 개인대상의 사회복지실천을 할 때 사회복지사는 다양한 측면에서 개인을 포괄적으로 이해할 수 있어야 한다.

개인은 감정과 생각, 행동을 지닌 생물학적·심리학적·사회적·문화적·영적 존재다. 특히 사람은 심리 내적인 부분으로 구성된 존재이며, 동시에 집단이나 사회를 구성하는 복합적인 존재이다(Miley, O'Melia, & DuBois, 1995, 2007).

개인은 전통적으로 사회복지실천의 주요 개입대상으로 자리해 왔으나, 사회복지실천에서 개인을 바라보는 시각은 시대에 따라 변화되어 왔다. 전통적으로 사회복지실천에서 개인은 해결되지 못한 문제와 욕구를 지닌 원조의 대상이라는 수동적 존재로 이해되었다. 이러한 전통적 시각에 기초한 사회복지실천은 개인의 심리 내적

문제로부터 사회·경제적 자원의 결핍으로 말미암은 문제로까지, 개인의 안녕을 위협하는 문제의 해결에 집중하였다.

그러나 인간에 대한 시각의 변화에 따라 개인은 자신의 문제와 욕구를 해결하고, 잠재력을 실현하는 능동적 존재로 이해되고 있다. 이처럼 인간에 대한 시각이 변화함에 따라 개별실천의 목표 또한 개인의 문제와 욕구 해결에서 문제해결을 위한 개인의 역량 강화, 사회환경의 통제로 변화했다.

단, 개인대상의 사회복지실천을 할 때 주의할 점은 개별실천이 개인을 대상으로 한 직·간접적 실천 모두를 포함하는 개념임을 기억해야 한다. 개인을 대상으로 이루어지는 실천이라는 점에서 자칫 개인 클라이언트를 대상으로 한 직접적 실천만을 개별실천으로 생각할 수 있으나, 개별실천은 개인의 문제해결과 복지 증진을 위한 간접적 실천까지 포함한다. 즉, 개별실천이란 개인의 연령이나 계층, 문제 유형, 욕구 유형, 개입방법 등과 상관없이 개인을 대상으로 이루어지는 모든 형태의 사회복지실천을 의미한다.

❖ 개인대상 사회복지실천의 특징

① 개인을 일대일 방식으로 도와 개인문제와 사회문제를 해결하는 것을 목표로 한다.
② 예방보다는 치료적 입장에서 문제해결을 중시한다.
③ 개인이 환경에 적응하도록 돕고 개인에게 불리한 사회·경제적 상황을 변화시키도록 돕는다.
④ 클라이언트의 문제에 초점을 두고 클라이언트와 개별화된 원조과정을 진행한다.
⑤ 클라이언트의 문제를 해결하기 위해 클라이언트와 사회복지사 간의 관계를 중요시한다.
⑥ 다양한 모델과 개입방법을 적용하여 개인의 적응과 변화, 개인과 환경과의 상호작용을 변화시킨다.

② 가족대상 실천

가족대상 실천이란 가족을 대상으로 한 다양한 형태의 사회복지실천을 말한다. 가족에 대한 개념이 점차 변화되고 있는데, 미국사회복지사협회(NASW, 1995)에 의하면 "가족은 스스로 가족이라고 정의하고 지속적으로 서로에게 가족으로서의 의무감을 부여하는 둘 이상의 개인으로 구성된 집단"이라고 정의하였다. 이것은 다양한 가족의 형태를 인정하는 포괄적인 정의라고 할 수 있다.

가족실천 유형은 가족치료, 가족상담, 가족교육 등 다양하다. 가족치료는 가족구성원 개인 혹은 가족 전체의 심리·사회적 문제에 따른 가족의 역기능 개선을 목적으로 하여 가족을 단위로 이루어지는 다양한 형태의 치료를 뜻한다.

가족상담도 가족을 단위로 이루어지는 사회복지 실천활동이라는 점에서 가족치료와 같으나, 개입의 일차적 목적이 반드시 가족문제나 역기능 치료에 있는 것이 아니라, 일반적인 정보의 제공 등 더욱더 광범위한 사회복지실천 활동을 포함할 수 있다는 점에서 가족치료와 구분된다.

가족은 대표적인 사회복지실천의 대상이며, 가족을 대상으로 한 사회복지실천 활동은 다양한 형태로 이루어져 왔다. 특히 사회복지실천은 클라이언트 개인만을 고립적으로 다루기보다 클라이언트가 속한 주변 체계와의 관계 속에서 클라이언트를 이해하려 한다는 점이다. 가족대상 실천은 개인이 속한 가장 근접한 체계인 가족을 이해하는 데 유리한 시각과 입지를 가진다. 따라서 가족대상 사회복지실천은 주로 부부갈등, 부모-자녀 간의 문제, 아동문제, 다세대 간의 갈등 등을 중재 또는 해결하기 위해 개입하게 된다.

③ 집단대상 실천

집단대상 실천이란 집단을 일차적 개입 대상으로 하는 다양한 형태의 사회복지실천을 말한다. 집단은 공통의 관심을 가진 둘 이상의 사람들이 공통의 목표를 달성하기 위해 지속적으로 상호작용을 하는 집합체이다. 따라서 집단실천은 집단구성원에 의해 합의된 공동목적과 구성원 개인의 목적을 달성하고자 하며, 구성원 사이의 역동을 매개로 목적을 이루려 한다는 점에서 개별실천과 구분된다.

집단실천 모델은 목적을 기준으로 크게 성장 모델과 치료 모델로 구분할 수 있으며, 그 내용은 다음과 같다.

첫째, 성장 모델은 집단구성원의 전반적인 역량 개발을 목적으로 한다. 성장 모델에서 집단은 발달과업 성취를 통한 개인적 성장 혹은 사회구성원으로서의 기본 자질 향상을 목적으로 한다.

예 노인을 대상으로 한 죽음준비교실, 결혼이주여성을 위한 한글교실, 청소년의 자기주장훈련과 같이 발달단계에서 요구되는 구체적인 과업의 성취 혹은 한국사회에서 건강한 사회구성원으로 기능하는 데 필요한 능력 증진에 목적을 둔다.

둘째, 치료 모델은 구성원의 기능적 문제해결을 목적으로 한다. 집단구성원 간의 상호작용과정이나 집단 내의 역동성을 통해 집단구성원의 문제를 해결하거나 경감될 수 있도록 하는 활동을 말한다. 치료 모델의 참가자들은 대부분 정서적 문제, 행동상의 문제, 대인관계상의 어려움을 호소하는 사람들이다. 대개는 비슷한 문제들을 갖고 집단에 참여하여 구성원들과의 상호작용을 통하여 도움을 제공하기도 하고 때론 받기도 하면서 문제를 해결하게 된다. 치료 모델에서 집단 진행자는 높은 수준의 전문성을 필요로 한다(박주현 외, 2014; 이재선 외, 2016).

예 아동의 문제 행동 치료, 가정폭력 피해여성의 심리치료 등 같은 문제를 갖고 있는 구성원 문제 치료와 기능 회복을 중심으로 이루어지는 집단실천이다.

03 사회복지실천의 속성

사회복지실천은 과학적 지식에 바탕을 두고 개인·가족·집단·조직·지역사회의 사회적 기능 향상을 돕는 활동이다. 사회복지사는 과학적 지식과 사회복지 관련 전문 지식을 사회복지사 개인의 성품이나 가치관, 다른 사람에 대한 감정 등과 통합시키면서 전문적인 활동을 수행하는 사람이다. 이러한 측면에서 사회복지실천을 과학(science)과 예술(art)의 조화라고 한다.

과학적 지식에만 의존하는 실천은 기계적인 수행에 그치게 되며, 과학성이 결여된 예술성만으로는 효과적인 실천이 이루어질 수 없기 때문이다. 즉, 과학성과 예술성은 서로 대립되는 개념이 아니라 상호보완적이며 의존적인 관계이다.

1) 과학적 속성과 예술적 속성

사회복지실천에서 과학적 속성(과학적 기반, 과학성)은 효과적인 개입을 위해서 우리가 생활에서 접하는 모든 것 즉, 사회현상, 사회적 조건과 문제, 사회정책과 프로그램 등 다양한 실천 이론과 관련된 지식을 바탕에 두고 이를 적용 및 활용하는 것을 말한다. 사회복지가 전문 영역으로서 기능하고, 사회복지사가 효과적으로 개입하기 위해서는 체계적인 이론과 과학적인 근거가 뒷받침 되어야 한다. 사회복지실천의 과학적 속성이 반영된 것을 보면, 단일사례 설계를 이용한 클라이언트의 효과성 평가, 결식아동 지원 프로그램 과정평가, 경험적 사실의 수집 등이 그 예라 할 수 있다.

반면, 사회복지실천에서 예술적 속성(예술적 기반, 예술성)은 클라이언트의 정서적 측면에 개입하는 것으로 사회복지사의 심리적 특성이나 능력을 적절히 활용하는 것을 말한다. 특히, 사회복지는 사람을 대상으로 서비스를 제공하는 만큼 타인의 고통을 진심으로 이해하고 공감하는 능력, 클라이언트와 의미 있고 효과적인 관계를 맺을 수 있는 능력, 클라이언트에 대해 감정이 이입된 의사소통 능력, 클라이언트와 전문적 관계를 형성하는 능력 등은 사회복지실천에서 예술적 속성이 반영된 예라고 할 수 있을 것이다.

사회복지사는 효과적인 실천활동을 위해서는 예술적 속성과 과학적 속성을 혼합하여야 한다. 사회복지사는 실천상황에서 과정과 성과에 영향을 미치는 보이지 않는 요인들을 알아야 한다. 동시에 사회복지사는 자신의 예술적 능력을 전문적 지식과 과학적 기반에 혼합시켜야 한다. 사회현상이나 사회문제와 관련된 지식이나 이론은 과학적 속성이지만, 사회복지사가 다양한 사회문제 중에 어떤 영역의 사회문제에 관심을 갖는 것은 예술적 속성이다. 즉, 사회복지사 개인의 심리적 특성이 반영된 것이기 때문이다.

과학(science)과 예술(art)이 사회복지사의 특수한 스타일에 수렴되기는 하지만, 언제 지식(knowledge)을 기초로 일하고, 언제 창의성(creativity)과 직관(intuition)으로 일할 것인가를 사회복지사 스스로 알 필요가 있다. 직관 수준에서 일하는 사회복지사는 그 결과를 검토할 수 있고, 다른 방법을 시도해야 하는 것을 결정할 수 있으며 그의 지식기반을 넓힐 수 있다(Sheafor, Horejsi, & Horejsi, 1997).

2) 사회복지의 전문직의 속성

그린우드(Greenwood)는 「전문직의 속성(*Attributes of a Profession*)」(1957)이라는 글에서 전문직의 속성을 다섯 가지로 제시하고 있다. 이에 비추어 볼 때 사회복지직은 이미 전문직이라고 규정하고 계속 전문화를 추구해 나가는 과정 속에 있다고 평가했다. 그린우드가 제시한 전문직이 갖추어야 할 속성은 다음과 같다.

(1) 체계적 이론

체계적인 이론의 존재 여부와 기술의 사용 여부가 전문직과 비전문직을 구별하는 기준이다. 기술 자체보다는 기술의 근원이 되는 체계적이고 과학적인 이론의 존재 여부가 전문직으로 인정받기 위한 중요한 요소가 된다.

(2) 전문직 권위

클라이언트와의 관계에서 전문직은 전문적 권위를 갖는다. 권위란 클라이언트에게 전문적인 영향을 미치는 힘이다. 전문가는 사회복지직에 부여된 전문적 권위와 신뢰가 있어야 한다.

(3) 사회적 인가(認可)

공동체나 사회의 승인 여부에 따라 전문직에 부여되는 권한과 특권이 달라진다. 사회는 특정 지식과 기술 등을 갖춘 집단에게 전문직이라는 권한을 부여함으로써 사회적으로 승인하게 되는데, 일반적으로 자격시험 관장 같은 독점적 권한을 부여한다. 예를 들어, 사회복지사 자격증은 사회복지사 업무를 수행할 수 있는 자격이 있으므로 그 업무를 수행해도 된다고 사회가 공식 인정해 주는 것이다. 이처럼 전문직은 사회가 어떤 특정 업무를 할 수 있는 능력과 자격이 있으므로 특정 사람에게 그 일을 해도 된다고 허락하고 인정하는 것이다.

(4) 전문직 문화

전문직은 전문직 자체의 고유한 가치나 규범, 상징을 세워서 공유하고 이를 보존한다. 전문직은 다른 목적을 위한 수단이 되어서는 안된다. 따라서 사회복지사는 사명감과 직업의식을 갖고 자신이 맡은 전문직을 수행해야 한다.

(5) 윤리강령

전문직은 사회로부터 승인을 받고 전문직으로서 권한과 권위를 가지게 되는데 바람직한 전문직 수행을 위해서 체계화된 윤리강령이 있어야 한다. 윤리강령을 통하여 전문직 수행에 대한 옳고 그름을 판단하여야 하며, 올바른 실천을 이끌어 내기 위해서는 윤리강령 기준을 근거로 전문가와 클라이언트를 보호할 수 있어야 한다.

함께 풀어 봅시다!

1 사회복지실천 이념에 관한 설명으로 옳지 않은 것은?

① 우애방문자들은 취약계층에게 인도주의적 서비스를 제공하고자 한다.
② 다양화 경향은 다양한 계층과 문제를 인정하는 계기가 되었다.
③ 사회진화론에 근거한 사회복지실천은 인보관 활동에서 찾아볼 수 있다.
④ 시민의식의 확산으로 주는 자 중심에서 받는 자 중심의 서비스로 전환되었다.
⑤ 개인주의 사상은 엄격한 자격요건하에서 최소한의 서비스만 제공하는 경향을 낳기도 하였다.

정답 및 해설

❸

▶▶ 사회진화론은 사회적합계층은 살아남고, 사회부적합계층은 자연스럽게 소멸된다는 이념이다. 사회진화론에서는 부자들은 우월하고 빈민들은 열등하기 때문에 가난하게 살 수밖에 없다고 보았는데, 이는 생태계의 적자생존의 자연법칙이 사회에도 적용된다는 것이다. 사회진화론은 사회복지실천의 사회통제적 측면에서 나타나는데 자선조직협회의 활동에서 찾아볼 수 있다.

2 사회복지실천의 목적에 관한 설명으로 옳은 것은?

ㄱ. 자원, 서비스, 기회를 제공하는 체계와 연결시키는 것 ㄴ. 사회정책을 개발하고 발전시키는 것 ㄷ. 사람들의 문제해결능력을 향상시키는 것 ㄹ. 사회복시사의 기능을 회복하는 데 초점을 맞추는 것

① ㄱ, ㄴ, ㄷ ② ㄱ, ㄷ
③ ㄴ, ㄹ ④ ㄹ
⑤ ㄱ, ㄴ, ㄷ, ㄹ

❶

▶▶ **사회복지실천의 목적(미국의 사회복지교육협의회)**

- 개인, 가족, 집단, 조직 그리고 지역사회가 목적을 달성하고 고통을 완화시키며 자원을 활용할 수 있도록 도움으로써 이들의 사회기능을 촉진·회복·유지·향상시키는 것
- 인간의 기본 욕구를 충족시키고 인간이 갖고 있는 잠재력 및 가능성 개발을 돕기 위해 필요한 사회정책, 서비스, 자원, 그리고 프로그램을 계획, 공식화, 시행하는 것
- 곤궁에 처한 집단에게 힘을 실어 주고 사회적·경제적 정의를 실현하기 위해 조직, 행정적 옹호와 사회정치적 운동을 통해 정책, 서비스, 자원 그리고 프로그램을 추구하는 것
- 전문적인 지식과 기술을 개발, 시험하는 것

3 다음 간접실천의 예를 모두 고른 것은?

ㄱ. 아동학대 예방을 위한 홍보활동
ㄴ. 학교폭력 예방을 위한 자원봉사자 모집
ㄷ. 희귀질환 아동을 위한 모금활동
ㄹ. 장애아동 양육을 위한 부모상담

① ㄱ, ㄴ, ㄷ ② ㄱ, ㄷ
③ ㄴ, ㄹ ④ ㄹ
⑤ ㄱ, ㄴ, ㄷ, ㄹ

❶
▶▶ 간접실천은 지역사회에서 클라이언트를 둘러싼 환경체계에 개입하여 사회적 지지체계나 자원을 발굴 또는 연계하는 방법을 활용하는 실천방식이다. 장애아동 양육을 위한 부모상담의 경우 클라이언트는 부모이다. 이는 부모와 상담하여 부모의 변화를 일으키기 위한 것이므로 직접실천에 해당된다.

4 사회복지실천의 특성으로 옳지 않은 것은?

① 개인의 문제해결능력을 향상시킨다.
② 사회적 기능을 증진시킨다.
③ 인간의 삶의 질을 향상시키기 위한 활동이다.
④ 사람과 자원체계가 연결될 수 있도록 돕는다.
⑤ 사회복지실천의 세부목적은 사회가 변화해도 불변한다.

❺
▶▶ 사회복지실천의 목적은 인간의 삶의 질 향상이다. 이는 상당히 함축적이며, 사회의 변화와 무관한 궁극적 목적이다. 반면, 세부목적 및 목표는 그 사회, 그 시대의 가치 및 요구와 기대를 반영하는 것으로 사회변화에 따라 달라진다.

5 다음 사회복지 전문직에 관한 설명으로 옳은 것을 모두 고른 것은?

ㄱ. 전문적인 이론체계를 갖고 있음
ㄴ. 개인의 변화와 사회적 변혁에 관심을 둠
ㄷ. 미시 및 거시적 개입방법을 모두 이해해야 함
ㄹ. 타 분야 전문가와의 협업을 위해 고유한 정체성의 발전은 불필요함

① ㄱ, ㄴ ② ㄱ, ㄷ
③ ㄴ, ㄷ ④ ㄱ, ㄴ, ㄷ
⑤ ㄱ, ㄷ, ㄹ

❹
▶▶ 그린우드(Greenwood)가 제시한 전문직의 속성에는 사회복지직의 고유한 정체성을 확립하고 발전시켜야 타 전문직과의 협업이 효과적으로 잘 이루어질 수 있다고 설명하고 있다.

Chapter

02

사회복지실천의 **가치와 윤리**

01 사회복지실천의 철학적 기반

1) 사회복지실천과 가치

(1) 가치의 개념

가치(values)는 지식(knowledge), 기술(skill)과 더불어 사회복지실천의 3대 중심축의 하나로 사회복지실천을 '어떻게(how)' 실행하는가에 대한 방향성을 제시한다. 사회복지실천은 가치를 기반으로 동기화되거나 기능화되기 때문에 가치라는 개념을 중요시한다. 즉, 사회복지실천 가치는 클라이언트의 욕구나 문제를 해결하기 위해 돕는 활동에서 사회복지실천가가 지녀야 할 정신적 목표라 할 수 있다.

가치(values)는 크게 두 가지 의미로 사용된다. 첫 번째는 사실(fact)과 구별되는 것으로 경험적인 방법으로 인식할 수 없는 것을 의미하는 다소 포괄적인 의미이다. 두 번째는 '좋다(good)'는 의미와 '중요하고 소중하다(valuable)'는 의미가 포함되는 다소 좁은 의미이다. 가치는 '무엇이 좋은가'에 관련될 뿐 '무엇이 옳은가'에는 관련되지 않는다. 가치는 다수의 사회구성원이 좋거나 바람직하다고 여기는 것인데, 왜 그것이 선하고 바람직한 것인지는 경험적으로 증명될 수 없다.

사회복지의 핵심가치는 인간의 존엄성, 자기결정권, 자율성, 평등, 사회정의, 기회의 균등성, 사회적 책임성 등 다양하다. 사회복지의 핵심가치는 사회복지사의 일상적 활동에 반영되어 전문직의 실천 방향을 제시한다.

사회복지 윤리학 분야에서는 일반적으로 가치를 '인간의 삶과 관련된 특정 수단, 목적, 조건들에 대한 보편적 선호'라고 정의한다. 바커(Barker, 1995)는 "관습이나 신념, 행동의 규준, 그리고 문화나 일군의 집단, 혹은 개인에 의해서 바람직하다고 생각되는 원칙"이라고 정의하였다. 한편, 로웬버그와 돌고프(Loewenberg & Dolgoff, 1996)는 가치를 "사람들의 잠재적이거나 실제적인 행동을 정당화시켜 줄 뿐만 아니라 선택된 행위의 바람직한 상태"를 일컫는 개념으로 사용하였다.

이처럼 가치는 사회문제를 다룰 때의 정의와 사회복지실천에서의 정의가 약간의 차이를 보이고 있다. 그것은 사회복지실천에서의 가치가 주로 '개인'을 중심으로 개념을 파악하고 있다면, 사회학에서는 '사회'에 초점을 맞추고 사회적인 합의가 있어야 한다는 것이 다르다. 그러나 가치가 개인의 행동과 태도에 결정적인 영향을 미치고 있다는 점에서는 같다. 따라서 가치는 일반적으로 사회구성원들에 의해 결정된 바람직함의 기준으로 좋고 바람직한 것에 대한 지침과 믿음으로 표현되며, 개인, 집단 또는 사회 등 가치 주체의 선택 행위를 통해 나타난다.

(2) 사회복지 목적과 관련된 가치

펌프리(Pumphrey)는 사회복지의 목적과 관련된 세 가지 가치들, 즉 가치를 추상적인 목적과 관련된 궁극적 가치, 이러한 목적을 달성하기 위해서 사용할 수 있는 수단인 도구적 가치, 그리고 이 두 가지 사이에 추상적 가치를 좀 더 구체화한 차등적 가치로 범주화하였는데 그 내용은 다음과 같다(Johnson, 1995).

① 궁극적 가치

궁극적 가치(ultimate values)는 가장 추상적이고 다수에 의해 가장 쉽게 동의를 얻을 수 있는 내용들이다. 예를 들면, 개인의 자유, 정의, 평화, 발전, 자기결정 등과 같은 어떤 일반적, 추상적 또는 절대적 개념이다.

예 자유, 인간의 존엄성, 인간능력에 대한 인정, 평등한 대우 및 차별금지 등

② 수단적(도구적) 가치

수단적(도구적) 가치(instrumental values)는 목적을 위해 요구되는 수단들을 명확하게 하는 것이며, 궁극적 가치를 달성하기 위한 수단이다. 다른 사람의 수용, 교육의 기회균등, 클라이언트에 대한 정보의 안전관리와 비밀보장 등과 같은 더욱 구체적이고 직접적으로 적용될 수 있는 가치이다. 또한 어떤 목적에 유용하기 때문에 좋거나 유익한 것으로서 사물의 성질에 관하여 구체적으로 설명하는 실용적 가치라고 할 수 있다.

예 비난하지 않는 태도, 자기결정, 비밀보장, 고지된 동의, 수용 등

③ 차등적 가치

차등적 가치(proximate values)는 추상적인 궁극적 가치와 구체적 행위나 상황과 관련된 도구적 가치 사이에 있으며, 궁극적 가치를 좀 더 구체화한 가치이다. 사회문화적 영향이나 개인의 경험에 따라 찬반이 가능한 가치이며, 특수하고 단기적인 목표를 제시하는 중간수준의 가치이다.

예 보건의료서비스, 치료를 거부할 수 있는 환자의 권리, 낙태나 동성애에 대한 가치 등

(3) 사회복지 차원에 따른 가치

사회복지 차원에 따른 네 가지 가치들, 즉, 개인적 가치, 사회적 가치, 기관의 가치, 전문적 가치로 그 내용은 다음과 같다(이영실·나임순·정명희·황희숙·최정자, 2016).

① 개인적 가치

개인적 가치는 가족, 문화, 사회의 가치에서 비롯된다. 개성, 자존심, 자기의존, 비밀, 자기실현 등과 같이 개인을 위한 권리 또는 유익하게 생각하는 것이나 개인이 자신을 위한 권리와 선을 생각하는 가치이다. 개인적 가치는 종교적·문화적 가치의 영향을 강력히 받으므로 각 개인의 환경에 따라 다르게 형성될 수 있다.

② 사회적 가치

사회적 가치는 개인적 가치에 영향을 미치며 시대의 변화에 따라 변화하는 특성이 있다. 사회의 일반화된 정서적 공감대를 반영하는 것으로 역사적으로 형성되었으며, 경험에서 비롯된다. 사회적 가치는 이타주의, 상호부조, 사회복지, 우애, 민주주의, 호의, 책임 및 사랑 등과 같이 사회적으로 지향된 방법을 통하여 일반적 또는 집합적으로 인간을 위한 선과 권리를 생각하게 되는 가치이다.

③ 기관의 가치

기관의 가치는 각 사회복지기관은 역할, 기능, 책임에 따라 고유한 가치를 갖는다. 이러한 기관의 가치는 종종 클라이언트의 가치와 갈등을 빚을 수 있다. 예를 들어, 기관에서는 타 기관에 등록된 클라이언트에게 중복서비스 지급을 할 수 없다는 원칙이 있는데 빈곤한 클라이언트 입장에서는 당장 우리 기관의 도움을 더 받고자 요청하는 상황에 놓였을 때 갈등을 야기할 수 있다.

④ 전문적 가치

전문적 가치는 어떠한 직업이 전문적으로 인정되는 과정에서 그 전문직의 독특한 실천활동과 관련하여 요구되는 가치이다. 즉, 기본적으로 해당 전문직 활동의 평가와 책임 소재의 근거가 된다. 전문적 가치는 하나의 직업이 사회적 차원에서 전문직으로 인정받는 과정에서 주어지는 것이므로 일반적으로 전문직이 속한 사회의 가치를 반영하게 된다. 전문적 가치에는 능력, 공평무사,[1] 클라이언트의 관심을 우선시하는 전문적 행동의 기준으로서 수용하는 것이며, 전문직업인이 자기 자신을 맡기는 가치이다.

1) 공평무사(公平無私): '공평하여 사사로움이 없다'라는 의미로 모든 일을 바르게 처리하여 사사로운 이득을 취하는 일이 없도록 한다는 고사성어이다. 공(公)과 사(私)는 공적인 일과 사사로운 일을 가리키는 글자이자 공공의 이익과 사적인 이익이라는 의미로도 자주 사용된다(시사상식사전, 2020).

2) 사회복지실천의 주요 가치

사회복지실천의 본질적 가치를 구성하는 기본 전제조건은 인간을 존엄한 존재라고 생각하는 것이다. 개인이나 사회문제의 원인이 인간과 사회환경 간의 역기능적인 상호작용에서 발생한다고 생각한다. 모든 사회는 이러한 개인적 또는 사회적 문제를 해결하기 위해서 전문적인 실천활동이 필요하다. 이러한 전제조건은 사회복지실천의 목적과 방법을 선택하고 결정하는 데 있어서 가치판단의 준거틀이 된다. 따라서 사회복지실천의 주요 가치는 본질적 가치, 기본적 가치, 전문적 가치 등으로 나누는데 그 내용은 다음과 같다(Johnson, 1995; 이영실 외, 2016).

(1) 사회복지실천의 본질적 가치

① 인간 존엄성 존중

인간을 존엄한 존재라고 생각하는 것으로, 클라이언트의 개별화, 자기결정권, 비밀보장을 존중하는 수단적 가치와 더불어 직업적인 윤리의 토대가 된다. 모든 인간을 가치가 있는 존재로 인정하는 데서 사회복지서비스가 제공된다고 보는 것이다.

② 배분적인 사회정의

분배정의라고도 하는데, 사회의 책임성과 참여를 중시한다. 개인의 문제는 사회적 자원의 결핍이나 사회환경의 역기능적 영향에 의해 발생하기 때문이다. 사회는 개인의 발전을 위해 최소한의 사회적 자원을 공평하게 배분해 주어야 한다는 신념이다. 따라서 개인의 능력이나 노력에 따라 빈부의 차이가 있음을 인정하면서도 사람들은 인간적인 삶을 영위하기 위해서는 최소한의 사회적 자원이 필요하다고 믿고 있다. 그래서 사회복지사는 모든 사람들에게 기본적인 사회자원을 공평하게 배분시켜 주어야 한다고 믿는 가치이다.

이처럼 '인간의 존엄성 존중'과 '배분적인 사회정의'는 사회복지실천의 본질적 가치인데 이를 사회복지실천의 이중가치 체계라고도 한다.

(2) 레비(Levy)의 사회복지 전문직의 가치

전문직 가치란 어떠한 직업이 사회의 전문직으로 인정되는 과정에서 그 전문직이 독특한 실천활동과 관련하여 요구되는 가치로, 해당 전문직 활동의 평가와 책임 소재의 근거가 된다. 레비(Levy, 1973)는 사회복지 전문직의 가치를 아래의 세 가지 범주(사람우선가치, 결과우선가치, 수단우선가치)로 나누어 설명하였는데 이는 사회복지 가치들이 갖는 기능적 측면을 기준으로 구분한 것이다.

① 사람우선가치(인간에 대한 바람직한 개념)

사람우선가치는 인간에 대한 바람직한 개념으로, 전문직 수행의 대상인 사람 자체에 대해 전문직이 갖추고 있어야 할 기본적 가치로서 인간의 본성을 제시해 줄 수 있는 가치들이다. 다시 말하면, 사람우선가치는 클라이언트를 하나의 개별화된 인간으로 보고, 능력을 인정해 주며 그에 따라 권한을 인정해 주는 가치라고 볼 수 있다.

예 인간이 타고난 가치와 존엄성에 대한 믿음, 건설적 변화 의지와 능력에 대한 믿음, 상호적 책임, 소속의 욕구, 개별성에 대한 인정, 인간의 공통된 욕구 등

② 결과우선가치(인간을 위한 바람직한 결과)

결과우선가치는 사람에 대해 서비스를 제공했을 때 초래되는 결과에 대한 가치로서 인간에게 바람직한 결과가 무엇인지를 알려주는 가치이다. 서비스 제공 이후 바람직한 성취를 이루기 위해 필요한 가치이다. 결과우선가치는 인간이 인간답게 살 수 있게 하고, 삶의 질을 높이는 결과를 가져오게 하는 가치이다. 즉, 사회가 개인의 발전을 위해 사회참여 기회를 동등하게 제공해야 한다는 사회적 책임에 대한 믿음이다.

예 인간의 기본욕구 충족, 부적절한 교육이나 주택문제 등에 대한 사회문제 제거, 평등한 기회 부여와 차별 금지 등

③ 수단우선가치(인간을 다루는 바람직한 도구)

수단우선가치는 인간을 대하는 바람직한 방법으로 서비스를 수행하는 방법과 수단, 도구에 대한 가치이다. 사람우선가치를 실현하는 방법이 되는 가치로 사회복지

사가 클라이언트를 대하는 태도나 방법에 관련된다. 수단우선가치에서는 사람은 존경과 존엄으로 다루어져야 하며, 자기결정의 권리를 가져야 하고, 사회변화에 참여하도록 촉진되며, 하나의 독특한 개인으로 인정되어야 한다는 믿음이다.

예 자기결정권 존중, 비심판적 태도 유지 등

3) 사회복지실천과 윤리

(1) 윤리의 개념

윤리(ethics)는 어떤 행동의 유형이 적절하고 부적절한지를 규정짓는 규칙이다. 따라서 윤리는 어떤 행동이 옳은지 그른지를 판단하는 기준이 된다. 윤리는 '행동화된 가치'라고도 한다. 즉, 가치가 행동으로 표현되었을 때, 그 행동의 옳고 그름을 판단하는 기준이 된다.

사회복지실천에서 말하는 윤리는 직업윤리를 의미하며 바로 말하자면 전문적 행위로서 '해서 옳은 일과 하지 말아야 할 일'의 판단기준을 지칭하는 말이다. 따라서 윤리는 도덕적 원칙들의 체계이고, 옳고(right) 올바르지 못한(wrong) 것에 관한 지각이며, 개인, 집단, 직업 또는 문화에 따라 실천되는 행동 철학이다(Barker, 2003).

윤리적 결정에 있어서 철학적 근거는 두 가지 관점에서 설명할 수 있다.

첫째, 윤리적 절대주의는 도덕적 판단가치의 보편적 원리, 즉 어떤 행위의 옳고 그름을 말해 주는 보편적·절대적·객관적 법칙이 존재한다고 보는 관점이다. 이는 이미 정해진 고정불변의 도덕률을 강조하는 것으로, 선과 악이나 옳고 그름을 그 행위의 결과와는 별개로 판단하는 것이다.

둘째, 윤리적 상대주의는 어떠한 행위가 도덕적으로 옳고 그른지에 대한 판단은 사회에 따라 다양하다고 보는 철학적 관점이다. 모든 시대, 모든 사람에게 적용될 수 있는 절대적이고 보편적인 도덕률은 결코 존재할 수 없다. 따라서 어떤 개인이 특정한 방식으로 행동하는 것이 올바른 것인가 아닌가에 대한 판단은 그 사람이 속해 있는 사회에 따라 전적으로 달라진다고 주장하는 것이다.

사회복지실천 윤리에 대한 정의를 살펴보면 레비(Levy, 1976)는 사회복지실천 윤리란 다양한 배경을 지닌 사회복지사들이 복잡한 실천 분야에서 직면할 수 있는 다양한 윤리적 쟁점에 대하여 올바른 판단을 내릴 수 있도록 하는 체계적 준거틀이라고 하였다.

로웬버그와 돌고프(Loewenberg & Dolgoff, 1996)는 사회복지 실무자가 무엇이 윤리적으로 올바른 실천방법인지를 인식할 수 있게 도와주며 전문적인 사회복지실천 상황에서 초래되는 윤리적 측면과 관련된 올바른 실천행위를 결정하고 행동에 옮길 수 있는 방법이라고 사회복지실천 윤리를 정의하였다. 이렇듯 사회복지사는 전문가로서 클라이언트를 원조하는 과정에서 윤리적 결정을 내려야 하는 다양한 상황에 직면하게 된다. 특히 전문가로서 견해와 기술을 바탕으로 내린 결정도 윤리와 무관할 수는 없다.

전문가의 가치관과 클라이언트, 동료 전문가 등 다른 사람들의 가치관 사이에 존재하는 공통점과 차이점을 체계적으로 확인하기 위해서도 사회복지실천 윤리는 필요하다. 그래야만 윤리적 갈등을 이해하고 이에 대처하는 능력을 갖출 수 있게 되는 것이다. 또한, 서로 다른 가치관들 사이에 관계를 정립시키거나, 위계설정을 위해서도 반드시 사회복지실천 윤리는 필요하다.

(2) 가치와 윤리의 관계

가치와 윤리는 종종 혼용되지만 그 뜻은 같지 않다. 윤리는 가치에서 나오기 때문에 가치와 조화를 이루어야 한다. 그러나 둘 사이의 차이점을 살펴보면, 가치는 '무엇이 좋고 바람직한가'에 관한 도덕적 판단의 기준에 중점을 두지만, 윤리는 '무엇이 맞고 옳은가'에 관한 사회적 의식의 한 형태로 인간이 마땅히 따라야 하는 규범의 총체를 의미하는 관점이다. 사회복지실천 윤리에서 가치 문제가 중요한 이유는 사회복지의 가치에서 사회복지실천 원칙이 나오기 때문이다. 윤리를 생각할 때 가치를 배제할 수 없다.

사회복지실천 윤리는 사회복지사들이 복잡한 실천 분야에서 직면할 수 있는 다양한 윤리적 쟁점에 대하여 올바른 실천행위를 할 수 있도록 판단 기준을 제시하는 준거틀이다. 이는 사회복지 실무자에게 무엇이 윤리적으로 올바른 실천 방법인지를 인식하게 도와주며, 전문적인 사회복지 실천 상황에서 초래되는 윤리적 측면과 관련된 올바른 실천 행위를 결정하고 행동에 옮길 수 있도록 도와주는 지침이다.

(3) 사회복지실천 윤리의 기능 및 필요성

사회복지실천 윤리는 전문직을 보호하는 기능을 한다. 사회복지사가 올바른 행동을 했는지 스스로 판단을 내림으로써 자기규제를 하도록 하는데, 이를 통해 사회복지 전문직의 전문성을 확보하고 외부로부터 전문직을 보호한다. 이는 곧 실천과정에서 윤리적 실천을 가능하게 함으로써 클라이언트를 보호함으로써 취약계층의 권리보호를 위해서도 사회복지실천 윤리는 필요하다.

사회복지실천을 통하여 우리 사회의 사회복지 주류가 얼마나 정당한지를 반성하게 할 뿐만 아니라, 시대적 동향에 맞는 가치를 정립하고 사회복지실천 방법을 개발하거나 전문가의 전문경력을 발전시킬 수 있도록 한다(Loewenberg & Dolgoff, 1996).

〈표 2-1〉 가치와 윤리의 비교

구분	가치	윤리
특징	• 믿음, 신념, 선호 • 어떤 것이 바람직한가, 바람직하지 않은가 • 객관적으로는 증명할 수 없고 주관적으로 신호하는 것 • 인간의 적절한 행동을 선택하는 데 지침이나 기준이 됨(방향 제시)	• 행동에 대한 판단 • 어떤 것이 옳은가, 그른가 • 가치 기반 위에 구현된 행동지침 • 기치에서 나오기 때문에 가치와 조화를 이루어야 함
관심	• 선하고 바람직한 것에 관심	• 올바르고 정확한 것에 대한 관심
표현	• 인간의 생각 속에서만 그치기도 함	• 행동으로 나타나는 것
기준	• 하나의 신념으로 과학적 근거가 없음 • 규범적 기준이 필요하지 않음	• 행동에 대한 사회적 태도로 규범적인 것
개입	• 인간관계가 개입되지 않기도 함	• 인간관계의 상호작용 속에서만 해당됨

02 사회복지실천현장의 윤리적 갈등

1) 윤리와 가치 갈등

사회복지를 선택한 사회복지사 대부분은 자신이 선택한 사회복지 전문직의 가치와 개인적 가치가 일치할 것이다. 그러나 종종 자신의 개인적 가치가 기관의 가치나 클라이언트의 가치와 일치하지 않을 수도 있다. 따라서 사회복지사는 다양한 가치 선호에 따라 도덕적·정치적 이슈에 대해 융통성을 가져야 한다. 따라서 사회복지사는 자신과 다른 가치관을 가진 클라이언트와 사회복지사에 대해서도 조화를 이룰 수 있어야 한다.

(1) 사회복지실천과 윤리적 갈등

윤리적 갈등(ethical dilemmas)이란 사회복지사가 전문가로서 지켜야 하는 윤리적 의무와 책무가 서로 충돌함에 따라 어떠한 실천행동을 선택하는 것이 윤리적으로 올바른 것인지 판단하기 힘든 상태를 말한다. 사회복지실천에서 윤리적 갈등이 발생하는 이유는 사회복지사를 비롯한 전문가들은 전문적 가치에 맞는 행동을 해야 한다. 그러나 사회복지사의 행동이 어떤 측면에서 보면 윤리적인 반면, 다른 측면에서 보면 비윤리적인 경우가 종종 발생한다. 이러한 경우 두 가지 이상의 의무나 가치, 원칙 등이 동등하게 유용하다고 여겨지지만, 이 원칙들이 서로 모순되거나 충돌하는 상황이 생기기 때문에 어떤 결정을 해야 할지 판단하기 어려운 윤리적 상황에 놓이면서 발생한다. 사회복지실천과정에서 윤리적 갈등의 범주를 살펴보면 세 가지 측면에서 살펴볼 수 있다.

① 직접적인 실천과 관련된 윤리적 갈등

직접적인 실천과 관련된 상황에서 사회복지사는 개인, 가족, 혹은 집단을 대상으로 직접적인 사회복지실천 활동을 수행해 나가는 과정에서 여러 윤리적 갈등에 직면한다.

② 사회복지정책 및 프로그램 차원에서 갈등

사회복지정책 및 프로그램을 기획하고 실행해 나가는 과정에서 발생하는 것으로 간접적인 사회복지실천 활동으로 분류되는 영역에서 제기되는 갈등이다. 대표적으로 '분배 문제'에서 제한된 자원은 누구에게, 어떻게, 얼마큼 배분하는 것이 가장 공평한 것인가를 결정하는 과정에서 윤리적 문제를 경험할 수 있다.

③ 사회복지 조직체 및 동료 사회복지사와 관련된 윤리적 갈등

사회복지 조직체 및 동료 사회복지사 사이의 관계와 관련된 것으로 한 조직체의 일원, 즉 고용된 사람으로서의 사회복지사가 겪을 수 있는 갈등이다. 예를 들어, 사회복지사가 함께 근무하는 동료 사회복지사가 인터넷도박 중독에 빠져 업무를 소홀히 하거나, 클라이언트에게 피해를 입힌 사실을 알게 되었을 때, 이 사실을 전문 직업인으로서 기관장에게 알려야 하는가의 문제에 윤리적 갈등을 경험할 수 있다.

(2) 사회복지실천과 가치 갈등

사회복지사의 실천활동은 개인적 가치, 전문적 가치, 클라이언트와 클라이언트 집단의 가치, 사회의 가치에 의해 영향을 받으며 이러한 가치 갈등으로 윤리적 딜레마에 빠지기도 한다. 사회복지사가 겪게 되는 다양한 가치 갈등의 유형을 살펴보면 다음 다섯 가지로 정리할 수 있다.

① 가치 상충

가치 상충은 윤리적 갈등이 가장 빈번히 야기될 수 있는 상황으로, 사회복지사가 두 개 또는 그 이상의 대립적 가치 혹은 경쟁적 가치에 직면했을 때, 어떤 가치를 우선적으로 선택해야 할지 결정하지 못하는 경우 겪게 되는 윤리적 갈등을 말한다. 윤리적 문제에서 상충되는 가치뿐만 아니라 전문가의 가치와 개인적 가치 사이의 상충, 클라이언트의 가치 상충 등이 있을 수 있다. 가치 상충으로 인한 윤리적 갈등은 가장 빈번하게 발생하는 상황이다.

예 클라이언트의 자기결정권과 인간의 생명보호라는 가치 사이에서의 윤리적 결정을 내려야 하는 경우

② 의무 상충

사회복지사가 자신이 속한 기관에 대한 의무와 클라이언트에 대한 의무 사이에서 갈등하게 되는 경우 겪게 되는 윤리적 갈등을 말한다. 사회복지사는 자신이 속한 기관의 정책을 지켜야 할 의무뿐 아니라 클라이언트를 위해 행동해야 할 의무도 있는데, 이 두 가지 의무가 상충되면서 윤리적 갈등을 겪을 수 있다.

예 클라이언트의 이익이 최선이라는 가치에도 불구하고 기관에 자원이 부족하기 때문에 클라이언트에게 최선의 서비스를 제공하지 못하는 경우

③ 클라이언트체계의 다중성

클라이언트가 여러 명일 경우 누가 클라이언트이고, 누구의 이익을 최우선적으로 고려하여 개입해야 하는지를 판단하기 어려워 겪게 되는 윤리적 갈등을 말한다. 누구의 이익을 우선시할 것인가의 문제는 개입의 우선순위와 내용에 중요한 영향을 미친다. 또한 특정 클라이언트를 위한 선택이 다른 클라이언트에게 부정적 결과를 가져올 경우에도 윤리적 갈등이 발생한다.

예 아동학대 문제, 부부폭력, 남편의 알코올중독 등 다양하고 복합적인 문제를 가진 가족에게 개입해야 하는 경우

④ 결과의 모호성

사회복지사가 내릴 결정의 결과가 불투명할 때 사회복지사는 어떤 결정을 내려야 할지에 대한 윤리적 갈등을 말한다. 특히, 사회복지사는 클라이언트가 아동일 때 어떻게 결정하는 것이 아이를 위한 최선인지, 앞으로 5~10년 후에도 최선일 수 있는지, 무슨 권리로 아동에 대한 결정을 해야 하며, 바른 윤리적 결정이 무엇인지 모호한 상황에 종종 부딪히게 된다.

예 부모의 경제적인 이유 때문에 아이를 해외로 입양시키는 것이 그 아이를 위해 최선의 결정인지 확신할 수 없어서 의사결정을 못하는 경우

⑤ 힘 또는 권력의 불균형

사회복지사와 클라이언트의 관계가 권력적으로 평등하지 않기 때문에 생기는 윤리적 갈등을 말한다. 클라이언트는 도움을 받는 입장이고, 사회복지사는 전문가로

서 도움을 제공하기 때문에 클라이언트가 전문가에게 의존하는 관계가 되기 쉬운데 이러한 상황에서 발생하는 갈등이다.

예 의사결정을 내리기 어려워하거나 문제해결능력이 부족한 아동이 자신의 결정과 선택을 전문가에게 의존함으로써 클라이언트의 자기결정권이 포기되는 경우

2) 사회복지실천에서 가치와 윤리적 쟁점

사회복지실천 과정에서 윤리적 갈등을 발생시키는 대표적인 가치와 윤리적 쟁점은 다음과 같다. 이 가치들은 윤리적 갈등을 발생시키도 하지만 한편으로는 윤리적 갈등을 해결하는 기준이 되기도 한다.

(1) 클라이언트의 자기결정권

① 개념과 특징

클라이언트가 외부의 강요 없이 자신의 행동이나 상황을 자유롭게 선택할 수 있는 권리이다. 사회복지사는 클라이언트가 선택하는 데 필요한 정보를 얻고 선택한 결과를 이해하도록 도와야 한다. 또한 사회복지사는 전문적 지식, 경험, 기술에 근거하여 자신의 생각이나 이념을 클라이언트에게 강요할 수 없다.

② 클라이언트의 자기결정권과 관련된 윤리적 쟁점

클라이언트의 자기결정권은 온정주의와 관련되어 복잡한 윤리적 쟁점을 야기할 수 있다. 온정주의(paternalism)는 자유와 자율성을 억압당하는 사람의 복지, 행복, 욕구, 이익, 가치 등을 위해 그 개인의 자유로운 행위에 대해 간섭하는 것을 정당화하는 것이다. 따라서 사회복지사가 클라이언트의 자기결정권을 따를 경우, 클라이언트에게 부정적인 결과가 나타난다면 바람직한 결과를 가져다주기 위해 어느 정도 클라이언트의 권리나 자유를 제한할 수 있기 때문이다.

(2) 클라이언트의 비밀보장

① 개념과 특징

사회복지사가 클라이언트의 동의 없이 클라이언트에 대한 정보를 누설하지 않는 것이다. 비밀보장의 대상이 되는 정보는 클라이언트의 신원, 명백하게 말로 표현한 내용, 클라이언트에 대한 전문적 의견, 기록된 자료 등이다.

② 클라이언트의 비밀보장의 원칙과 관련된 윤리적 쟁점

일반적으로 사회복지사가 클라이언트와 나눈 정보는 비밀이 지켜져야 한다. 그러나 클라이언트가 자신 또는 타인을 해칠 위험이 있다고 판단되는 경우 사회복지사는 비밀을 지키지 않고 위험을 막아야 하는지, 끝까지 비밀을 지켜야 하는지 갈등할 수 있다. 또한 사회복지사가 법정으로부터 클라이언트의 정보를 공개하라는 명령을 받았을 때 공개해야 하는지 윤리적 갈등을 겪을 수 있다.

(3) 진실을 말할 의무

① 개념과 특징

사회복지사는 클라이언트에게 실천 내용을 정직하게 말할 의무가 있다. 이는 자신이 제안한 서비스나 정보 유출의 의미와 특성에 대해, 발생할 수 있는 위험과 혜택에 대해, 클라이언트 자신이나 친척에게 미칠지도 모르는 영향에 대해, 그리고 가능한 대안과 예상되는 비용에 대해 클라이언트는 충분히 알고 있어야 함을 의미한다. 이는 고지된 동의[2]와 관련된다.

② 진실을 말할 의무와 관련된 윤리적 쟁점

어떤 사람이 사회복지사에게 클라이언트에 관한 정보를 제공했을 때, 그 사실을 클라이언트에게 알려주는 것이 좋은지, 만약 알려준다면 그 사람의 비밀보장은 어떻게 되는지 등과 관련 있는 쟁점이다. 클라이언트에게 진실을 말하지 않거나 잘못된

2) 고지된 동의(informed consent)는 정보를 수집하거나 서비스를 제공하고자 할 때 클라이언트로부터 반드시 사전에 동의를 얻어야 한다는 원칙이다.

정보를 제공하는 일은 없어야 한다. 하지만 진실한 정보가 클라이언트에게 해가 된다고 판단될 때, 사회복지사는 클라이언트에게 진실을 말해야 하는지 말아야 하는지 윤리적 갈등을 겪을 수 있다. 이 경우 진실을 말할 의무와 클라이언트의 알 권리 간에 윤리적 갈등이 발생한다.

(4) 제한된 자원의 공정한 분배

제한된 자원의 공정한 분배는 공평하게 자원을 분배해야 함을 의미한다. 한정된 자원을 모든 대상자에게 똑같이 제공해야 한다는 형평성 기준을 찾는 것은 매우 어렵기 때문에 윤리적 갈등이 발생할 수 있다.

(5) 전문적 동료관계

동료 사회복지사가 전문가로서 권위를 남용해 클라이언트나 전문직에 해를 끼치는 행동을 했을 때, 기관이 규정을 위반하고 부정한 수단이나 속임수를 사용했음을 발견했을 때, 이러한 사실을 알게 된 사회복지사는 그 사실을 보고해야 하는지에 대해 갈등할 수 있다.

(6) 전문적 관계의 유지

사회복지사는 클라이언트와 다양한 형태로 관계를 형성할 수 있다. 하나 이상의 관계가 형성될 수 있는데 이를 이중관계라고 한다. 사회복지실천에서 이중관계는 '사회복지사가 자신의 성적·경제적·사회적 욕구를 충족시키기 위해 클라이언트와의 관계에서 서비스 제공자라는 전문가 역할 이외의 또 다른 역할에 관여하고 있는 상태'를 의미한다. 사회복지사는 클라이언트와 이중관계가 형성될 수 있으나, 전문적 관계를 유지해야 한다. 전문적 관계에서 이중관계를 금지하는 이유는 원조 전문가들이 자신의 이득을 취하기 위해 클라이언트에게 영향력을 행사하고 그를 조정하고 해를 입힐 가능성이 있기 때문이다.

3) 윤리적 갈등의 대처방안

사회복지 윤리학자들은 사회복지사가 직면하는 윤리적 갈등상황을 해결할 수 있도록 이와 관련된 의사결정을 도와줄 수 있는 방법들을 고안해내었다. 윤리적 갈등을 해결하기 위해서는 체계적이고 조직화된 사고의 단계와 절차를 밟아나가는 '과정'과 그러한 의사결정과정을 통해 사회복지사가 고려해야 할 '내용'이 모두 중요하다. 윤리적 갈등을 해결하기 위해서는 체계적이고 조직화된 사고의 단계와 절차를 밟아나가는 '과정'은 '윤리적 의사결정 모델'이고, 의사결정과정을 통해 사회복지사가 고려해야 할 '내용'은 세 가지인데 윤리사정 심사(Ethical Assessment Screen, EAS)와 윤리규칙 심사(Ethical Rules Screen, ERS), 그리고 윤리원칙 심사(Ethical Principles Screen, EPS)이다. 로웬버그와 돌고프, 해링턴(Lowenberg, Dolgoff, & Harrington, 2005)을 중심으로 차례로 살펴보면 다음과 같다(김동훈, 2021).

[그림 2-1] 윤리적 갈등 조정을 위한 형식과 내용

(1) 과정: 윤리적 의사결정 모델

로웬버그와 돌고프, 해링턴은 사회복지 영역의 윤리적 의사결정과정에 적용할 수 있는 모델을 제시하였다. 이 모델은 사회복지 혹은 윤리적 의사결정에서만 사용되는 것이 아니라 일반적인 의사결정과정에도 적용할 수 있는 일반모델이다. 이러한 점에서 일반결정모델이라고 부른다. 어떤 행위를 선택할 것인가에 대한 결정에 그치지 않고 결정된 행위의 실행에 대한 검토와 결과에 대한 평가, 추가적 문제까지 확인하다는 점에서 이 모델은 매우 의미 있고 유용하다. 1단계부터 11단계까지 차례로 적용하는 단계별 접근이다.

① 1단계: 무엇이 문제인지, 그리고 문제를 야기하는 요인은 무엇인지 확인한다.
② 2단계: 누가 클라이언트이고 피해자인지, 지지체계와 다른 전문가 등 해당 문제에 관련된 사람과 단체는 누구인지 확인한다.
③ 3단계: 사회적 가치, 전문가로서의 가치, 클라이언트와 사회복지사의 개인적 가치 등 두 번째 단계에서 확인된 다양한 주체들이 주어진 문제와 관련해서 어떠한 가치를 가지고 있는지 확인한다.
④ 4단계: 주어진 문제를 해결하거나 혹은 최소한 문제의 정도를 경감시킬 수 있는 개입목표를 명확히 한다.
⑤ 5단계: 개입수단과 개입대상을 하나하나 분명하게 확인한다.
⑥ 6단계: 확정된 목표에 따라 설정된 각각의 개입 방안의 효과성과 효율성을 평가한다.
⑦ 7단계: 누가 의사결정에 참여할 것인가를 결정한다.
⑧ 8단계: 가장 적절한 개입 방법을 선택한다.
⑨ 9단계: 선택된 개입방법을 수행한다.
⑩ 10단계: 선택된 개입방법이 수행되는 것을 검토하며, 예상하지 않았던 결과가 나타나는지 주의를 기울인다.
⑪ 11단계: 결과를 평가하고 추가적인 문제들이 무엇인지 확인한다.

(2) 내용 1: 윤리사정 심사(Ethical Assessment Screen, EAS)

위에서 설명한 의사결정모델은 의사결정의 과정이라면, 윤리사정 심사, 윤리규칙 심사, 윤리원칙 심사는 의사결정을 해나가는 과정속에서 고려해야 할 구체적인 내용의 측면이다. 먼저, 윤리사정 심사는 윤리적 갈등 상황에서 사회복지사가 바람직한 실천활동을 결정하는 과정에서 고려해야만 하는 윤리적 측면들을 명료하게 하기 위한 것이다. 사회복지사가 고려해야 할 윤리적 측면은 아래와 같다.

① 직면해 있는 윤리적 갈등과 관련된 개인적 가치를 확인한다.
② 윤리적 결정에 관련된 사회적 가치를 확인한다.
③ 관련되는 전문적 가치와 윤리를 확인한다.
④ 선택할 수 있는 윤리적 대안들을 확인한다.
⑤ 어떤 윤리적 행동들이 다른 사람의 권리와 복지뿐만 아니라 클라이언트의 권리와 복지를 최대한 보호해 줄 수 있는가?
⑥ 어떤 윤리적 행위의 대안이 사회의 권리와 이해를 최대한 보호할 것인가?
⑦ 위의 ①, ②, ③번 사이의 갈등을 줄이기 위해서 무엇을 할 수 있는가? ⑤,⑥번 사이의 갈등을 줄이기 위해 무엇을 할 수 있는가?
⑧ 어떤 대안적 행동이 최소 손실(=해악)의 원칙을 지킬 수 있는가?
⑨ 각각의 행위의 대안들은 어느 정도 효율적이며 윤리적인가?
⑩ 대안적 행동이 가지고 있는 단기 혹은 장기적 윤리적 결과들을 모두 고려하여 비교하고 평가해 보았는가?

(3) 내용 2: 윤리규칙 심사(Ethical Rules Screen, ERS)

윤리규칙 심사와 윤리원칙 심사는 상충적 윤리원칙의 우선순위를 판단하는 방법과 관련된다. 윤리규칙 심사는 윤리원칙 심사 이전에 우선적으로 수행된다. 즉, 윤리적 갈등 상황에서 윤리규칙 심사과정을 거쳤는데도 만족할 만한 결과가 나오지 않을 때 윤리원칙 심사로 넘어간다.

① (사회복지사)윤리강령을 검토하고, 어떤 기준들이 적용되었는지를 결정한다. 이러한 윤리강령은 사회복지사의 개인적 가치보다 우선한다.
② 적용 가능한 한두 가지 윤리강령이 있다면 윤리강령을 따른다.
③ 특정한 문제에 대해 윤리강령이 적용되지 않거나 여러 개의 윤리강령 기준들이 상충되는 지침들을 제공하는 경우에는 윤리원칙 심사를 적용한다.

(4) 내용 3: 윤리원칙 심사(Ethical Principles Screen, EPS)

로웬버그와 돌고프는 윤리적 갈등 상황에서 어떤 원칙이나 의무를 우선적으로 적용해야 하는지 결정할 수 있도록 '윤리적 원칙 준거틀(Ethical Principles Screen, EPS)'을 제시했다. 이 원칙은 특정 문제에 대해 윤리강령 등으로 해결되지 않는 경우 최후의 수단으로도 고려된다. 또 이 원칙은 순서가 있으므로 여러 가지 원칙이 충돌하는 경우 상위의 원칙을 가장 먼저 적용한다. 예를 들어 생명보호의 원칙과 비밀보장의 원칙 사이에서 갈등하는 경우에 원칙 1인 생명보호의 원칙을 먼저 적용하여 결정을 내린다.

〈표 2-2〉 로웬버그와 돌고프의 윤리원칙 준거틀

윤리원칙1	생명보호의 원칙	인간의 생명보호가 다른 모든 것에 우선한다.
윤리원칙2	평등과 불평등의 원칙	관계가 동등한 사람들은 평등하게 대우받아야 하며, 동등하지 않은 관계 자체로 인해 문제가 발생한다면 불평등하게 처우받아야 한다.
윤리원칙3	자율과 자유의 원칙	사회복지실천과정에서 개인의 자율성과 자유를 존중하는 결정을 내려야 하지만 개인의 자율성과 자유도 자신이나 타인의 생명을 위협하는 경우에는 허용되지 않는다.
윤리원칙4	최소손실(해악)의 원칙	손실만 초래될 가능성이 높은 선택에서 비록 손실이 발생하더라도 손실이 최소화되거나 쉽게 회복될 수 있는 것을 선택한다.
윤리원칙5	삶의 질의 원칙	인간의 삶의 질을 더 향상시키는 기회를 선택해야 한다.
윤리원칙6	사생활 보호와 비밀보장의 원칙	사회복지사는 클라이언트의 사생활을 보호하고 클라이언트에 대해서 알게 된 사실을 다른 사람에게 공개해서는 안 된다.
윤리원칙7	진실성과 정보공개	클라이언트 및 관련자에게 오직 진실만을 이야기하며 관련 정보를 충분히 공개해야 한다.

① 생명보호의 원칙

인간의 생명보호는 클라이언트를 비롯한 모든 사람에게 적용된다. 이 원칙은 다른 여러 의무나 원칙에 우선하여 발생한다. 생명의 권리는 다른 어떠한 권리보다 최우선이 되어야 한다. 예를 들어, 심한 당뇨를 앓고 있는 클라이언트가 자신의 삶의 질을 방해한다는 이유로 인슐린 투여 및 제한적 식이요법을 거부할 때, 사회복지사에게는 클라이언트의 삶의 질과 사생활을 보호하는 것보다는 생명을 구하는 것이 우선된다.

② 평등과 불평등의 원칙

이 원칙은 모든 사람을 평등하게 처우해야 하나, 사례의 특성에 따라 다르게 처우될 수도 있다는 것이다. 예를 들어, 학대받은 아동은 성인과 동등한 위치에 있지 않기 때문에 학대상황이 비록 생과 사의 심각한 상황이 아니어도, 학대하는 성인에 대한 비밀보장과 자율성의 원칙은 아동을 보호하는 의무보다 낮은 순위를 차지한다.

③ 자율성과 자유의 원칙

사회복지사는 개인의 자율성과 독립성, 자유를 신장시키는 실천적 결정을 해야 한다. 자유가 비록 매우 중요한 가치라 하여도 자신이나 다른 사람의 생명이 갖는 중요성보다 우선할 수 없다. 어떠한 결정을 하든지 그것은 자신의 자율적 권리이지만, 자신 혹은 다른 사람을 해칠 수 있다는 주장은 그 누구에게도 설득력이 없으므로 이 원칙은 무시될 수 있다.

④ 최소손실의 원칙

사회복지사는 항상 가장 쉽게 회복이 가능하며 손실이 적게 초래될 수 있는 대안을 선택해야 한다. 예를 들어, 사회복지사가 클라이언트에게 열악한 주거환경에 항거하기 위해 월세지급을 미룰 것을 제안하기보다는 위험부담이 덜한 대안을 먼저 찾아야 한다.

⑤ 삶의 질의 원칙

사회복지사는 지역사회뿐만 아니라 개인과 모든 사람의 삶의 질을 더욱 향상시키는 기회를 선택해야 한다. 이 원칙은 개인, 집단, 근린, 지역사회, 국가 등 모두에게 적용된다.

⑥ 사생활 보호과 비밀보장의 원칙

사회복지사는 모든 사람의 사생활 보호 권리를 신장시키는 실천적 결정을 해야 한다. 비밀을 누설하지 않고 유지하는 것은 이 의무를 지킨 직접적 결과이다. 비밀보장의 원칙이 사회복지실천에서 매우 중요한 부분임에도 불구하고, 7가지 원칙 중 6번째를 차지한 사실에서 비밀보장은 본질에서 매우 상대적이라는 사실을 확인할 수 있다.

⑦ 진실성과 정보개방의 원칙

사회복지사는 클라이언트와 다른 사람에게 진실을 말하고, 필요시 모든 관련 정보를 충분히 개방하는 것을 허용하는 실천적 결정을 해야 한다. 이 원칙이 순위의 마지막에 위치한 것은 사회복지사가 궁극적으로 클라이언트에게 해가 되는 기록이나 정보의 제공을 제한하고, 온정주의 태도를 취하기 때문이다.

03 사회복지 전문직의 윤리강령

1) 전미사회복지사협회의 사회복지사 윤리강령

전미사회복지사협회(NASW)에서는 전문직 근본가치에 기초하면서 클라이언트에 대한 윤리적 책임, 동료에 대한 윤리적 책임, 실천 현장에서의 윤리적 책임, 전문가로서의 윤리적 책임, 직업에 대한 윤리적 책임, 더 넓은 사회에 대한 윤리적 책임에 관해 상세하게 행동기준을 기술하였다. 다시 말하면, 전미사회복지사협회의 윤리강령에는 사회복지 전문직의 핵심가치로 사회복지사라는 전문직의 추상적 가치를 행동강령으로 구체화한 것이다. 따라서 사회복지사가 실천 현장에서 수행하는 모든 일들에 대해서 전문가의 윤리와 책임이라는 관점에서 원칙과 지침, 평가와 책임 소재의 근거가 되고 있다. 1951년 미국사회복지사협회(American Association of Social Work)에서 최초로 윤리강령을 채택하였으나 통일된 전국조직이 아니었으므로 공식적 윤리강령으로 인정받지 못하였다. 그러다 1960년에 이르러 다양한 사회복지사 조직이 전미사회복지사협회(National Association of Social Work: NASW)로 통합된 후 비로소 최초의 공식적인 협회 윤리강령(Code of Ethics)이 마련되었다. 윤리강령은 전문직이 윤리적 실천을 수행할 수 있도록 행동기준과 원칙을 정해 놓은 구체적인 지침이다.

1996년에 개정된 전미사회복지사협회 윤리강령에서 제시하는 여섯 가지 전문가 핵심가치와 윤리적 원칙을 살펴보면 다음과 같다.

〈표 2-3〉 전미사회복지사협회 윤리강령의 핵심가치와 윤리적 원칙

핵심가치	윤리적 원칙
1. 서비스 제공 (요구가 있는 사람 대상)	사회복지사의 궁극적인 목표는 도움을 필요로 하는 사람들을 돕고 사회적 문제들에 대응하는 것이다
2. 사회정의 증진	사회복지사는 사회적 불의와 대결해야 한다.
3. 인간에 대한 존엄과 가치	사회복지사는 타고난 인간의 존엄과 가치를 존중해야 한다.
4. 인간관계의 중요성 인식	사회복지사는 인간관계가 가진 중요성을 인식해야 한다.
5. 신뢰성 확립(충실)	사회복지사는 신뢰받을 수 있게 행동해야 한다.
6. 능력 증진	사회복지사는 자신의 능력 범위 내에서 실천활동을 해야 하며, 자신의 전문직 기술을 개발하고 향상시켜야 한다.

2) 한국사회복지사협회의 윤리강령

우리나라에서는 1973년 2월 윤리강령 초안 제정 결의, 1988년 3월 사회복지사 윤리강령 1차 개정, 1988년 4월 사회복지자 윤리강령 공포, 1992년 10월 사회복지사 윤리강령 2차 개정을 하였으며, 2001년 12월에 사회복지사 윤리강령 3차 개정을 하였다. 1992년에 개정되었던 사회복지사 윤리강령은 서문과 10개의 조항으로 되어 있었으나, 세 차례의 개정작업을 거쳐 2001년에는 서문, 기본적 윤리기준, 클라이언트에 대한 윤리기준, 동료에 대한 윤리기준, 사회에 대한 윤리기준, 기관에 대한 윤리기준, 윤리위원회의 구성과 운영에 관한 부분으로 범주화하였다.

한국사회복지사협회의 이러한 윤리강령은 2001년 12월 15일 전국사회복지사 대회

에서 채택되고 발표함으로써 사회복지실천현장에서 윤리적 갈등이 생겼을 때, 사회복지사가 사회복지 전문직 가치 기준에 맞는 행동이 어떤 것인지를 판단할 수 있는 지침과 기준을 제공하였다. 또한, 사회복지사 윤리강령은 스스로 자기규제 기능을 가짐으로써 사회복지 전문직의 전문성을 확보하고 외부로부터 전문직도 보호하고 클라이언트도 보호할 수 있게 되었다.

[그림 2-2] 우리나라 사회복지사 윤리강령의 구조

다음은 한국사회복지사 윤리강령에서 제시하고 있는 전문 내용을 살펴보면 다음과 같다.

❖ 한국사회복지사 윤리강령

사회복지사는 인본주의·평등주의 사상에 기초하여, 모든 인간의 존엄성과 가치를 존중하고 천부의 자유권과 생존권의 보장활동에 헌신한다. 특히 사회직·경제적 약자들의 편에 서서 사회정의와 평등·자유와 민주주의 가치를 실현하는 데 앞장선다. 또한 도움을 필요로 하는 사람들의 사회적 지위와 기능을 향상시키기 위해 저들과 함께 일하며, 사회제도 개선과 관련된 제반 활동에 주도적으로 참여한다. 사회복지사는 개인의 주체성과 자기결정권을 보장하는 데 최선을 다하고, 어떠한 여건에서도 개인이 부당하게 희생되는 일이 없도록 한다. 이러한 사명을 실천하기 위하여 전문적 지식과 기술을 개발하고, 사회적 가치를 실현하는 전문가로서의 능력과 품위를 유지하기 위해 노력한다. 이에 우리는 클라이언트·동료·기관 그리고, 지역사회 및 전체사회와 관련된 사회복지사의 행위와 활동을 판단·평가하며 인도하는 윤리기준을 다음과 같이 선언하고 이를 준수할 것을 다짐한다.

출처: 한국사회복지사협회 홈페이지(www.welfare.net)

다음 한국 사회복지사 윤리강령의 윤기기준은 여섯 가지로 구분하였는데, 사회복지사의 기본적 윤리기준, 클라이언트에 대한 윤리기준, 동료에 대한 윤리기준, 사회에 대한 윤리기준, 기관에 대한 윤리기준, 사회복지윤리위원회의 구성과 운영으로 나누어 설명하고 있다.

(1) 사회복지사의 기본적 윤리기준

① 전문가로서의 자세

- 사회복지사는 전문가로서의 품위와 자질을 유지하고, 자신이 맡고 있는 업무에 대해 책임을 진다.
- 사회복지사는 클라이언트의 종교, 인종, 성, 연령, 국적, 결혼상태, 성취향, 경제적 지위, 정치적 신념, 정신적·신체적 장애, 기타 개인적 선호·특징·조건·지위를 이유로 차별 대우하지 않는다.
- 사회복지사는 전문가로서 성실하고 공정하게 업무를 수행하며, 이 과정에서 어떠한 부당한 압력에도 타협하지 않는다.
- 사회복지사는 사회정의 실현과 클라이언트의 복지 증진에 헌신하며, 이를 위한 환경 조성을 국가와 사회에 요구해야 한다.
- 사회복지사는 전문적 가치와 판단에 따라 업무를 수행함에 있어, 기관 내외로부터 부당한 간섭이나 압력을 받지 않는다.
- 사회복지사는 자신의 이익을 위해 사회복지 전문직의 가치와 권위를 훼손해서는 안 된다.
- 사회복지사는 한국사회복지사협회 등 전문가단체 활동에 적극 참여하여, 사회정의 실현과 사회복지사의 권익 옹호를 위해 노력해야 한다.

② 전문성 개발을 위한 노력

- 사회복지사는 클라이언트에게 최상의 서비스를 제공하기 위해, 지식과 기술을 개발하는 데 최선을 다하며 이를 활용하고 전파할 책임이 있다.

- 클라이언트를 대상으로 연구하는 사회복지사는 저들의 권리를 보장하기 위해, 자발적인 동의를 얻어야 한다.
- 연구과정에서 얻은 정보는 비밀보장의 원칙에서 다루어져야 하고, 이 과정에서 클라이언트는 신체적·정신적 불편이나 위험, 위해 등으로부터 보호되어야 한다.
- 사회복지사는 전문성을 개발하기 위해 노력하되, 이를 이유로 서비스의 제공을 소홀히 해서는 안 된다.
- 사회복지사는 한국사회복지사협회 등이 실시하는 제반 교육에 적극 참여하여야 한다.

③ 경제적 이득에 대한 태도

- 사회복지사는 클라이언트의 지불능력에 상관없이 서비스를 제공해야 하고, 이를 이유로 차별대우를 해서는 안 된다.
- 사회복지사는 필요한 경우에 제공된 서비스에 대해 공정하고 합리적으로 이용료를 책정해야 한다.
- 사회복지사는 업무와 관련하여 정당하지 않은 방법으로 경제적 이득을 취하여서는 안 된다.

(2) 사회복지사의 클라이언트에 대한 윤리기준

① 클라이언트와의 관계

- 사회복지사는 클라이언트의 권익 옹호를 최우선의 가치로 삼고 행동한다.
- 사회복지사는 클라이언트에 대하여 인간으로서의 존엄성을 존중해야 하며, 전문적 기술과 능력을 최대한 발휘한다.
- 사회복지사는 클라이언트가 자기결정권을 최대한 행사할 수 있도록 도와야 하며, 저들의 이익을 최대한 대변해야 한다.
- 사회복지사는 클라이언트의 사생활을 존중하고 보호하며, 직무수행과정에서 얻은 정보에 대해 철저하게 비밀을 유지해야 한다.

- 사회복지사는 클라이언트가 받는 서비스의 범위와 내용에 대해, 정확하고 충분한 정보를 제공함으로써 알 권리를 인정하고 존중해야 한다.
- 사회복지사는 문서, 사진, 컴퓨터 파일 등의 형태로 된 클라이언트의 정보에 대해 비밀보장의 한계, 정보를 얻어야 하는 목적 및 활용에 대해 구체적으로 알려야 하며, 정보 공개 시에는 동의를 얻어야 한다.
- 사회복지사는 개인적 이익을 위해 클라이언트의 전문적 관계를 이용하여서는 안 된다.
- 사회복지사는 어떠한 상황에서도 클라이언트와 부적절한 성적 관계를 가져서는 안 된다.
- 사회복지사는 사회복지 증진을 위한 환경 조성에 클라이언트를 동반자로 인정하고 함께 일해야 한다.

② 동료의 클라이언트와의 관계

- 사회복지사는 적법하고도 적절한 논의 없이 동료 혹은 다른 기관의 클라이언트와 전문적 관계를 맺어서는 안 된다.
- 사회복지사는 긴급한 사정으로 인해 동료의 클라이언트를 맡게 된 경우에는 자신의 클라이언트처럼 관심을 갖고 서비스를 제공한다.

(3) 사회복지사의 동료에 대한 윤리기준

① 동료

- 사회복지사는 존중과 신뢰로써 동료를 대하며, 전문가로서의 지위와 인격을 훼손하는 언행을 하지 않는다.
- 사회복지사는 사회복지 전문직의 이익과 권익을 증진시키기 위해 동료와 협력해야 한다.
- 사회복지사는 동료의 윤리적이고 전문적인 행위를 촉진시켜야 하며, 이에 반하는 경우에는 제반 법률규정이나 윤리기준에 따라 대처해야 한다.

- 사회복지사가 전문적인 판단과 실천이 미흡하여 문제를 야기시켰을 때에는, 적절한 조치를 취하여 클라이언트의 이익을 보호해야 한다.
- 사회복지사는 전문직 내 다른 구성원이 행한 비윤리적 행위에 대해, 제반 법률 규정이나 윤리기준에 따라 조치를 취해야 한다.
- 사회복지사는 동료 및 타 전문직 동료의 직무 가치와 내용을 인정·이해하며, 상호 간에 민주적인 직무관계를 이루도록 노력해야 한다.

② 슈퍼바이저

- 슈퍼바이저는 개인적인 이익의 추구를 위해 자신의 지위를 이용해서는 안 된다.
- 슈퍼바이저는 전문적 기준에 의해 공정하게 책임을 수행하며, 사회복지사·수련생 및 실습생에 대한 평가는 저들과 공유해야 한다.
- 사회복지사는 슈퍼바이저의 전문적 지도와 조언을 존중해야 하며, 슈퍼바이저는 사회복지사의 전문적 업무수행을 도와야 한다.
- 슈퍼바이저는 사회복지사·수련생 및 실습생에 대해 인격적·성적으로 수치심을 주는 행위를 해서는 안 된다.

(4) 사회복지사의 사회에 대한 윤리기준

- 사회복지사는 인권존중과 인간평등을 위해 헌신해야 하며, 사회적 약자를 옹호하고 대변하는 일을 주도해야 한다.
- 사회복지사는 필요한 사회서비스를 개발하기 위한 사회정책의 수립·발전·입법·집행에 적극적으로 참여하고 지원해야 한다.
- 사회복지사는 사회환경을 개선하고 사회정의를 증진시키기 위한 사회정책의 수립·발전·입법·집행을 요구하고 옹호해야 한다.
- 사회복지사는 자신이 일하는 지역사회의 문제를 이해하고, 그것을 해결하는 일에 적극적으로 참여해야 한다.

(5) 사회복지사의 기관에 대한 윤리기준

- 사회복지사는 기관의 정책과 사업 목표의 달성, 서비스의 효율성과 효과성의 증진을 위해 노력함으로써 클라이언트에게 이익이 되도록 해야 한다.
- 사회복지사는 기관의 부당한 정책이나 요구에 대하여 전문직의 가치와 지식을 근거로 이에 대응하고 즉시 사회복지윤리위원회에 보고해야 한다.
- 사회복지사는 소속기관의 활동에 적극 참여함으로써 기관의 성장발전을 위해 노력해야 한다.

(6) 사회복지윤리위원회의 구성과 운영

- 한국사회복지사협회는 사회복지윤리위원회를 구성하여, 사회복지윤리실천의 질적인 향상을 도모하여야 한다.
- 사회복지윤리위원회는 윤리강령을 위배하거나 침해하는 행위를 접수받아, 공식적인 절차를 통해 대처하여야 한다.
- 사회복지사는 한국사회복지사협회의 윤리적 권고와 결정을 존중하여야 한다.

함께 풀어 봅시다!

정답 및 해설

1 레비(C. Levy)가 제시한 사회복지 전문직의 가치 중 수단에 관한 가치에 해당하는 것은?

① 소속의 욕구
② 건설적 변화에 대한 능력과 열망
③ 자기결정권 존중
④ 상호책임성
⑤ 인간의 공통된 욕구

❸
▶▶ 레비가 제시한 사회복지 전문직의 가치 중 수단에 관한 가치는 사람우선 가치를 실현하는 방법에 해당한다. 따라서 지시문 중 자기결정 가치는 수단에 관한 가치로서 결국 인간을 존엄하고 고귀한 존재로 인정해 주는 가치인 사람에 대한 가치를 실현하는 수단이 되는 가치이다.

2 다음 보호시설 입소를 원하지 않는 클라이언트와 시설입소가 클라이언트에게 도움이 된다고 여기는 사회복지사 간에 상충되는 가치의 연결로 옳은 것은?

① 자기결정-사생활 보호 ② 자기결정-온정주의
③ 사생활 보호-평등주의 ④ 비밀보호-진실성 고수
⑤ 진실성 고수-온정주의

❷
▶▶ 보호시설에 입소하기를 원하지 않는 클라이언트의 결정을 존중하는 것은 클라이언트의 자기결정권을 인정하는 것이다. 시설입소가 클라이언트에게 도움이 된다고 여기는 것은 온정주의에 해당된다.

3 우리나라 사회복지사 윤리강령의 내용에 포함되지 않는 것은?

① 전문가로서의 자세
② 경제적 이득에 대한 태도
③ 클라이언트의 사생활 보호
④ 사회복지윤리위원회의 구성과 운영
⑤ 사회복지사 자격기준

❺
▶▶ **한국사회복지사 윤리강령의 기본적 내용**
사회복지사의 기본적 윤리(전문가로서의 자세, 전문성 개발을 위한 노력, 경제적 이득에 대한 태도), 사회복지사의 클라이언트에 대한 윤리기준, 사회복지사의 동료에 대한 윤리기준, 사회복지사의 사회에 대한 윤리기준, 사회복지사의 기관에 대한 윤리기준, 사회복지윤리위원회의 구성과 운영으로 구성되어 있다.

4 사회복지사가 경험할 수 있는 윤리적 딜레마 상황을 모두 고른 것은?

ㄱ. 실천 결과의 모호성 ㄴ. 사회복지사와 클라이언트 간의 힘의 불균형 ㄷ. 클라이언트 체계의 다중성 ㄹ. 기관에 대한 의무와 클라이언트에 대한 의무의 상충

① ㄱ, ㄹ ② ㄴ, ㄷ
③ ㄴ, ㄹ ④ ㄱ, ㄴ, ㄷ
⑤ ㄱ, ㄴ, ㄷ, ㄹ

❺
▶▶ 윤리적 딜레마, 즉 윤리적 갈등이 일어날 수 있는 상황은 다양한데 보기의 모든 내용이 해당된다.

5 도박으로 인한 사채 빚 때문에 신체포기각서를 쓴 클라이언트는 매일같이 생명에 대한 위협을 받으면서도 이 사실을 가족들에게 절대 알리지 말아 달라고 사회복지사에게 부탁하였다. 사회복지사는 어떤 윤리적 원칙을 가장 우선시해야 하는가?

① 생명보호의 원칙
② 비밀보장의 원칙
③ 평등 및 불평등의 원칙
④ 삶의 질의 원칙
⑤ 자율과 자유의 원칙

❶
▶▶ 윤리원칙의 우선순위는 '윤리원칙 1. 생명보호의 원칙'이 가장 먼저이다.

Chapter

03

사회복지실천의 **역사적 발달과정**

01 서구 사회복지실천의 역사적 발달과정

1) 전문적 사회복지실천 태동기(19세기 중반~20세기 초)

(1) 18세기 말~19세기 초 영국의 상황

18세기 중엽 산업혁명으로 도시화, 공업화가 일어나면서 도시의 빈민이 대량 발생하였고, 이로 인한 사회문제 및 빈곤문제가 새롭게 대두하였다.

당시 시민전쟁(1861~1865) 이후의 급박한 산업화와 도시화의 흐름에 따라 늘어난 이주민은 도시 중심의 사회문제를 일으켰는데, 빈곤과 이와 관련된 다양한 어려움은 사회로 하여금 요구되는 서비스를 창출하도록 압박을 가했다. 결과적으로 이러한 어려움을 해결하고자 공공과 민간영역에서 새로운 자선단체가 대거 등장하게 되었다(김융일·조홍식·김연옥, 2009). 이때 은행가, 실업인, 신흥 중산계층의 기독교인이 주축이 되어 많은 자선단체들이 생겨나 1861년 런던에 640여 개의 자선단체가 있었다. 그러나 이들 자선단체의 서비스 중복과 누락 등 비효율적인 운영이 계속되면서 단체들 간의 협력 결여, 재원의 낭비 같은 문제를 발생시켰다. 따라서 대다수의 새로운 구제 노력은 비효율적이었을 뿐 아니라 조직적이지 못한 상태였다. 이 시기에 주로 1870년대에 급증한 공공과 민간의 자원을 재조직하기 위하여 민간 사회복지기관의 활동에 대한 조정과 자선활동의 조직화에 대한 필요성이 제기되었으며, 이러한 문제를 해결하고자 자선조직협회(Charity Organization Society: COS)를 만들게 되었다. 이렇게 자선조직협회의 설립 및 활동이 확산되면서 사회복지실천이 시작되었다.

(2) 자선조직협회

19세기 말에 출현하기 시작한 민간 구제기관들의 주요 활동 목적은 실업자, 빈민, 환자, 신체 및 정신장애인이나 고아를 돕는 것이었다. 이러한 민간기관의 활동을 체계적으로 조정하기 위해 세계 최초의 자선조직협회는 1869년 영국 런던에서, 미국에서는 1877년 뉴욕 버펄로에서 조직되었다. 자선조직협회의 활동 목적은 다양하지만 크게 세 가지로 요약된다.

첫째, 자선단체 간 협력을 도모하여 빈민에 대한 중복지원을 방지하고자 했다. 그 당시 산발적으로 이루어지던 우애방문자 활동을 더욱 조직화하는 역사적 기점이 되었다.

둘째, 적절한 조사를 통해 빈민들에게 알맞은 원조를 제공하는 것이다. 우애방문원이 빈민 가정을 방문하여 빈민의 상태에서 벗어나도록 가정생활 지도, 아동교육, 가계 경제에 대한 조언 등의 원조를 제공하였다.

셋째, 빈민의 구걸 행위를 방지함으로써 빈민의 생활조건을 개선하는 것이다.

자선조직협회의 주 활동가였던 우애방문원(friendly visitors)은 자선조직협회에서 임명한 자원봉사자로서 교육을 잘 받은 중산층 부인들이었다. 이들은 빈곤 가족을 방문하여 빈곤과 고통으로부터 벗어날 수 있도록 개인이나 가족을 대상으로 상담 및 교육을 시키려 노력하였다. 특히, 빈민층 교화를 위한 활동, 욕구 조사, 문제원인 규명, 문제해결 방법을 알려주는 일을 하였다. 또한 이들은 도덕적 잣대를 적용하여 빈민을 통제하고, 빈민자의 가난을 대체로 무능하거나 게으르다고 믿었다. 이것은 결국 빈곤 문제의 원인을 개인의 성격적 결함에서 찾는 개인주의적 빈곤관을 취했다. 이러한 빈곤관은 사회경제적인 기회와 조건이 빈곤문제에 미치는 영향을 무시한 것이다.

자선조직협회의 활동 내용을 살펴보면, 영국의 경우 런던을 몇 개의 지구로 나누어 구빈위원회를 두고 우애방문원을 통하여 빈곤자를 지도하였다. 자선조직협회는 구빈법(1601년 엘리자베스 구빈법)에 기초하여 도덕성을 강조하였으며, '가치 있는 빈민'과 '가치 없는 빈민'을 구분하여, 구제받을 가치가 있다고 보는 빈민에게만 원조를 제공하였다. 또한 구제를 받고 있는 자의 생활은 구제를 받지 않고 일하는 자의 생활수준보다 낮아야 한다는 '열등처우의 원칙'을 적용했다.

미국의 경우, 자선조직협회는 1877년 뉴욕 버팔로(Buffalo New York)에서 시작하여 많은 도시에 빠르게 전파되었고, 민간 기관들과 함께 개인과 가족에게 직접적인 서비스를 제공하며, 도시의 긴급한 사회문제를 해결하기 위한 계획과 조정 활동을 하였다.

자선조직협회는 빈민 개인의 성격을 변화시키지 않고서는 빈곤 문제를 해결할 수 없다고 보았다. 빈민에게 단순히 물질적인 도움을 주는 것으로는 빈곤 문제를 해결할 수 없다고 보고 우애방문원들이 한시적인 구호가 아닌 정기적으로 그 가정을 방문하여 지도하였다. 특히 빈곤 가정을 방문하여 서비스를 제공하기 전에 면담, 기록, 자산조사, 사례연구 등을 수행하였으며, 빈민에게는 근면, 절약, 절제 등을 가르치고 도덕성을 향상시키려고 노력했다. 이들의 활동으로 빈민의 중복지원을 방지하고, 효율적인 관리를 위하여 연락기관을 설치한 점과 빈민에 대한 면밀한 환경조사를 기반으로 개별사회복지(casework), 가족복지의 시초, 사회복지조사 및 지역사회실천 활동에 근간이 되었다. 또한 자선조직협회가 빈곤을 경제 혹은 사회체계의 구조적 모순으로 인해 나타나는 현상으로 보지 않은 탓에 빈곤 발생의 사회적 기반을 경시했다는 한계는 인보관운동이 시작되는 계기로 작동되었다(Johnson & Yanca, 2009).

(3) 인보관 운동

산업혁명 이후 대량의 빈곤과 생활격차 현상이 심화됨에 따라 이를 해결하기 위해 자선조직협회가 조직되었지만 한계에 부딪치게 되었으며, 빈곤의 원인을 개인적인 성격적 결함에서만 찾으려 한다는 비판이 제기되었다. 따라서 빈곤을 개인의 문제로 보지 않고 사회문제이며, 사회가 주체가 되어 이를 해결하기 위해서는 개인적 접근보다는 사회적 환경의 변화가 필요하다는 주장이 뒷받침되었다. 이러한 가운데 빈곤한 사람과 함께 거주하면서 빈곤 문제를 해결해야 한다는 움직임이 생겼고, 인보관운동(Settlement House Movement: SEM)이라는 새로운 운동으로 전개되었다.

인보관 운동은 자선조직협회보다 약 15년 뒤에 시작되었으나 문제를 접근하는 관점은 매우 다르다. 인보관 운동의 활동가들은 빈곤의 원인을 산업화의 결과로 보았다. 따라서 빈곤을 개인의 책임이 아닌 사회구조적 요인, 환경적 요인에서 찾았다.

영국의 인보관 운동을 주도한 사람은 영국 성공회 소속의 사무엘 바네트(S. Brnet) 신부이다. 여기에는 주로 대학생과 종교인, 지식인이 참여했다. 1854년 영국의 캠브리지 대학교와 옥스퍼드 대학교의 학생들이 주축이 되어 슬럼가의 생활체험을 통해 빈민을 교육하고, 그들 자신이 스스로를 변화시켜 가난에서 벗어나도록 돕고자 했던 일종의 사회운동으로, 자선조직협회의 우애방문원들이 빈민에 대해 권위적인 자세를 취했던 반면, 인보관 운동 활동가들은 빈민과 동등함을 주장하였다. 이들은 지역사회 내 빈민들과 함께 거주하면서 주택개선, 공중보건 향상, 고용주들의 빈민 노동착취를 방지하기 위한 활동 등 사회문제의 해결에 힘썼다. 이는 교육받은 사람들이 빈민과 접촉을 증가시킴으로써 산업화로 인해 생성된 빈부 간 격차를 좁히고 한 계층이 다른 계층을 무시하지 못하도록 힘쓴 것이다. 이들은 빈민들과 함께 거주하고 그들과 인격적으로 접촉하면서 그들의 욕구가 무엇인지 이해하는 것이 필요함을 인식하여 3R, 즉 Residence(거주), Research(연구조사), Reform(개혁)을 강조하였다. 이는 연구와 조사를 통해 사회제도를 개혁해야 하며, 함께 살면서 같이 생활하지 않으면 빈민을 이해하지 못한다는 것으로 소외계층에 대한 역량 강화 또한 강조하였다.

세계 최초의 인보관은 바네트 신부에 의해 1884년 영국 런던의 동부 빈민지역에 설치된 토인비 홀(Toynbee Hall)이다. 토인비 홀은 옥스퍼드 대학원생 아놀드 토인비(1852~1883)를 기념하기 위해 그의 이름을 따서 만든 인보관이다. 토인비는 인보관 운동을 주도한 바네트 신부와 함께 빈민교육 및 사회개혁 운동에 헌신했으며, 활동 중 사망하였다.

미국의 인보관 운동은 1886년 스텐톤 코이트(Stanton Coit)에 의해 뉴욕시에 세운 근린길드(Neighborhood Guild, 현재의 명칭은 University Settlement)이다. 미국의 가장 유명한 인보관은 의과대학생이었던 아담스(J. Addams)와 스타(E. G. Starr)에 의해 1889년 시카고에 세워진 헐 하우스(Hull House)이다. 헐 하우스 프로그램 대부분은 다른 인보관 운동의 모델이 되었으며, 도시빈민 지역의 대표적인 사회운동으로 급속히 확산되었다. 인보관 중 가장 성공적으로 운영된 헐 하우스는 이민자로 구성된 지역주민을 대상으로, 근로 빈민층에게는 보육, 방문간호, 지역식당 서비스뿐 아니라 언어, 예술 등의 교육 프로그램을 함께 제공하였다.

인보관 운동이 시작되면서 사회복지실천에 있어 문제를 바라보는 시각에도 변화가 왔다. 인보관 운동은 집단지도와 지역사회조직의 시초라 할 수 있는데, 문제의 원인을 산업화의 결과로 보았다. 따라서 빈곤을 개인의 책임이 아닌 환경적인 문제라고 보았다. 특히 개인을 둘러싼 환경과의 상호작용에서 개인이 어떻게 대처하는가에 따라 문제가 발생 또는 해결될 수 있다고 믿었다. 따라서 사회복지실천가는 다양한 교육적인 집단활동을 제공하였고, 더욱 정책적·거시적 체계의 변화를 도모하고자 노력하기 시작하였다(김융일 외, 2009; 박주현 외, 2014; 최혜지 외, 2013). 그 외에도 직업기술 훈련, 언어(영어) 훈련, 환경 개선 운동 등을 공동으로 전개함으로써 빈민의 자립 여건을 위한 집단적 노력을 실천하였다. 이들의 활동은 후에 사회복지실천에 있어 집단사회사업, 지역사회조직활동에 영향을 주었다.

이와 같이 자선조직협회와 인보관 운동은 동일한 문제를 해결하기 위해 시작되었다는 동일의 목적이 있었으나 다양한 사회문제에 대한 분석과 접근방법이 달랐고, 문제해결을 위한 대처방법도 달랐다. 구체적으로 비교해 보면 〈표 3-1〉과 같다.

〈표 3-1〉 자선조직협회(COS)와 인보관 운동 비교

구분	자선조직협회	인보관 운동
이념	• 사회진화론적인 이념에 동조 • 인도주의적이고 사회주의적 기능 담당	• 기독교 사회주의 • 자유주의와 당시의 급진주의 사상에 동조
주요 활동가	• 중산층 부인 중심의 자원봉사자(우애방문원)	• 젊은 대학생, 교수 등 지식인층
도덕성에 대한 관점	• 기독교적 도덕성 강조, 빈자의 나태함을 비난	• 도덕성의 다양한 관점을 인정
빈곤관	• 개인주의(개인책임)	• 사회환경(사회개혁)
실천장소	• 가정방문	• 빈곤지역에 함께 거주
서비스	• 경제부조: 서비스 조정에 초점 • 사회복지사 중심	• 서비스 자체에 초점 • 클라이언트 중심
사회복지에 미친 영향	• 개별 사회복지실천, 사회복지 조사, 지역사회 조직	• 역량강화, 집단 사회복지실천, 지역사회 조직

출처: 이상호·최경화·김재열·안성의·유인애(2010). 사회복지실천론. 재구성.

2) 사회복지실천 전문직 확립기(1900~1920년대 전후)

(1) 전문직으로 전환하기 위한 움직임

19세기 말 자선조직은 지방도시와 협력체계를 맺고 다양한 구제활동을 수행하였다. 각 지역의 자선조직협회에 소속된 경영진은 기금운용에 대한 책임을 준수하고, 우애방문자를 훈련하는 역할을 담당하였는데, 훈련받은 우애방문자는 최초로 임금체계를 갖춘 사회복지사로 발전하였다(Dolgoff & Feldstein, 1980). 이는 보수를 제공함으로써 지속성과 책임성을 높이고 역할을 확대시켰으며, 우애방문원의 관리를 전문적으로 담당하는 전문가 역할도 수행하였다. 또한 서비스의 질을 향상시키기 위하여 일련의 표준 훈련과정이 개발되었는데, 이것이 사회복지실천가를 위한 전문적 교육과정의 시초로 알려져 있다.

리치몬드(M. Richmond)가 경영을 담당했던 뉴욕자선조직협회는 뉴욕자선학교의 후원으로 1898년에 최초로 6주간의 훈련 프로그램을 시행하였고, 1904년에는 뉴욕박애학교라는 명칭으로 1년 과정으로 확대 개설하였으며, 1910년 이후에는 2년 과

정으로 정착하게 되었다(Johnson & Yanca, 2009).

이 교육과정은 1917년 뉴욕사회사업학교로 개칭되었고, 1963년 미국 최초의 사회복지 고등교육기관인 컬럼비아 대학교 사회사업대학이 되었다. 이와 비슷한 노력이 20세기 초 시카고 박애학교에서도 진행되었으며, 이는 1907년 시카고 대학교의 사회서비스 행정대학을 탄생시켰다(Frumkin & Lloyd, 1995).

최초로 전문직 사회복지사로 채용된 인물은 의사인 카보트(R. Cobot)로, 1905년 메사추세츠 병원(Massachusetts General Hospital)에 유급 의료사회복지사로 고용되었다(Gehlert, 2006). 1900년대 초기의 사회복지사는 사회경제적 상황과 가족의 특성이 개인의 건강과 복지수준에 미치는 영향력을 고려하여 개인의 긍정적 변화를 도모할 수 있도록 돕는 전문직으로서 학교, 교정시설 등 다양한 영역에서 활동하였다(Zastrow, 2009).

(2) 사회복지실천의 전문성 논란

사회복지실천이 조직화·체계화되는 이 시점에 전문직에 대한 논란과 전문성의 기준에 대한 관심은 실천가들에게도 지대한 영향을 끼쳤다. 특히 1915년 의학교육 비평가인 플렉스너(A. Flexner)는 미국의 전국자선단체 및 교정 컨퍼런스(The National Conference on Charities and Correction)에서 「사회복지는 전문직인가(Is social work a profession?)」라는 논문 발표를 통해 사회복지는 전문직이 아니라, 클라이언트를 다른 기관에 의뢰하는 중개인에 지나지 않는다고 주장하였다. 특히, 사회복지 범위가 넓기 때문에 경계를 정하기가 불가능하다고 주장하였다. 그가 사회복지를 전문직이 아니라고 주장한 이유는 전문직으로서 갖추어야 할 다음의 속성이 없기 때문이라고 하였다.

첫째, 사회복지는 사회과학적 기초(지식)가 결여되어 있다.

둘째, 사회복지는 독자적이고 명확한 지식체계 및 전수할 만한 전문기술이 결여되어 있다.

셋째, 사회복지는 정부의 책임 아래 실시되는 교육 및 전문적 자격제도가 없다.

넷째, 사회복지는 전문적 조직체가 없다.

다섯째, 사회복지는 전문적 실천에 대한 윤리강령이 없다.

플렉스너가 연설하기 전, 사회복지직에 대한 전문화의 움직임이 전혀 없었던 것은 아니다. 사회복지 교육과정이 개설되는 등 사회복지를 전문직으로 발전시키려는 노력은 있었다. 그러나 플렉스너에 의해 제기된 사회복지실천가에 대한 전문성 논란은 당시 실천가에게 자신들의 활동을 되돌아보게 하는 계기가 되었으며, 사회복지실천의 체계적 발전에 궁극적인 전환점이 되었다. 이후 수많은 사회복지실천가가 전문직에 대한 플렉스너의 도전을 심각하게 받아들였으며, 플렉스너의 연설은 21세기에도 널리 회자되며, 사회복지 전문직의 정체성과 목적에 대한 끊임없는 논박의 배경이 되곤 하였다.

하지만, 최근 플렉스너의 주장에 대해 재해석이 이루어지고 있다. 즉, 사회복지실천 분야의 학자들은 플렉스너의 주장에 대한 재해석을 통하여, 그를 사회복지실천의 전문성에 대한 인식의 기원으로 기술하기도 하였다(Morris, 2008).

(3) 사회복지계의 전문직화 움직임

① 교육 및 훈련제도 마련

사회복지실천이 봉사라는 활동에서 전문직으로 성장하게 되는 중요한 계기는 교육 및 훈련제도의 채택과 보수체계의 정립이다.

뉴욕 자선조직협회는 1898년 미국 최초의 사회복지 전문인력 훈련 과정인 여름자선학교 프로그램을 6주간 개설했다. 이 훈련 프로그램은 1904년에 6주 과정에서 1년 과정으로 확대되었고, 1910년에 다시 2년 과정으로 확대되었다.

1907년에는 시카고대학교에서 사회복지 교육 프로그램이 개설되었으며, 1919년에는 미국에 17개의 사회복지대학이 생겨났다.

② 보수체계 정립과 유급 사회복지사의 등장

자선조직협회에서 활동한 우애방문원은 초기에 무보수로 봉사했지만, 책임성과 지속성이 떨어져 1900년대 전후로 보수를 받았다. 보수가 지급되자 책임감과 활동 영역이 넓어져 단순한 자원봉사자 차원을 넘어 전문가로 전환하는 계기가 되었다. 유급 직원들은 우애방문원의 관리를 전문적으로 담당하게 됨으로써 오늘날의 슈퍼바이저 역할을 했다.

1905년에는 미국 매사추세츠 병원에서 의사 카보트(R. Cobot)가 의료 사회복지사를 정식으로 채용하면서 각 분야에서 사회복지사를 유급으로 채용했다.

③ 전문직 협회 설립

사회복지사들 간 유기적인 협조와 의사소통을 위해 조직화의 필요성이 대두되면서 전문직 협회가 설립되었다. 미국병원사회사업협회(1918)가 최초로 조직되었고, 이후 미국사회복지사협회(1921), 미국정신의학 사회복지사협회(1924) 등이 생겨났다.

④ 사회복지실천 기초 이론 구축

사회복지계는 실천 대상 영역을 좁혀서 정신의학 중심의 개별 사회복지를 실천하면서 전문직화를 촉진했다. 특히 메리 리치몬드(Mary Richmond)는 사회복지를 프로이트의 정신분석이론과 연결시켜 사회복지의 전문직화에 기여했는데, 『사회진단』과 『개별 사회복지실천이란 무엇인가?』라는 책을 통해 사회복지실천의 기초 이론을 구축했다. 『사회진단』(1917)은 사례를 중심으로 사회복지실천에 관한 이론과 방법을 최초로 체계화한 책으로서 사회복지실천 과정을 단계별로 세시했다. 클라이언트가 처한 상황을 체계적으로 진단하는 기술, 정보수집을 통해 사례를 연구하는 단계, 수집된 정보를 통해 어디에 문제가 있는지 사정하는 기술, 문제상황을 변화시키기 위해 어떻게 개입할 것인지 계획을 수립하는 단계, 계획을 실행하는 단계 등으로 나누어 기술함으로써 오늘날의 사회복지실천 과정을 제시했다. 이 책은 당시 널리 퍼진 의료모델의 영향을 받아 진단과 같은 의학 용어가 사용되었다는 한계도 있지만 '환경 속의 인간'이라는 관점을 수용했다는 평가도 받는다.

『개별 사회복지실천이란 무엇인가?』(1922)에서는 사회복지실천을 개인과 개인, 인간과 환경 간 적절한 조절을 통해 인격을 발달·성장시키는 과정이라고 정의했다(사회복지교육연구, 2020).

3) 전문직 분화기(1920년대 전후~1950년대 전후)

1차 세계대전(1914~1918) 이후부터 2차 세계대전(1939~1945)이 끝난 직후까지 사회복지실천 분야에서 일어난 중요한 일은 크게 두 가지로 정리된다. ① 사회복지실천 3대 방법론 분화 및 확립, ② 진단주의 학파와 기능주의 학파의 갈등이다. 사회복지실천 방법은 전문화되면서 개별 사회복지실천, 집단 사회복지실천, 지역사회 조직론 등 3대 실천방법론으로 분화되었다. 진단주의 학파와 기능주의 학파 간 갈등도 있었지만 방법론에서 의미 있는 발전이 이루어진 시기이다.

(1) 3대 방법론으로 분화

개인 내면의 심리적 갈등의 원인을 성장과정과 사회적 관계 속에서 파악하고, 자아인식을 통해 개인이 속한 사회적 환경에 적응하도록 돕는 프로이드(Freud)의 정신분석이론과 이후 심리학자들의 다양한 이론은 개별사회복지실천에 중점을 둔 임상사회복지사(clinical social worker)들에게 큰 영향을 미쳤다. 많은 사회복지사가 정신보건영역에서 정신의학자, 간호사, 임상심리사들과 함께 개인치료를 위해 일하였으며, 1926년에는 미국정신보건사회복지사협회(American Association of Psychiatric Social Workers)를 창설하여 전문영역을 확보하고자 노력하였다(박주현 외, 2014).

① 개별사회사업

개별사회사업방법론을 바탕으로 개별사회복지실천(casework)이 이루어졌다. 사회복지사는 개인적이고 사적인 영역(아동상담소, 병원 등)에서 전문적인 사회복지실천을 하였다.

② 집단사회사업

집단사회복지실천(group work)이 개별사회복지실천과 함께 사회복지실천 방법으로 인식되기 시작한 것은 1930년대 이후이다. 1935년 미국 사회복지사 전국대회에서 집단 사회복지실천 부문이 생겨났으며, 1946년 집단사회복지협회로 발전했다. 제2차 세계대전 후 지역사회로 돌아온 참전용사를 대상으로 정신의학적 집단 사회복지실천이 실시되었으며, 1945년 이후 정신병원에서 집단 사회복지실천이 증가했고, 아동상담소에서도 집단 사회복지실천이 많이 활용되었다. 1946년 미국 사회복지회의에서 집단사회사업을 공식적으로 인정하였다.

③ 지역사회조직론

미국은 1920년대부터 주 단위로 공공복지관이 설치되면서 지역사회실천으로 전환하는 계기가 마련되었고, 경제 대공황으로 민간사회사업은 한계가 드러나자, 국가가 사회사업기관을 설립하면서 공공기관에서 활동하는 사회복지사의 수가 증가하였다. 또한 지역사회실천이 발달하고 전문화되어, 지역사회조직론(community organization)이 사회복지방법론의 한 분야로 정착하게 되었다.

(2) 진단주의와 기능주의 갈등

1930년대에 프로이트의 정신분석이론을 중심으로 개인의 과거 경험을 중시하는 진단주의 학파와 대공황 이후 개인의 문제가 사회환경에 있음을 강조하는 기능주의 학파 사이에 논쟁이 일어났다. 이 논쟁은 정신분석이론에 대한 비판이 제기되면서 시작되었고 1950년대까지 지속되었다.

① 진단주의 학파

1920년대를 전후로 프로이드의 정신분석학에 의존하는 진단주의 학파(diagnostic school)가 발달하였다. 인간을 기계적·결정론적 관점에서 바라보고, 인간은 무의식의 힘에 의하여 좌우되며 유년기의 내면화된 부모의 영향력에서 벗어나지 못한다고 보았다. 진단주의 학파는 인간성을 이해하는 관점을 '질병의 심리학(psychology of illness)'

이라고도 한다. 따라서 초기 아동기의 발견되지 않은 문제와 이해를 기초로 하는 치료와 클라이언트의 생육사를 탐구하는 것을 기반으로 진단이 강조된 정신분석 지향적인 접근에 기초한다.

이후 1940년에 진단주의 학파의 주요한 이론가인 뉴욕 사회사업대학 해밀턴(G. Hamilton) 교수에 의하여 사회복지실천에 있어 진단(diagnosis)이란 용어를 명확히 하였다. 1940년 그녀의 저서 『개별사회사업의 이론과 실제』에서 진단이란 "문제 그 자체와 문제를 가진 당사자를 이해하기 위하여 세운 작업가설"이라 설명하였는데, 이는 주어진 환경에 대한 클라이언트의 주관적 해석이 강조되는 개념이라 할 수 있다. 따라서 진단이란 해석주의적이며, 근본적으로 잠재적일 수밖에 없다. 진단주의를 주장한 대표적인 사회복지 학자로는 플로렌스 홀리스(Florence Hollis), 고든 해밀턴(Gordon Hamilton), 메리 리치몬드(Mary Richmond)가 있다. 진단주의 학파는 이후 홀리스의 심리사회모델로 발전하였다.

② 기능주의 학파

기능주의 학파(functional school)는 진단주의 학파를 비판하면서 1930년대 후반에 대공황[1]과 대량 빈곤문제를 경험하게 되면서 등장하였다. 이러한 시기에 클라이언트를 병들고 문제가 있는 사람이 아니라, 단순히 특정 서비스를 요구하는 개인으로 인식하는 또 다른 사회복지실천 접근방법이 대두하였다. 펜실베니아 대학 사회사업대학원에서 발전한 것으로 오토 랭크(O. Rank), 로빈슨(Robinson), 태프트(J. Taft), 앱터카(H. Aptekar) 등이 대표적인 학자이다. 특히 신프로이드 학파인 오토 랭크(1939)의 이론에서 크게 영향을 받았다. 랭크는 프로이드의 인간관에 이의를 제기하면서 인간의 '의지(will)'를 강조하였다. 인간을 좀 더 창의적이고 의지적인 관점에서 바라보며 또한 낙관적으로 보아야 한다는 견해이다. 인간은 내부에 건설적인 방향을 향해 나가고자 하는 힘을 가지고 있고 이 힘은 건전한 성장을 위한 의지를 형성한다고 하

1) 미국 경제 대공황은 1929년 10월 24일 주식가격이 폭락에서 시작되어 10년 이상 지속되었다. 미국 대공황은 정치, 경제, 사회, 문화 전반에 걸쳐 근본적인 변화를 가져왔는데, 사회복지 분야에 미친 영향도 매우 크다.

였다. 특히 기능주의 학파는 인간의 성격에 있어서 자아의 창조적 통합력을 인정하고, 어디까지나 클라이언트가 중심으로 클라이언트에게 사회복지사가 소속한 기관의 기능을 자유롭게 활용하게 함으로써 클라이언트 스스로 자아를 전개하도록 원조하는 것을 과제로 삼는다. 즉, 클라이언트가 도움을 받는 기관의 제한된 기능 내에서 스스로 선택하고 자신의 내부의 힘(self will)을 이용하여 자신의 성장을 위한 과제를 수행하되, 시간적으로도 제한된 범위 내에서 자신의 긴박한 문제해결 과정에만 참여하였다.

따라서 같은 '진단'의 용어를 사용하더라도 기능주의자에게 이는 클라이언트와 실천가가 함께 일할 수 있는 공통의 기반을 찾는 것으로 해석되었다. 클라이언트와 실천가의 관계 또한 전문적 지식과 기술을 활용하여 개개인의 상호 간 영향력을 높이고, 변화의 기회를 도모하는 주요한 과정으로 인식되었다. 이들은 과거에 얽매이지 않는 개인의 성장 가능성과 개인의 동기와 의지에 초점을 두고, 치료의 책임도 사회복지사에게 있는 것이 아니라 클라이언트 자신에게 있다고 주장하였다. 그래서 기능주의 학파를 '성장의 심리학(psychology of growth)'이라고도 한다(Johnson & Yanca, 2009).

기능주의 학파는 클라이언트가 자신이 원하는 서비스를 제공하는 기관을 자유롭게 방문하여 문제를 해결할 수 있도록 원조하는 것을 사회복지실천이라고 정의하기 때문에 기관의 기능을 강조하였다. 따라서 사회복지사의 역할은 클라이언트가 기관을 효과적으로 이용할 수 있도록 돕는 것이었다. 기능주의 학파는 치료라는 말을 거부하고 대신 원조과정(helping process)이라는 표현을 사용했으며, 정부로부터 재정 지원을 받는 조직이나 기관을 중심으로 정부 차원의 빈민 구제 프로그램을 제공하였다. 이 학파는 이후에 문제해결모델과 클라이언트 중심모델에 영향을 주었다.

4) 사회복지실천 방법 통합기(1950~1970년대 전후)

1940년대 후반부터 1950년대에 이르기까지 진단주의와 기능주의 간의 논쟁은 지속되었다. 과거 전통적인 3대 방법론별 접근으로는 점점 복잡하고 다양해지는 사회변동과 사회문제에 대해 더 이상 효과적으로 대처할 수 없게 되었다. 병원, 학교 등 다양한 공간으로 사회복지사들의 활동이 확대됨에 따라 각각의 실천방법론 간에 공통요소를 찾으려는 움직임이 생겼다. 사회복지실천의 통합에 관한 노력은 1929년 밀포드회의에서 찾을 수 있으나, 1950년대 후반에 시작되어 1960년대에 본격화되었고 1970년대까지 이어졌다.

1956년 사회복지실천 전문직의 공통 정의를 내리기 위해 바틀렛(Bartlett)을 위원장으로 하는 위원회가 구성되어 사회복지실천의 공통된 기반요소를 제시하였다. 이후 펄만(Perlman)이 1957년에 출간한 『사회복지사업: 문제해결과정(*Social Casework: A Problem Solving Process*)』은 그녀의 임상적 경험을 토대로 진단주의와 기능주의의 양측 전문가와 함께 연구한 통합적 연구물로서, 사회서비스 실천에 대한 시카고 학파의 효시가 되었다. 아울러 사회복지실천의 이론적 통합을 이룬 성과로서 평가된다. 이 책은 지난 논쟁의 재탕이 아닌 새로운 관점을 제시한 것이었으며, 기존의 사회과학과 정신의학의 이론을 접목시키고, 자신의 임상적 경험을 사회복지실천의 틀 속에 녹여 창출해 낸 고유한 업적으로 오늘날까지 사회복지실천의 기본서가 되고 있다.

2차 세계대전으로 인한 가족의 붕괴, 산업화와 도시화로 인한 가족의 분리, 가족기능 약화 등의 문제가 심각해지고 다양하고 복합적인 문제를 가진 가족이 증가하였다. 이러한 사회적 변화는 다양한 가족에 대한 개입으로, 가족치료 분야의 발전에 꽃을 피우는 계기가 되었다.

1950년대부터 가족치료가 발달하였고, 1960년대와 1970년대에 다양한 이름의 가족치료 방법론(구조적 가족치료, 다세대가족치료, 경험주의적 가족치료 등)이 등장하였다. 즉, 가족치료는 1950년대에 태어나서 1960년대에 성장하고 1970년대에 성숙되었다고 할 수 있다.

또한 1950년대는 사회복지실천의 다양한 영역과 방법론 적용이 확대되는 시기임과 동시에 전문단체 간의 단일화를 추구한 시기라 할 수 있다. 당시 사회복지실천은 전문협회의 결성과 전문가 양성교육에 총력을 기울였으며, 1955년 다섯 개의 전문적 사회복지실천 단체가 미국사회사업가협회(American Association of Social Workers)

와 통합되어 단일화된 전문단체인 미국사회사업가협회(National Association of Social Workers: NASW)로 재정립되었다.

비슷한 시기에 미국사회복지교육협의회(Council on Social Work Education: CSWE)는 기존 교육협회들을 통합하였으며 대학원 중심의 교육과정을 구성하였다. 1952년 CSWE는 개별사회복지실천과 함께 집단사회복지실천, 지역사회조직을 방법론으로 인정함으로써 향후 통합적 방법론의 초석을 다졌으며, 전미사회복지사협회(NASW)는 1960년에 윤리강령을 제정함으로써 전문직의 조직화에 노력을 기하였다.

1960년대로 들어서면서 다수의 사회복지실천가는 개인에 초점을 두는 임상(개별, 가족, 집단)방식으로는 절대적 빈곤 같은 상황을 해결할 수 없음을 인식하게 되었다. 그리하여 지역사회환경에 더 큰 관심을 갖게 되었다. 초기에는 빈곤이란 지역적 속성을 갖고 산발적으로 감지되는 현상이라 여겼으나, 1960년대 중반에 이르러 많은 연구는 빈곤이란 어느 특정 지역에 국한된 문제이기보다는 쉽게 경제적·인종적 차별과 연결될 수 있는 이슈임을 강조하였다.

이러한 빈곤문제에 대한 새로운 접근과 함께 '공민권법(The Civil Rights Act, 1964)'에는 취업과 관련하여 인종과 성별을 기반으로 한 차별을 금지하는 내용이 포함되었고(Long, Tice, & Morrison, 2006), 미국의 제36대 대통령 존슨(Johnson)[2]은 빈곤과의 전쟁을 선언하고, 공공부조제도에 대한 개혁을 추진하여 빈곤가정 어린이의 조기 두뇌개발을 위한 헤드 스타트(Head Start) 프로그램과 포괄적인 지역사회 행동계획 등을 도입하였다(Popple, 2005). 또한 사회복지 전문직 측면에서 문제가 된 이슈는 공공부문의 확대된 일자리에서 사회복지사 역할을 담당하는 사람의 대다수가 사회복지 고등교육을 이수한 인력이 아니라는 점이었다. 이는 초급사회복지사로서 진입할 수 있도록 학부교육과정을 제공해야 할 필요성을 인식하게 하였으며, 따라서 미국사회복지 교육협의회는 1962년 학부교육과정을 개발하여, 1974년부터 학부교육과정의

2) 린든 B. 존슨(Lyndon Baines Johnson)은 미국의 제36대 대통령(1963~1969)이다. 1963년 대통령으로 재임하던 존 F. 케네디(제35대 대통령)가 피살되고 당시 부통령이었던 존슨은 제36대 대통령직을 승계했으며, 1964년 선거에서 재선되어 1968년까지 집권하였다.

인증제도를 시행하기에 이르렀다. 결국, 1960년대 말부터 1970년대에 이르기까지 학부교육과정의 급증은 일반주의 사회복지실천에 대한 확대 보급을 가져오게 되었다.

5) 사회복지실천의 다양화 및 확장기(1970년대~현재)

(1) 일반주의 사회복지실천의 대두

1960년대와 1970년대 중반까지 사회복지실천은 다양한 이론과 관점의 발달로 전통적인 실천방법의 발전과 함께 새로운 접근방법을 시도하는 시점에 이르렀다.

진단주의와 기능주의 양측 모두 심화된 이론체계를 재정비하였으며, 사회복지실천의 주요한 다섯 가지 개념(사정, 환경 속의 인간, 과정, 관계, 개입)은 사회과학의 발달과 함께 통합되고, 사회체계이론과 의사소통이론의 적용을 통해 진화하기 시작하였다.

1970년대에 들어서면서 사회복지실천 모델에 대한 연구가 활발해졌고, 다양한 이론적 관점들을 수용하면서 이를 사회복지실천에 적용하려고 노력하는 시기였다. 정신분석이론이나 자아심리학 이론에 추가해서 일반체계이론, 생태체계이론 등이 유용한 이론으로 등장하였고, 전통적인 방법론으로부터 생태체계론적 관점에 입각한 새로운 방향으로 전환되었다. 이 시기에는 빈곤뿐만 아니라 비행, 장애, 보건, 정신건강 등 다양한 문제를 다루게 되었다. 특히, 병리보다는 개인의 강점에 초점을 두며, 클라이언트의 상황에 맞는 역할 및 개입전략의 다양성을 중요시하게 되었다. 새로운 모델과 이론 및 관점으로는 과제중심모델, 역량강화이론, 강점관점 등이 있다.

1970년대에는 사회복지실천 방법의 통합화를 위한 초기의 저서가 발간되었는데, 그 대표적인 예로 메이어(C. Meyer)와 바틀렛(H. Bartlett) 그리고 핀커스와 미나한(A. Pincus & A. Minhahan) 등이 주로 언급된다. 이들은 사회적 기능, 사정 단계에서의 전문적 판단, 개별화된 과정과 개입 활동 등 사회복지실천을 문제사정에 근거하여 목적 있는 변화를 추구하는 변화의 과정으로 설명함으로써 일반주의 사회복지실천 방법론의 이론적 기틀을 마련하는 데 많은 공헌을 하였다. 더불어 개인뿐 아니라 집단과 지역사회를 포괄하는 서비스 이용자 그룹이 확대되고, 대응하는 사회문제와 욕구 또한 다양화되면서 새로운 사회복지실천접근이 대두하였는데, 위기 개입, 과업 중심 사회복지실천, 행동주의 접근 등이 그 예이다(Johnson & Yanca, 2009).

(2) 사회복지실천의 질적 성장과 자격관리

1960년대 중반부터 지속하여 온 막연한 낙관론은 1970년대 후반부에 이르러 점차 회의론과 불확실로 변화되었다. 1980년 공화당의 레이건 대통령[3]이 집권한 시기(1981~1989)는 한마디로 미국 내 복지국가에 대한 공격이라고 표현할 수 있다. 보수주의 경제정책, 이른바 레이거노믹스(Reaganomics)는 조세와 정부의 공공정책지출이 경제구조의 뿌리 깊은 문제의 원인이라고 인식하며(Piven & Cloward, 1982), 조세감면, 철저한 통화관리와 더불어 연방정부의 지출삭감과 사회복지지출의 억제정책을 추진하였다. 빈곤과 불평등을 감소시키는 방법으로 사회적 상황을 강화하고 향상하기 위하여 진일보된 정책을 추진하는 대신, 사회서비스와 프로그램은 단순히 '안전망'으로 인식되었다(Long et al., 2006).

이 시기의 사회복지실천 영역에서 주된 이슈는 일반주의 실천가와 특화주의 실천가의 분화된 역할, 석사과정의 특화된 전공영역의 개발, 일반주의 실천의 개념화 등이었다. 1977년에는 사회복지 박사학위 교육과정의 발전을 위한 모임(Group for Advancement of Doctoral Education: GADE)이 창설되어 각 대학의 회원제를 통해 정기적 모임을 진행하고 오늘날까지 박사학위 교과과정과 교육행정에 관한 네트워크를 형성하고 있다. 1979년에는 각 주정부의 사회복지사 자격 관리과정을 통일하기 위한 노력으로 사회복지사자격관리위원회협회(Association of Social Work Boards)를 창설하였으며, 오늘날 지원자의 자격 충족요건에 따라 전문학사(Associate), 학사(Bachelor), 석사(Master), 고급일반주의실천(advanced generalist), 임상(clinical)의 다섯 가지 종류에 해당하는 사회복지실천가 자격관리 시험을 시행하고 있다.

3) 로널드 W. 레이건(Ronald Wilson Reagan) 대통령은 미국의 제40대 대통령(1981~1989)이다. 1980년 공화당 대통령 후보에 지명되어, 미합중국 제40대 대통령 선거에 나서 경제불황으로 인기가 떨어지던 민주당의 지미 카터 대통령을 이겨 당선되었다.

(3) 복지개혁을 통한 사회복지실천의 효율성 강조

1935년 루즈벨트 대통령의 주도 하에 입법된 사회보장법(Social Security Act)에 근거를 두고 있는 미국의 공공부조와 관련한 복지정책은 1996년 민주당 클린턴 대통령[4] 주도 하에 개혁을 단행하면서, 새로운 복지 패러다임(개인의 책임과 근로 기회를 강조)을 도입하였다. 1996년 미국 의회는 개인적 책임과 근로기회에 관한 법률(Personal Responsibility and Work Opportunity Reconciliation Act: PEWORA)를 승인함으로써 종전의 소득지원형 공공부조 정책에 입각하여 오랜 역사 동안 모자가정을 지원했던 부양아동가족부조(Aid to Families with Dependent Children: AFDC)[5] 프로그램을 폐지하고, 빈곤가구 일시부조(Temporary Assistance for Needy Families: TANF) 프로그램을 시행하였다. 빈곤가구 일시부조 프로그램은 부양아동가족부조 프로그램과는 달리 보조금이 제한적이며 몇 가지 요구사항들이 있다. 빈곤가구 일시부조(TANF) 프로그램은 보조금이 최대 2년 연속으로 혜택을 받을 수 있고, 평생 동안 받을 수 있는 혜택은 5년으로 제한되어 있다. 복지 보조금을 받는 모든 수혜자는 2년 이내에 일자리를 찾아야 하며, 싱글맘이나 싱글대디는 최소한 주당 30시간 이상 일해야 하며, 부부의 경우에는 주당 35~55시간을 일해야 한다. 이러한 요건들을 준수하지 않으면 보조금 지급이 중단될 수 있다. 이러한 복지개혁의 패러다임은 근로연계복지(welfare to work)라는 용어가 제시하듯이 빈곤층의 자조활동을 강조하였다.

공공부조의 정책적 맥락이 급변함에 따라 효율성이 검증된 프로그램과 실천방법을 채택하도록 강조하는 증거기반실천의 개념이 확산되었으며, 이에 따라 효율성을

---

4) 윌리엄 제퍼슨 클린턴(William Jefferson Clinton)은 미국의 제42대 대통령(1993~2001)이다. 1992년 11월 클린턴은 당시 현직 대통령 공화당의 조지 H. W. 부시와 무소속 후보 로스 페로를 꺾어 제42대 대통령으로 선출되었다. 그의 선거 운동 본부의 캠페인 문구는 "문제는 경제야, 바보야(It's the economy, stupid)."였다.

5) 부모의 적절한 보호를 받을 수 없는 아동을 위한 미국 연방, 주, 지방 정부의 프로그램이다. 자신의 집이나 친척집에서의 보호를 격려하기 위해 재정적 부조, 재활, 기타 서비스를 제공하고 그들의 부모나 친척을 자조할 수 있도록 도와 가족생활을 유지·강화하도록 한다. 1968년 이래 수령자가 급격히 증가하고 있다. 대다수의 가족이 모자가족, 부자가족 등 결손가정으로 구성되고 있으며, 종족별로는 흑인과 소수민족이 큰 혜택을 받고 있다. 재정은 연방정부가 50% 정도, 나머지는 주와 지방정부가 부담한다. 지급방법은 주로 현금이나 의료보호, 식품 구입권 등이다.

과학적으로 검증할 수 있는 다양한 사회조사방법과 분석기술에 대한 현장의 요구와 실천가들의 학습욕구가 높아졌다. 또한 단기개입과 자조모임, 비공식적 자원망의 활용을 극대화하는 해결 중심 실천접근이 활용되었다. 생태체계적 이론과 강점 관점은 문제해결 접근과 결합되어 서비스 이용자의 욕구를 사정하는 데 강력한 도구로 발전되었다. 또 이용자 욕구 중심의 다양한 자원을 연계·동원하고, 다차원적 개입을 수행하는 사례관리 실천방법은 영리목적의 의료서비스뿐 아니라 비영리목적의 다양한 사회서비스 대상자들(예: 아동, 장애인, 노인 등)에게도 효율적인 것으로 채택되고 있다.

(4) 시대적 추세와 다양한 관점의 공존

1990년대 이후 21세기 초반에 이르기까지 사회복지실천과 관련된 영역은 지속해서 진화·발전하고 있다. 아동, 장애인, 노인, 빈곤층과 같은 전통적인 서비스 이용자뿐 아니라 국제 협력과 사회적 기업 등 실천가의 활동영역이 새롭게 개척되고 있다. 특히 포스트모더니즘[6]과 페미니즘[7]의 영향으로 호혜성을 강조한 원조관계의 접근은 사회복지실천가로 하여금 서비스 이용자가 스스로 역량을 강화할 수 있도록 원조하고, 자신의 삶에 영향을 미치는 사회체계와 역동할 수 있도록 지지하는 동반자적 관계를 맺도록 제시한다.

6) 포스트모더니즘(postmodernism) 또는 탈근대주의는 일반적으로 근대주의로부터 벗어난 서양의 사회, 문화, 예술의 총체적 운동을 일컫는다. 근대주의의 이성중심주의에 대해 근본적인 회의를 내포하고 있는 사상적 경향의 총칭이다.

7) 페미니즘(feminism)은 생물학적인 성(性)으로 말미암은 모든 차별을 부정하며 남녀평등을 지지하는 믿음에 근거를 두고, 불평등하게 부여된 여성의 지위·역할에 변화를 일으키려는 여성운동이다.

02 한국 사회복지실천의 발달과정

1) 한국 초기 사회복지실천의 발달

(1) 국가주도 구제정책: 고조선~조선시대

서구 사회복지실천의 역사적 기원이 고대와 중세로 거슬러 올라간다면, 우리나라는 고조선시대부터 그 기원을 찾을 수 있다. 고조선의 부조활동에서부터 조선시대에 이르기까지 흉년이나 가난 등으로 인해 백성들이 어려움에 처했을 때 국고의 비축양식을 풀어 백성들을 구제하는 등 국가 주도적 구제정책이 존재해 왔다.

(2) 근대적 사회복지실천: 개화기~한국전쟁 이후

근대적 개념의 사회복지실천은 개화기에서 시작되어 한국전쟁 이후 전쟁고아, 빈곤문제 등에 대응하기 위해서 종교적 성격을 띤 외원단체 활동으로 사회복지실천이 본격화되었다고 할 수 있다. 서구의 선교단체와 해외 원조단체들이 한국전쟁을 계기로 대거 진출하여 비조직적이고 자선적이며 종교 우선적인 구제활동을 전개하였고, 이때 서구의 근대적 사회사업의 개념이 도입되었다.

한국전쟁 이후 외원단체들의 지원은 시설 중심의 사회복지를 발전시켰다. 1950년 한국전쟁을 전후로 설립된 기독교 아동복지재단(Christian Children Fund: CCF), 홀트 아동복지회(Holt Adoption Program: HAP), 선명회(World Vision of Korea) 등과 같은 외국 민간 원조단체를 중심으로 개별사회사업을 하였으며, 외국 민간 원조기관과 1952년 3월에 여러 외원단체들은 개별적으로 운영되어 오던 사업형태를 통일하고 좀 더 효과적인 원조를 실시하기 위하여 7개 기관이 모여 한국외원단체협의회(Korea Association of Voluntary Agencies: KAVA, 카바)를 결성하였다. 카바(KAVA)를 중심으로 하여 기관을 통한 개별사회사업실천이 행해졌다. 주로 미국 선교사들이 설립한 병원, 상담소에서 사회복지사를 고용하였고, 당시에는 심리치료를 주로 하였다.

외원단체가 한국 사회복지실천에 미친 영향을 정리해 보면 다음과 같다.

- 한국의 사회복지를 종교와 밀접한 관련 하에 전개시켰다.
- 한국에서 전문 사회복지를 시작하도록 촉발하였다.
- 시설 중심의 사회복지실천을 발전시킨 계기를 만들었다.
- 거시적 사회정책보다는 미시적 사회복지실천 위주로 발전하게 하였다.
- 미국의 전문 사회복지실천 방법을 전파하는 데 기여하였다.
- 한국인이 사회복지는 '구호사업' 또는 '자선사업'과 같은 것이라고 인식하는 데 영향을 미쳤다.
- 외원단체가 철수하자 외원에 크게 의존하던 한국의 민간 사회복지실천 부분이 정부에 의존하게 만드는 데 역할을 하였다.

〈표 3-2〉 한국전쟁 이후 외원단체들

구분	내용
기독교 아동복지재단	한국전쟁 후 요보호아동이 증가함에 따라 부산에 사무실을 설치하여 한국 아동을 집중적으로 지원하게 되었다. 1972년 법인명칭을 '한국어린이재단'으로 변경하고 다시 1994년 '한국복지재단'으로 변경, 2003년 '어린이재단'으로 변경, 2010년 '초록우산어린이재단'으로 현재에 이르고 있다.
홀트아동복지회	한국전쟁이 끝난 후 미국인 해리 홀트(Harry Holt) 씨가 1955년 6월 한국의 전쟁고아와 혼혈아동을 도울 수 있는 방안을 찾기 위해 한국에 입국하였다가 전쟁으로 인해 고통 속에 있는 한국 고아 여덟 명을 입양한 것을 시작으로 그 역사가 시작되었으며, 이들 부부는 아이들을 위해 평생을 헌신하였다.
선명회	미국의 피어스(Pierce) 목사와 한경직 목사가 1953년에 한국전쟁으로 가족을 잃은 고아들과 미망인을 돕기 위해 설립하였다. 국내에서는 선명회로 활동하였지만 1998년 월드비전 세계총회를 통해 모든 국가에서 '월드비전'이라는 통일된 기관명을 사용하여 현재는 월드비전으로 불리고 있다.
한국외원단체협의회 카바(KAVA)	고아문제, 장애문제, 혼혈아문제, 아동유기 등의 문제에 대한 해결책 모색을 위해 실태조사를 실시하고 점차 자선사업에서 재활사업으로 전환하여 서비스를 제공하고 있다.

2) 사회복지실천의 시작과 발달

(1) 사회복지교육 영역

사회복지실천의 전문교육에 있어 매우 독특한 부분은 사회복지실천의 개념과 가치, 이론적 토대에 대한 논의가 정책적으로나 현장에서나 전혀 이루어지지 않은 상황에서 대학교육과정에 사회복지학문이 도입되었다는 점이다. 주로 기독교 중심의 교육이념을 토대로 세워진 대학에 학과가 세워졌는데, 정식교육기관으로는 1947년 이화여자대학교 기독교사회사업학과가 최초로 설립되었다. 그리고 1953년에는 현재의 강남대학교인 중앙신학교에 사회사업학과가 신설되었고, 1958년에는 서울대학교 대학원에 사회복지 전공과목이 개설되었다. 이 시기에는 미국식 전문교육 모형을 받아들여 임상 사회복지실천 중심의 사회복지실천 교육을 가르쳤다.

1965년 한국사회사업교육연합회(현재, 한국사회복지교육협의회)가 태동하였다. 1970년대까지는 대다수 학과가 사회사업학과의 명칭을 사용하였으나, 1970년대 중반에 들어오면서 학과의 명칭변경에 대한 필요성과 문제가 제기되어 점차 사회복지학과로 개칭하였다. 1980년대 이후에는 극소수를 제외하고는 거의 대부분의 대학에서 사회복지학과 또는 사회복지학부로 개칭하였으며, 신설되는 학과들도 이 명칭을 사용하고 있다.

사회복지 전문 인력에서는 1970년에 제정된 사회복지사업법에 '사회복지사업종사자'라는 명칭이 최초로 명시되었다. 이후 1983년 사회복지사업법이 개정되면서 '사회복지사'로 명칭이 변경되었다. 1996년에 임상사회복지사 자격제도가 실시되었고, 이후 전문사회복지사제도로 명칭을 변경했지만 실효성이 없어서 폐지되었다.

1997년 개정된 법에 따라 2003년부터는 국가자격 시험으로 실시되어 현재 사회복지사 1급은 시험을 통해 취득 가능하다. 2008년부터 사회복지사 보수교육이 법제화되어 사회복지사의 전문성향상과 역량강화를 위한 지속적인 교육의 필요성이 인정되었다. 2018년 11월 23일 「사회복지사업법 일부개정법률안」이 국회를 통과하면서 정신건강, 의료, 학교 영역에서 활동하고 있는 사회복지사에 대한 영역별 자격을 인정하였다. 이는 1983년 사회복지사 1, 2, 3급 자격제도 개정 이후 35년 만에 정신건강, 의료, 학교 등 특정 영역에서 활동하고 있는 사회복지사의 전문성을 바탕으로 정신건강사회복지사, 의료사회복지사, 학교사회복지사 국가 자격을 신설한 것이다. 또한 사회복지사의 자격기준을 1급, 2급으로 규정하였으며, 시행시기는 하위법령의 개정 기간을 고려하여 공포 후 2년으로 정하였다.

(2) 의료사회복지 영역

의료사회복지의 시작은 의료사회사업가가 병원에서 맨 처음 일한 곳은 1958년 한노병원이다. 그 뒤 1959년 국립중앙의료원, 원주기독병원 등에서 의료사회사업가를 채용하여 의료사회복지사업이 시작되었다. 1973년 대한의료사회사업가협회가 발족(2000년 대한의료사회복지사협회로 명칭 변경)하였으며, 1973년에는 「의료법」 전면 개정에 따른 「의료법 시행규칙」이 시행됨에 따라 종합병원 단위의 의료기관에서 사회복지사를 의무적으로 고용하게 되었다. 즉, 종합병원 단위의 의료기관에서 사회복지사를 고용해야 하는 법적 근거가 마련된 것이다.

2020년 「사회복지사업법 시행규칙」 제4조의2에 따르면, 의료사회복지사의 수련기관 및 수련과정에 대해서는 보건복지부 장관이 지정하는 기관으로 한다. 의료사회복지수련기관은 의료사회복지 업무를 수행하는 담당 부서를 갖추고, 5년 이상의 의료사회복지사 실무경험이 있는 사람 1명 이상이 수련지도자로 상시 근무하는 「의료법」 제3조제2항제3호에 따른 병원급 의료기관(같은 호 마목에 따른 정신병원은 제외한다)으로 명시하고 있다.

(3) 지역사회복지 영역

우리나라 최초의 사회복지관은 태화여자관(현재 태화기독교사회복지관)이다. 1952년 부산 기독교사회관이 설립되었는데, 이는 한국전쟁 중 부산으로 피난을 갔던 태화관 직원들에 의해서 시작되었다고 한다. 주로 여성과 아동을 위한 사업을 펼쳤는데 영국 및 미국의 인보관 운동과 같은 사회계몽과 사회개혁을 내세웠다.

1956년에는 이화여대 부속 사회관을 개관하고, 1958년에는 군사기독교 사회관이

❖ **의료사회복지사 응시자격**

의료사회복지사 자격시험에는 아래의 자격기준 1 혹은 2에 해당하는 자가 응시할 수 있다.

1. 다음 각 호를 모두 만족하는 자
   가. 사회복지사 1급 자격증 소지자
   나. 의료사회복지 실무 경력 1년 이상, 또는 의료사회복지 연구 및 교육에 1년 이상의 경력을 가지고 있는 자
   다. 응시원서 마감일까지 최근 3년간 연회비 납부 의무를 이행한 자 또는 가입년도 이후 연회비를 완납한 자
   라. 응시원서 마감일까지 최근년도 협회 인증 연수 평점 20점 이수 확인 서류를 제출할 수 있는 자
2. 이와 동등한 자격이 있다고 협회자격관리위원회에서 인정하는 자

박순임이라는 개인에 의해 설치·운영되었다.

1983년 사회복지사업법이 개정되면서 사회복지관의 설립 및 운영을 지원하는 근거가 마련되었고, 1985년부터는 시·도 단위로 종합사회복지관이 설립되기 시작하였다.

1988년 사회복지관 운영·국고 보조사업 지침이 수립되면서 전국적으로 사회복지관 사업이 확대되었고, 1989년 개정된 주택건설촉진법 등에 의해 저소득층 영구임대아파트 건립 시 일정 규모의 사회복지관 건립을 의무화하였다. 2003년 개정된 사회복지사업법에 따라 2005년에는 지역사회복지협의체 구성이 시행되어 지역 단위의 복지계획을 수립하게 되었다.

(4) 공공 영역

사회복지관이 지역사회 내에 확산되면서 1987년부터 서울시 관악구의 시범사업으로 사회복지전문요원(현재 사회복지전담공무원)이 공공 영역에 배치되었다. 사회복지전문요원은 주로 저소득층 밀집 지역을 중심으로 동사무소에 배치되어 활동했으며, 국민기초생활보장법에 의거해 수급 대상자를 선정하거나 아동·노인·장애인 복지를 담당했다.

1999년 10월 행정자치부에서 『사회복지전문요원의 일반직 전환 및 신규 채용지

침』을 승인함으로써 별정직 사회복지 전문요원을 일반직(사회복지직) 사회복지 전담공무원으로 전환하였고, 2000년 1월부터 전직이 시행되었다. 사회복지전담공무원은 공적부조 전달체계의 핵심 역할을 하고 있다.

2004년 7월부터는 전국 9개 시·군·구에서 사회복지사무소를 시범적으로 운영하면서 공공영역의 사회복지 전문성 강화를 시도하였다. 사회복지전담공무원 시험 및 자격관리는 국가가 직접 관할한다.

(5) 정신보건 영역

정신보건 영역에서는 정신보건법 및 정신건강증진 및 정신질환자 복지서비스 지원에 관한 법률을 기초로 한다. 정신보건법은 1995년 제정되어 1996년에 시행되었다. 정신보건사회복지사의 실천 현장이 정신과 병원에서 정신보건센터, 사회복귀시설, 지역사회까지 확대되었다.

1997년에 정신보건전문요원에 대한 자격이 정신보건법에 규정되어 있다. 정신보건법에서 규정하는 정신보건전문요원은 정신보건임상심리사, 정신보건간호사, 정신보건사회복지사이다. 정신보건사회복지사는 1급과 2급으로 나뉘며, 1998년부터 2급 자격시험이 시작되었고, 2002년에는 1급 승급시험이 시행되었다.

정신보건법은 2017년 5월 '정신건강증진 및 정신질환자 복지서비스 지원에 관한 법률'(약칭: 정신건강복지법)로 바뀌었다. 이에 따라 '정신보건사회복지사'도 '정신건강사회복지사'로 명칭이 변경되었다. 정신건강복지법 제17조(정신건강전문요원의 자격 등)에 의한 정신건강 전문요원인 정신건강복지사의 자격은 제도화된 국가자격이다.

❖ **정신건강사회복지사 자격 내용**

• 정신건강사회복지사 2급

「사회복지사업법」 제11조 제2항에 따라 사회복지사 1급 자격을 소지한 사람으로서 수련기관에서 1년(1급 자격취득을 위한 기간을 포함한다) 이상 수련을 마친 사람

• 정신건강사회복지사 1급

1. 사회복지학 또는 사회사업학에 대한 석사학위 이상을 소지한 사람으로서 보건복지부장관이 지정한 수련기관에서 3년(2급 자격취득을 위한 기간은 포함하지 아닌한다) 이상 수련을 마친 사람
2. 2급 정신건강사회복지사 자격을 취득한 후 정신건강증진시설, 보건소 또는 국가나 지방자치단체로부터 정신건강증진사업 등을 위탁받은 기관이나 단체에서 5년 이상 근무한 경력(단순 행정업무 등 보건복지부장관이 정하는 업무는 제외한다)이 있는 사람

(6) 학교사회복지 영역

우리나라에서 공식적인 학교사회복지사의 활동은 1997년 교육부에서 '학교사회사업 시범연구사업'을 시작한 것에서 출발하여 1999년까지 이루어졌다. 1997년에는 한국학교사회복지학회가 만들어졌고, 2000년에는 한국학교사회사업실천가협회가 창립되었다. 2005년에 1회 학교사회복지사 자격시험이 실시되었다. 한국사회복지사협회는 학교사회복지사 자겨시험을 시행하기 위해 한국사회복지사협회장의 위임을 받은 학교사회복지사 자격관리위원회에서 학교사회복지사 자격시험을 관장한다.

학교사회복지사 자격은 민간자격으로 시작되었으나 2018년 사회복지사업법 시행령 개정(2020.12.12. 시행)에 따라 국가자격으로 전환되어 유예기간 종료(2020.12.12) 이후에는 국가자격증 발급이 이루어지고 있다.

❖ 학교사회복지사 자격시험 응시기준

학교사회복지사 자격시험 응시기준은 3가지 필수요건을 모두 갖추고, 선택 자격요건 3가지 중 한 가지 이상이 충족되어야 한다.

- 필수 자격요건: 사회복지사 1급 자격증 소지자, 학교사회복지론 이수자, 아동복지론 또는 교육학 중 1과목 이상 이수자
- 선택 자격요건: 240시간 이상의 학교사회복지 관련 실습 이수자, 초중고에서 학생복지 업무 전담 사회복지사로 6개월 이상 근무한 자, 사회복지 기관에서 1년 이상 학교사회복지 관련 실무를 담당한 자

☞ 필기와 면접모두를 합격해야 한다. 필기시험은 두 과목 합산 140점 이상, 과목당 50점 이상 득점해야 하며, 면접시험은 총 100점 중 70점 이상 득점해야 한다. 시험 합격한 후 자격연수를 이수해야 자격증이 발급된다.

(7) 가족복지 영역

건강가정지원센터가 가족복지정책의 주요 전달체계로서 다양한 가족지원정책을 제안하고 실행하기 위해 설립되었다. 2004년에 제정되어 2005년부터 시행된 「건강가정기본법」에 근거하여 운영하고 있으며, 2010년부터 건강가정지원센터의 주관부처는 여성가족부이다. 건강가정을 위해 담당하고 있는 '건강가정사'는 서비스 제공 주체로서 업무를 담당한다. 즉, 가족의 건강을 증진시키기 위해 서비스 전달체계의 최종 단계에서 가족지원 서비스를 전달하는 업무를 담당한다. 건강가정사는 「건강가정기본법」에서 규정하는 관련 교과목을 이수하고, 이를 증명할 수 있는 성적증명서와 졸업증명서를 해당 기관에 제출하면 건강가정사로서의 자격을 인정받는다.

함께 풀어 봅시다!

정답 및 해설

1 서구사회복지실천 역사에 대한 내용으로 옳은 것을 모두 고른 것은?

ㄱ. 진단주의 학파는 미국 대공황 이후에 등장했다.
ㄴ. 1915년 플렉스너 연설 이후 사회복지계는 전문화 움직임이 축소되었다.
ㄷ. 자선조직협회의 활동은 임파워먼트 운동의 효시이다.
ㄹ. 펄만의 문제해결모델은 진단주의학파와 기능주의학파의 절충모델이다.

① ㄱ, ㄴ ② ㄴ, ㄷ
③ ㄹ ④ ㄷ, ㄹ
⑤ ㄱ, ㄴ, ㄷ, ㄹ

❸

▸▸ ㄱ. 기능주의 학파는 미국 대공황 이후에 등장했다.
ㄴ. 1915년 플렉스너 연설 이후 사회복지계는 전문화 움직임이 활발해졌다.
ㄷ. 임파워먼트의 효시로 볼 수 있는 것은 인보관운동이다.

2 자선조직협회에 관한 설명으로 옳은 것은?

① 빈민 지원 시 중복과 누락을 방지하고자 시작되었다.
② 빈곤의 원인을 개인의 도적 문제가 아니라 산업화의 결과로 보았다.
③ 빈민 지역의 주민들을 이웃으로 생각하여 함께 생활하였다.
④ 집단 및 지역사회복지의 태동에 영향을 주었다.
⑤ 연구 및 조사를 통하여 사회제도를 개혁하고자 설립하였다.

❶

▸▸ ①은 자선조직협회로 자선단체 간 협력 도모를 통해 빈민지원 시 중복과 누락을 방지하려고 했다. 나머지 문항들은 인보관 운동에 해당되는 내용이다.

3 다음 사회복지실천의 전문화 과정에서 기능주의와 진단주의에 관한 설명으로 옳은 것은?

① 기능주의의 대표적인 학자는 메리 리치몬드(M. Richmond)이다.
② 기능주의는 과거의 심리사회적 문제가 현재의 기능에 영향을 미친다는 관점을 갖는다.
③ 기능주의는 인간의 성장 가능성과 자유의지를 강조한다.
④ 진단주의는 시간 제한적이고 과제중심적인 단기개입을 선호한다.
⑤ 진단주의는 기관의 기능과 서비스를 최대한 활용하여 문제를 해결하는 것을 선호한다.

❸
▶▶ 기능주의 학파는 1930년대 대공황 이후 등장하였다. 정신분석이론을 기반으로 하는 진단주의 학파에 반대하여 인간에 대해 낙관적인 관점을 취한다. 따라서 인간의 성장 가능성과 자유의지를 강조한다.

4 한국의 사회복지실천의 역사에 관한 설명으로 옳은 것은?

① 1987년부터 사회복지전문요원이 공공영역에 배치되었다.
② 2000년에 사회복지사 1급 제1회 국가시험이 시행되었다.
③ 2002년부터 노인장기요양보험제도가 실시되었다.
④ 1975년 한국외원단체협의회(KAVA)가 탄생하였다.
⑤ 1931년 태화여자관이 설립되었다.

❶
▶▶ ① 1987년부터 사회복지전문요원이 공공영역에 비치되었으며, 나머지는 1921년 태화여자관 설립, 1952년 한국외원단체협의회(카바, KAVA) 탄생, 2003년 사회복지사 1급 제1회 실시, 2008년 노인장기요양보험제도가 실시되었다.

5 인보관 운동에 대한 설명으로 옳은 것은?

① 기독교적 도덕성을 강조하였다.
② 개별사회사업의 시초이다.
③ 한 지역 내에서 함께 거주하면서 생활하였다.
④ 소외계층은 자신의 문제를 해결하는 능력에 제한이 있다고 보았다.
⑤ 사회개혁을 추구하였다.

❸
▶▶ 인보관 운동은 대학생과 교수 등이 주축이 되어 활동했으며, 빈민들을 제대로 이해하고 돕기 위해 그들의 생활환경에 직접 뛰어들어 이웃을 만들고 함께 호흡하는 것이 가장 큰 특징이다.

Chapter 04

사회복지실천현장에 대한 **이해**

01 사회복지실천의 장

1) 사회복지실천현장의 개념

사회복지실천현장(field of practice)은 '사회복지실천이 이루어지는 곳' 또는 '클라이언트의 문제해결을 위해 사회복지사가 활동하는 장소'이다. 법적 용어로는 '사회복지사업법에 의거하여 사회복지서비스를 제공하는 기관 및 시설'을 의미한다. 사회복지실천현장은 주로 사회복지의 목적을 달성하기 위하여 공·사의 사회주체가 운영하고 있는 사회복지조직 및 시설로 이해되고 있다. 또한, 여기에 소속된 사회복지사가 사회복지실천 가치와 지식을 바탕으로 다양한 현장에서 전문직으로 적극 참여하여 클라이언트가 경험하는 다양한 사회문제를 해결하기 위해 만나는 다양한 실천 분야이다. 전문화가 되는 만큼 사회복지실천의 영역도 매우 다양화되어 가고 있으며, 사회복지사의 역할도 중요해지고 있다.

무엇보다 사회복지실천현장은 클라이언트에게 사회복지서비스를 직접적으로 또는 간접적으로 제공하는 장(場)으로서 사회복지실천 과정에 중요한 영향을 미치는 요소이다. 특정 대상이나 사회문제에 초점을 두고 서비스를 제공하는 기관이 증가함에 따라 사회복지실천현장도 세분화되어 가고 있으며, 사회복지실천현장의 개념과 분류기준에 따라 살펴보고자 한다.

(1) 사회복지실천현장의 개념

① 좁은 의미(狹義)

사회복지실천현장이란 사회복지실천이 이루어지는 '구체적 장소' 혹은 '클라이언트에게 사회복지서비스를 직·간접적으로 제공하는 사회복지기관'을 의미한다. 이는 물리적인 장소의 개념으로서 사회복지사가 활동하는 장소로, 사회복지 기관이 이에 해당된다.

예 종합사회복지관, 장애인복지관 등

② 넓은 의미(廣義)

사회복지실천현장은 사회복지실천이 이루어지는 전문 '분야(fields)' 혹은 서비스의 초점이 되는 '문제', '대상집단(client)' 등을 모두 포함하는 개념이다. 따라서 넓은 의미의 실천현장은 단순히 물리적 공간이나 장소만을 뜻하는 것이 아니라 사회복지실천이 이루어지고 있는 실천 분야, 사회복지서비스를 제공하기 위해 직·간접적으로 관련되는 모든 분야를 말한다. 따라서 실천분야를 기준으로 대상별, 영역별, 장소(setting)별 등으로 구분하여 분류한다.

예 대상별(아동, 청소년, 여성, 노인, 장애인 등), 영역별(의료/정신보건, 약물남용, 교정 등), 장소별(교도소, 병원, 학교 등) 현장

(2) 기관 운영의 목적

① 1차 현장

기관의 우선적인 목적과 기능이 사회복지서비스를 제공하는 곳으로서, 사회복지사가 중심이 되어 활동하는 실천현장을 말한다.

예 지역사회의 종합사회복지관, 사회복지이용시설과 생활시설, 사회복지재단 등

② 2차 현장

기관의 일차적인 기능은 따로 있으며, 필요에 의해 사회복지서비스를 제공하는

기관은 사회복지실천 2차 현장이다. 사회복지전문기관은 아니지만 사회복지서비스가 기관의 목표달성과 서비스의 효과성에 미치는 긍정적인 영향이 인정되기 때문에 사회복지사가 부분적으로 개입하는 실천현장이다.

예 병원, 학교, 군부대, 주민센터, 보육시설, 보호관찰소 등

(3) 기관 설립주체 및 자금조달 방식

① 공공기관

공공기관은 정부의 지원에 의해 운영되며, 사회복지사의 업무는 정부 규정이나 지침에 의해 지도 감독을 받는 곳이다. 서비스를 계획하고 관리·지원하는 행정체계와 서비스를 직접 제공하는 집행체계로 나뉘며, 여기에 각종 사회보험 프로그램과 공공부조 프로그램 등이 모두 포함된다.

예 보건복지부, 시도 사회복지과, 시군구 사회복지과, 읍면동 복지전담, 주민센터

② 민간기관

민간기관은 사회복지 관련 사업을 목적으로 하는 기관으로서 재단법인, 사단법인, 종교단체 등이 운영하는 비영리기관을 가리킨다. 주로 이사회에서 운영을 책임진다. 민간기관은 순수 자원봉사적인 활동과 공공과 민간이 파트너십을 통해 행해지는 활동이나, 사회복지 관련 사업을 목적으로 하며, 기부금이나 후원금, 재단 전입금, 기타 서비스 이용료 등을 주요 재원으로 운영한다. 서비스를 직접 제공하는 사회서비스 기관과 간접서비스나 행정지원을 위해 조직된 협의체로 나뉜다.

예 사회복지법인이나 재단, 사단법인, 종교단체, 시민사회단체, 사회복지공동모금회, 한국사회복지사협회 등

(4) 주거서비스 제공 여부

① 생활시설

생활시설은 주거서비스를 포함한 사회복지서비스를 제공하는 기관을 말한다. 사회복지실천현장에서 생활시설은 클라이언트가 개인적으로 활동을 할 수 없거나 부양가족의 능력이 부족하여 주거를 포함하여 제반 사회복지서비스를 제공하는 기관

을 말한다.

예 장애인생활시설, 보육원, 청소년 쉼터, 노인요양시설, 공동생활가정, 아동보호치료시설, 자립지원시설 등

② 이용시설

이용시설은 주거 서비스를 제공하지 않는 시설이다. 클라이언트는 자신의 집에 거주하면서 사회복지서비스를 제공하는 기관을 방문하여 필요한 사회복지서비스를 제공받는다.

예 재가복지센터, 장애인복지관, 청소년상담센터, 치매주간보호센터, 지역아동센터 등

(5) 서비스 제공 방식

① 행정기관(간접 서비스 기관)

행정기관은 사회복지서비스가 클라이언트에게 효과적으로 전달되도록 다양한 사회복지 기관 및 단체, 인력들을 지원해 주는 것을 목적으로 하는 기관이다. 사회복지서비스 전달체계를 효율적으로 운영하기 위해 행정업무를 수행하고 기관 간 연계 및 협의 업무를 담당한다. 업무상 사회복지사의 개입이 필요하거나 혹은 사회복지실천현장의 교류가 필요하기 때문에 사회복지실천현장으로 중요하다.

공공 행정기관은 국가와 지방자치단체가 주체이다. 반면 민간 행정조직은 특정 사회문제와 특정 대상층의 욕구를 기반으로 이를 법과 정책에 반영하고 해결방안을 모색하는 기능을 수행한다.

예 • 중앙정부의 사회복지행정기관: 보건복지부, 교육과학기술부, 문화체육관광부 등
• 민간 행정조직기관: 한국사회복지협의회, 한국사회복지사협회, 지역사회복지협의회, 사회복지공동모금회 등

② 직접 서비스 기관

직접 서비스 기관은 클라이언트에게 서비스를 직접 제공하는 것을 목적으로 하는 기관이다. 주요 서비스 대상이나 문제 영역에 따라서 서비스 기관을 분류한다.

예 아동상담소, 지역사회복지관, 보육시설 등

2) 사회복지실천현장에 관한 이해의 중요성

사회복지실천현장에서는 사회복지실천의 주체가 서로 작용하는 가운데 사회복지실천이 펼쳐진다. 사회복지실천현장은 사회복지사가 클라이언트의 문제해결을 위해 돕는 활동이 일어나고 있는 곳이다. 사회복지실천현장에 관한 이해는 사회복지사의 가장 기본적인 과업으로서 사회복지실천을 효과적으로 수행하기 위한 필수과정이라 할 수 있다. 따라서 사회복지사가 사회복지실천현장을 이해함으로써, 자신에게 어떠한 도움이 있을 수 있는가를 살펴보면 다음과 같다(최옥채, 2006).

(1) 클라이언트에 관한 이해에 도움

사회복지실천현장은 매우 다양하기 때문에 이들 현장을 이용하는 클라이언트들의 유형별·개인별 특성은 서로 다르다. 사회복지사는 이렇게 서로 다른 특성을 지닌 클라이언트에게 합당한 서비스를 제공하기 위해 먼저 클라이언트에 관한 정확한 이해가 필요하다. 이와 같은 이해는 사회복지실천현장의 이해를 통해서만 가능한 것이다. 그 이유는 클라이언트들의 유형별 특성은 역시 자신들이 처해 있는 환경으로부터 영향을 크게 받기 때문이다.

(2) 개입계획에 도움

사회복지사는 클라이언트에게 도움을 주기 위해 개입해야 하고, 이 개입을 성공적으로 진행하기 위해서는 개입계획을 철저히 세워야 한다. 이 계획은 사회복지실천현장과 관련하고 있는 정보를 토대로 체계적으로 짜여져야 한다. 개입을 위한 프로그램의 실천은 전적으로 현장의 환경적인 요인으로부터 영향을 받기 때문이다.

(3) 현장 간의 교류와 연계에 도움

사회복지사가 사회복지실천현장을 두루 알고 있으면 다른 관련 현장과 교류하는 데 크게 도움이 된다. 특히 사회복지실천현장 간의 연계 프로그램이 강조되고 있는 상황에서 사회복지사가 현장을 폭넓게 이해하고 있는 것은 무엇보다 중요하다. 왜냐하면 현장의 이해는 단순히 자신의 활동범위를 확대할 수 있는 것에 그치는 것이 아니라, 클라이언트가 필요로 하는 욕구에 따른 서비스를 찾아 더욱 빠르고 다양하게 제공해 줄 수 있다는 점에서 굉장히 큰 강점이라고 할 수 있을 것이다.

(4) 삶의 현장으로서의 교훈

사회복지실천현장은 삶의 장으로서는 대체로 매우 열악한 곳이라 할 수 있다. 따라서 사회복지실천현장을 접하는 사람에게 이들 현장은 교훈적으로 작용한다. 이와 같은 교훈의 현장에서 일하는 사회복지사는 현장이 주는 의미를 순수하게 받아들이고, 이를 생활의 교훈으로 삼을 수 있는 기회를 갖는다.

02 분야별 사회복지실천현장

1) 아동 및 청소년 분야

좁은 의미에서의 아동복지는 특수한 욕구를 가진 아동과 가족을 대상으로 하여 사회복지기관을 비롯한 특정 기관에서 제공하는 서비스를 의미한다. 특히 모든 아동이 가족들과 사회의 일원으로서 신체·심리·사회·정서적으로 건강하게 성장하고 발달할 수 있도록 보호하고 지원하는 사회복지의 한 분야이다. 넓은 의미에서의 아동복지는 모든 아동의 행복을 위해 아동의 신체적·사회적·심리적 발달을 보호하고 촉진하기 위한 모든 대책을 말한다. 우리나라 아동복지는 아동양육시설을 중심으로 진행되었다.

1990년대 이후 아동시설 운영의 대안으로서 그룹홈, 가정위탁 보호의 실험과 도입이 이루어진 것과 2000년 아동복지법 개정으로 아동보호전문기관 설치, 2003년 가정위탁지원센터 설치, 2004년 지역아동센터 법제화 등이 아동복지실천현장의 주요 변화라고 할 수 있다. 이는 빈곤아동, 피학대아동, 유기아동, 입양아동 등 특정 요보호아동이 주요 대상이었던 실천현장이, 2000년대 들어서면서부터 아동의 권리에 관한 관심이 커지기 시작하였고, 요보호아동에게만 한정하지 않고 일반아동에 대한 보편적 서비스로 변화된 것이다(박주현 외, 2014).

〈표 4-1〉 아동 및 청소년시설의 종류 및 내용

종류	설치 목적
지역아동센터	방과후 돌봄이 필요한 지역사회 아동의 보호, 교육, 건전한 놀이와 오락 제공, 보호자와 지역사회의 연계 등 아동의 건전 육성을 위하여 종합적인 아동복지 서비스를 제공하는 시설(이용시설)
아동양육시설	보호를 필요로 하는 아동을 입소시켜 보호, 양육하는 시설, 보호대상 아동을 입소시켜 보호, 양육 및 취업훈련, 자립 지원 서비스 등을 제공하는 것을 목적으로 하는 시설(생활시설)
아동보호전문기관	아동학대 예방 사업과 더불어 신체적·정서적·성적으로 학대받거나 방임된 아동을 보호하는 기관이다. 아동복지법 제25조에 의해 학대로부터 아동을 보호하여 아동의 권익을 증진시키고, 건강한 가정과 사회속에서 아동이 행복하게 자랄 수 있도록 아동복지사업을 수행하고 있다. 아동보호전문 기관에서 조치 결정의 객관성 확보와 전문성 향상을 도모하기 위해 사례전문 위원을 두어 아동학대 사례위원을 운영함(이용시설)
공동생활가정(그룹홈)	보호를 필요로 하는 아동에게 가정과 같은 주거 여건과 보호를 제공하는 것을 목적으로 하는 소규모 양육시설(생활시설)
가정위탁지원센터	가정위탁제도와 관련한 정책 수립 및 교육, 가정위탁 인식 증진을 위한 홍보사업을 전개하는 시설(이용시설)
자립지원시설	아동복지시설에서 퇴소한 자에게 취업준비기간 또는 취업 후 일정 기간 보호함으로써 자립을 지원하는 것을 목적으로 하는 시설(생활시설)
아동보호치료시설	아동복지법에 의거하여 아동에게 보호 및 치료 서비스를 제공하는 시설, 불량행위를 하거나 불량행위를 할 우려가 있는 아동으로서 보호자가 없거나 친권자나 후견인이 입소를 신청한 아동 또는 가정법원, 지방법원소년부지원에서 보호위탁된 19세 미만인 사람을 입소시켜 치료와 선도를 통하여 건전한 사회인으로 육성하는 것을 목적으로 하는 시설, 정서적·행동적 장애로 인하여 어려움을 겪고 있는 아동 또는 학대로 인하여 부모로부터 일시 격리되어 치료받을 필요가 있는 아동을 보호·치료하는 시설(생활시설)

2) 노인복지 실천 분야

노인복지는 노인들의 인간다운 삶을 영위할 수 있도록 하며, 가족과 사회의 일원으로서 정상적으로 살아가는 데 필요한 자원을 제공하는 것과 관련된 공적 및 사적 차원에서의 조직적 활동이다. 다시 말해, 노인복지는 노인과 노인가족을 대상으로 하여 그들이 직면한 사회적 문제를 해결 혹은 극소화하고 사회적 기능을 정상화시키는 전문적 원조활동과정이다.

노인복지의 대상은 사회적 보호를 필요로 하는 요보호 노인뿐만 아니라 일정 연령 이상의 모든 노인을 대상으로 한다.

1981년 노인복지법이 제정·공포된 이래 노인양로시설, 재가복지 중심의 노인복지사업이 진행되었고, 2000년대 들어서는 노인복지제도의 변혁이 다양하게 모색되기 시작하였다. 2004년 노인복지법 개정으로 노인보호전문기관이 설치되었고, 2008년 노인장기요양보험제도의 도입으로 '요양보호사' 자격 제도가 도입되었다.

노인복지법상 노인복지시설은 기능에 따라 노인주거복지시설, 노인의료복지시설, 노인여가복지시설, 재가노인복지시설, 노인보호전문기관, 노인일자리지원기관으로 분류된다. 노인보호전문기관은 노인학대 관련 업무를 수행하기 위해 지방자치단체가 설치한 시설이다.

노인복지실천현장의 주요 변화로는 2008년 7월에 도입된 노인장기요양보험제도가 있다. 경제발전과 보건의료의 발달로 평균 수명의 연장, 자녀에 대한 가치관의 변화, 보육 및 교육문제 등으로 출산율이 급격히 저하되어 인구구조의 급속한 고령화 문제에 직면하였다. 이러한 사회변화에 따른 새로운 복지수요를 충족하기 위해 마련한 제도이다. 특히 고령화의 진전과 함께 핵가족화, 여성의 경제활동 참여가 증가하면서 종래 가족의 부담으로 인식되던 노인의 장기요양 문제가 이제 더는 개인이나 가계의 부담으로 머물지 않고 사회적·국가적 책무가 강조되고 있다. 이와 같은 사회환경의 변화에 대처하기 위하여 이미 선진국에서도 사회보험방식 및 조세방식으로 그 재원을 마련하여 장기요양보장제도를 도입하여 운영하고 있다.

〈표 4-2〉 노인시설의 종류 및 내용

종류	설치 목적
노인보호전문기관	노인학대 관련 업무를 수행하기 위해 지방자치단체가 설치한 시설(이용시설), 학대받는 노인을 위한 상담과 서비스를 제공하고, 교육 및 홍보를 통하여 노인학대를 예방하는 직접적인 서비스 기관임
노인의료복지시설	다음의 시설이 노인의료복지시설에 속하며 생활시설에 해당된다. 가. 노인요양시설: 치매·중풍 등 노인성질환 등으로 심신에 상당한 장애가 발생하여 도움을 필요로 하는 노인을 입소시켜 급식·요양과 그 밖에 일상생활에 필요한 편의를 제공함을 목적으로 하는 시설 나. 노인요양공동생활가정: 치매·중풍 등 노인성질환 등으로 심신에 상당한 장애가 발생하여 도움을 필요로 하는 노인에게 가정과 같은 주거여건과 급식·요양, 그리고 그밖의 일상생활에 필요한 편의를 제공함을 목적으로 하는 시설
노인주간보호시설	이용시설로서 가족의 보호를 받을 수 없는 심신이 허약한 노인과 장애노인을 낮 동안 시설에 입소시켜 필요한 편의를 제공하여 생활안정과 심신기능의 유지, 향상을 도모하고 그 가족의 신체적·정신적 부담을 덜어주기 위한 시설

3) 장애인복지 실천 분야

장애인복지는 장애인복지법에 의해 장애인은 신체적·정신적 장애로 인하여 장기간 일상생활 또는 사회생활에 상당한 제약을 받는 자로 그 대상을 정의하고 있다. 따라서 장애인을 대상으로 사고예방과 의료, 훈련, 보호교육, 고용의 증진 등 장애인의 자립 보호, 생활안정에 기여하기 위한 공사 차원의 활동을 모두 포함한다. 즉, 장애인복지는 '장애인의 완전한 사회참여를 통한 사회통합'을 목적으로 심신의 결함으로 인하여 가정생활, 사회생활에 곤란을 가지게 되는 것을 국가나 민간 사회복지기관이 그들의 모든 생활에서 곤란을 느끼지 않도록 제공하는 제도적·정책적 서비스의 조직적 활동과 노력이라고 할 수 있다. 장애인복지법 제58조에 의한 장애인복지시설은 장애인거주시설, 장애인직업재활시설, 장애인지역사회재활시설, 장애인의료재활시설 등으로 구분되고 있다(보건복지부, 2020c).

〈표 4-3〉 장애인 시설의 종류 및 내용

종류	설치 목적
장애인 거주시설	거주공간을 활용하여 일반가정에서 생활하기 어려운 장애인에게 일정 기간동안 거주·요양·지원 등의 서비스를 제공하는 동시에 지역사회 생활을 지원하는 시설(생활시설) • 종류: 장애유형별 거주시설, 중증장애인 거주시설, 장애영유아 거주시설, 장애인 단기거주시설, 장애인 공동생활가정
장애인 지역사회재활 시설	장애인을 전문적으로 상담·치료·훈련하거나 장애인의 일상생활, 여가활동 및 사회참여활동 등을 지원하는 시설(이용시설) • 종류: 장애인 복지관, 장애인 주간보호시설, 장애인 체육시설, 장애인 수련시설, 장애인 생활이동지원센터, 한국수어통역센터, 점자도서관, 점자도서 및 녹음서 출판시설, 장애인 재활치료 시설
장애인 직업재활시설	일반 작업환경에서는 일하기 어려운 장애인이 특별히 준비된 작업환경에서 직업훈련을 받거나 직업 생활을 할 수 있도록 하는 시설(이용시설) • 종류: 장애인 보호작업장, 장애인 근로사업장, 장애인 직업적응 훈련시설
장애인 의료재활시설	장애인을 입원 또는 통원하게 하여 상담, 진단·판정, 치료 등 의료재활서비스를 제공하는 시설(이용시설)
장애인 생산품판매시설	장애인 생산품 판매활동 및 유통을 대행하고, 장애인 생산품이나 서비스·용역에 관한 상담, 홍보, 판로 개척 및 정보제공 등 마케팅을 지원하는 시설(이용시설)
장애인 쉼터	특별시장·광역시장·특별자치시장·도지사·특별자치도지사는 장애인 학대로 인하여 피해를 입은 장애인의 임시 보호 및 사회복귀 지원을 위하여 장애인 쉼터를 설치·운영할 수 있음(생활시설)

장애인복지실천현장은 다른 실천분야와는 구별되는 특성을 지니고 있으며, 장애인복지실천을 위해서는 현장에 대한 이해가 매우 중요하다. 장애인복지법이 제정된 1981년 5개 장애범주(지체장애, 정신지체장애, 시각장애, 청각장애, 언어장애)에서 시작하여 현재는 15개 범주(지체장애, 뇌병변장애, 시각장애, 청각장애, 언어장애, 지적장애, 자폐성장애, 정신장애, 신장장애, 심장장애, 호흡기장애, 간장장애, 안면장애, 장루·요루장애, 간질장애)로 확대되었다. 1988년 도입되어 장애인복지법 시행규칙(별표 1)에 따른 "장애인의 장애등급표(1~6급)"로 분류하였다. 이 제도는 등급별 서비스를 획일적으로 규정해 장애인의 개별적 수요를 제대로 반영하지 못한다는 비판이 계속됨에 따라 2019년 7월 장애인

등급제 폐지가 결정되었다. 따라서 2019년 7월 1일부터는 '장애 정도가 심한 장애인'과 '심하지 않은 장애인' 두 단계로 구분하게 되었다. 즉, 등록 장애인을 '장애의 정도가 심한 장애인(기존 1~3급)'과 '장애의 정도가 심하지 않은 장애인(4~6급)'으로 구분해 건강보험료, 전기요금 등의 감면·할인 등 단순 서비스를 이용할 때 판단 기준으로 활용한다. 다만 종전의 장애인 등록증(복지카드)도 계속 사용이 가능하며, 분실 또는 재판정 등에 따라 다시 발급받는 경우에는 장애 정도가 표기된 새로운 양식의 장애인 등록증이 발급된다. 이 장애인 등록증에는 '중증/경증'으로 장애 정도가 표기된다(보건복지부, 2020b).

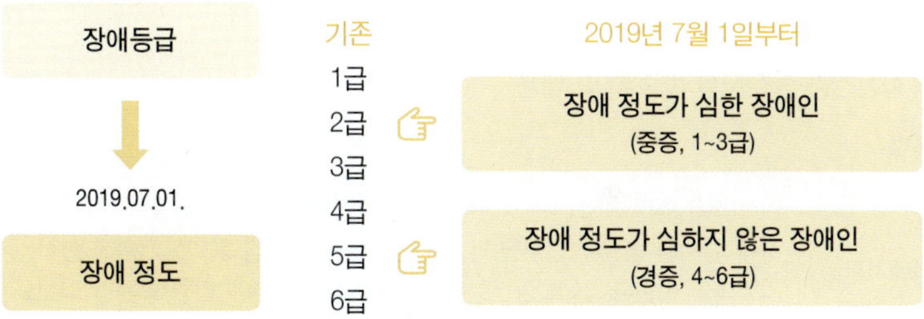

[그림 4-1] 장애 정도 구분 기준표

4) 정신건강 실천 분야

1995년 12월 정신보건법이 제정되었고, 2016년 5월 법률의 명칭을 정신보건법에서 '정신건강증진 및 정신질환자 복지서비스 지원에 관한 법률'로 변경하였다. 정신보건법에서는 정신병·인격장애·알코올 및 약물 중독, 기타 비정신병적 정신장애를 가진 자 전체를 정신질환자로 보았지만, 2016년 전부 개정을 통해 법령의 대상인 정신질환자를 "망상, 환각, 사고나 기분의 장애 등으로 인하여 독립적으로 일상생활을 영위하는 데 중대한 제약이 있는 사람"으로 한정하였다. 이처럼 정신질환자의 범위를 중증정신질환자로 축소 정의하고, 전 국민 대상의 정신건강 증진의 장을 신설하며, 입원·퇴원 제도를 개선하고, 정신질환자에 대한 복지서비스 제공을 추가하는 등 현행 법률상의 미흡한 점을 개선·보완하였다. 이법의 목적은 정신질환의 예방·채료, 정신질환자의 재활·복지·권리보장과 정신건강 친화적인 환경조성에 필요한 사항을 규정함으로써 국민의 정신건강 증진 및 정신질환자의 인간다운 삶을 영위하는 데 이바지하고자 함이다.

국가정신건강 증진사업의 기본 원칙은 전체 국민을 대상으로 한 정신건강 증진과 예방, 환경조성이다. 지역사회 인프라 강화–정보시스템–협력체계 구축을 통하여 서비스 접근성을 확보함으로써 국가정신건강 증진사업의 리더십을 강화하고자 한다. 무엇보다 정확한 정보와 근거를 기반으로 하여 정신건강 정책 사업을 수행하고자 노력하고 있다(보건복지부, 2021).

〈표 4-4〉 정신건강 증진시설의 종류 및 내용

종류	설치 목적
정신의료기관	의료법에 의한 의료기관 중 주로 정신질환자의 진료를 행할 목적으로 기준에 적합하게 설치된 병원(정신병원)과 의원 및 병원급 이상의 의료기관에 설치된 정신건강의학과를 말한다. 급성 정신질환자를 정신의료기관에 입원 또는 외래치료 함으로써 재활 및 사회복귀 도모한다.
정신요양시설	가족의 보호가 어려운 만성 정신질환자를 정신요양시설에 입소시켜 요양 및 보호함으로써 이들의 삶의 질 향상 및 사회복귀 도모한다.
정신재활시설	정신의료기관에 입원하거나 정신요양시설에 입소하지 아니한 정신질환자 등이 지역사회에서 직업 활동과 사회생활을 할 수 있도록 상담·교육·취업·여가·문화·거주·사회참여 등 각종 재활활동 및 복지서비스 제공한다.
정신건강복지센터	지역사회 내의 정신질환자와 그 가족 및 지역주민을 대상으로 지역사회 중심의 통합적인 정신질환자 관리체계를 구축함으로써 정신질환의 예방, 정신질환의 조기발견·상담·치료·재활 및 사회복귀 도모한다.
중독관리통합 지원센터	알코올 및 각종 중독문제로 고통받는 개인과 그 가족에게 중독 관련 정보, 상담, 교육, 프로그램, 치료연계 등의 포괄적인 서비스를 제공하고, 지역주민 대상 교육 및 홍보·캠페인을 통해 지역사회의 건전한 인식 조성 및 건강 증진을 도모한다.
국가트라우마센터	재난이나 그 밖의 사고로 정신적 충격을 받은 트라우마 환자의 심리적 안정과 사회적응을 지원하고, 권역별 트라우마센터(수도권·호남권·영남권·강원권·충청권)는 해당 권역 내 재난 발생 시 정신건강복지센터·보건소 등 기관과 상호 협력하여 피해자에 대한 심리지원 제공한다.

출처: 「정신건강증진 및 정신질환자 복지서비스 지원에 관한 법률」

과거 무분별한 정신병상의 증가와 강제 입원으로 인한 정신질환자 인권 침해 등이 사회적 논란이 되어 개인이나 영리법인이 정신병원·정신요양시설을 설립할 수 없도록 하고, 사회복지법인이나 비영리법인도 소재지 관할 특별자치시장·특별자치도지사·시장·군수·구청장의 허가를 받아야 정신요양시설을 설치·운영할 수 있도록 강하게 규제하고 있다. 정신재활시설의 경우에만 신고제에 의하여 설립할 수 있다.

5) 학교사회복지 분야

1987년 교육부에서 학교사회사업 시범연구 사업을 시작하면서 공식적인 학교사회복지사 활동을 시작하였으나, 공식적인 학교사회복지 법제화는 이루어지지 않았다. 학교사회복지는 기본적으로 학교교육의 목적을 달성할 수 있도록 지원한다. 즉, 개인 문제, 가족 또는 대인관계 문제, 학교 적응과 관련된 문제가 있는 학생을 위해 사회복지서비스를 제공하고, 가정·학교·지역사회 연계를 강화하여 학생에게 최적의 교육환경을 제공하는 데 목적을 두고 있다. 따라서 모든 학생들이 학교에서 공평한 교육기회와 성취감을 제공받을 수 있도록 학교현장에서 활동하는 전문적인 사회복지실천분야이다. 한국학교사회복지사협회에서는 학교사회복지에 대한 정의를 다음과 같이 설명하고 있다.

첫째, 학교에서 일어나는 학생의 문제들을 개인의 문제만이 아닌 개인을 둘러싼 환경과의 상호작용의 문제로 본다.

둘째, 이러한 심리·사회적 문제들을 학생·학교·가정·지역사회의 연계를 통해 예방하고 해결함은 물론, 모든 학생이 자신의 잠재력과 능력을 최대한 발휘할 수 있도록 교육환경과 공평한 교육기회를 제공한다.

셋째, 궁극적으로는 교육의 본질적인 목적을 달성하고, 또한 학생복지를 실현(목적)할 수 있도록 도와주는 교육기능의 한 부분이며 사회복지의 전문분야이다.

학교사회복지의 초창기인 1990년대에 지역사회복지관과 학교가 연계하여 프로그램이나 집단상담 등을 시행하는 형태로 시작하였고, 학교 중심 학교사회복지

(1993~1994년), 교육부의 시범사업(1997~1999년), 교육인적자원부(현 교육부)의 교육복지 시범사업과 교육복지 증진 및 학교폭력 예방을 위한 사회복지사 활용 연구 학교사업(2004년)으로 발전해 왔다. 학교사회복지사가 학교에 계약직이나 정규직으로 채용되어 활동하거나 지역사회기관에 소속된 채 학교에 파견되는 형태로 근무하고 있어 지역사회 중심형의 학교사회복지실천이라고 볼 수 있다.

학교사회복지사는 학생과 학생을 둘러싼 환경 중 가장 교육적 주체인 학교와 가정, 그리고 지역사회가 서로 보완·협력할 수 있도록 중재하고 연계하는 방법으로 서비스를 제공하고 있다. 〈표 4-5〉는 학교사회복지에서 실시하는 관련 사업영역이다.

〈표 4-5〉 학교사회복지 관련 실천영역

구분	내용
교육복지우선지원사업 (www.eduzone.or.kr)	• 교육부 산하 시·도교육청 및 교육지원청이 주관하여 도시 저소득층이 밀집한 학교를 우선 선정하여 교육복지우선지원사업을 실시
WeStart (www.westart.or.kr)	• 가난한 가정의 아이들에게 공정한 복지(welfare)와 교육(education)의 기회를 제공해 가난의 대물림을 끊고 삶의 출발(start)을 돕자는 시민운동 • 운동은 교육, 복지, 건강분야에서 공정한 출발선을 제공해 근본적인 자활 의지를 길러주는 활동 • WeStart 마을 센터가 중심이 되어 자원봉사자, 지방자치단체와 사회복지관, 학교, 사회단체, 기업, 보건소, 병원, 약국 등과 주민들이 힘을 합쳐 아동복지 네트워크를 구성해 12세 이하 빈곤아동들을 도움
드림스타트 (www.dreamstart.kr)	• 아동의 공평한 양육여건과 출발기회를 보장하기 위해 저소득층 임산부 및 0~12세 아동과 그 가족에게 보건, 복지, 교육을 통합한 전문적 맞춤 서비스를 제공하는 국가주도의 선진 아동복지 프로그램

6) 가족복지 분야

가족(家族)은 대체로 혈연, 혼인, 입양 등으로 관계되어 같이 일상의 생활을 공유하는 사람들의 집단(공동체) 또는 그 구성원을 말한다. 집단을 말할 때는 가정이라고도 하며, 그 구성원을 말할 때는 가솔(家率) 또는 식솔(食率)이라고도 한다. 많은 사회는 가족의 범위를 법률이나 그 외의 규범으로 규정하고 있다. 세계인권선언의 제16조

3항에 따르면, "가정은 사회의 자연적이고 기초적인 단위이며, 사회와 국가의 보호를 받을 권리가 있다."고 한다.

혈연이나 혼인 이외 관계도 가족구성권을 가질 수 있도록 하는 법안들이 마련되는 추세이다. 영국의 시민동반자법(civil partnerships), 미국의 시민결합제도[1](civil unions), 호주의 사실혼(de facto mateship), 프랑스의 시민연대협약(PACS)[2] 등이 그것이다.

이처럼 가족의 의미가 전통적 의미에서 가족을 혼인, 혈연 및 입양 등으로 이루어진 공동체로 규정하였다면, 이제 현대적 의미에서는 가족을 사회변화에 따른 다양한 가족 형태를 포괄해야 한다.

사회복지 영역에서 가족복지는 가족생활을 보호 및 강화하며, 가족 내 상호관계 그리고 사회적응상의 문제를 가진 개인과 가족을 원조하며, 가족의 사회적 기능을 향상시키기 위하여 정부와 민간기관이 제공하는 사회적 서비스를 말한다. 따라서 가족복지서비스는 국가 차원의 제도적, 정책적인 것과 민간기관의 전문적인 원조 방법을 통해 제공된다.

가족복지사업은 일시적 혹은 장기적으로 당면하고 있는 생활상의 곤란함, 즉 빈곤, 질병, 실업, 가족관계의 붕괴, 행동상의 문제, 신체적 혹은 정신적 장애 등으로 가족의 기능이 상실되어 중대한 위기에 처한 가족을 대상으로 한다. 가족복지사업과 다른 사회복지 분야의 차이점으로는 아동복지, 청소년복지, 장애인복지, 부녀복지, 노인복지 등은 문제를 가지고 있는 개인을 서비스 대상으로 하고 있지만 가족복지는 가족 전체를 서비스 대상으로 하고 있다는 점이다.

1) 시민결합(市民結合, civil union) 또는 생활동반자관계(生活同伴者關係)는 결혼과 유사한 가족제도이다. 혼인관계에 준하여 배우자로서의 권리와 상속, 세제, 보험, 의료, 입양, 양육 등의 법적 이익이 일부 혹은 온전히 보장된다. 이혼보다 결합의 해소가 자유롭다.

2) 시민연대계약(또는 공동생활약정, 불어: Pacte civil de solidarité)은 프랑스에서 시행 중인 두 이성 또는 동성 성인간의 시민 결합 제도이다. 약자로 PACS라고도 한다. 다른 국가들의 시민 결합 제도와 마찬가지로 법적 권리와 의무가 주어지지만 결혼보다는 제한적이다. 프랑스 의회는 동성 커플에게도 법적 지위를 주기 위해 1999년 11월 시민연대계약법을 입법하였다.

〈표 4-6〉 가족복지서비스의 종류와 내용

종류	내용
아이돌봄센터	부모의 맞벌이 등으로 양육공백이 발생한 가정의 만 12세 이하 아동을 대상으로 가정의 아이돌봄을 지원하여 아이의 복지증진과 보호자의 일·가정 양립을 통한 가족구성원의 삶의 질 향상과 양육친화적인 사회 환경을 조성함
한부모가족지원센터	저소득 한부모가족의 아동양육비, 아동교육지원비, 생활보조금 등의 지원을 통해 아동의 건강한 성장과 가정의 생활안정 도모(모(부)자 가족복지시설, 미혼모자 가족복지시설, 일시지원복지시설, 한부모가족복지 상담소)
건강가정· 다문화가족지원센터	지역주민·다문화가족의 가족상담, 가족교육, 가족돌봄, 가족문화 서비스 등 가족과 관련된 문제를 종합적으로 상담하고 관련 서비스를 제공함(다양한 가족형태에 맞는 가족교육, 가족상담 제공, 가족돌봄 지원, 평등한 가족문화 조성 등)
공동육아나눔터 운영	지역 중심의 양육친화적 사회환경 조성을 통해 핵가족화로 인한 가족돌봄 기능 보완 및 이웃 간 돌봄 품앗이 연계 활동 지원 • 공동육아나눔터: 부모들이 모여 육아 경험과 정보를 공유하면서 소통하는 공간, 자녀들이 또래와 함께 장난감과 도서를 마음껏 이용할 수 있는 놀이 공간, 지역사회 자녀돌봄 사랑방 • 가족품앗이: 이웃 간 육아 정보를 나누고 각자의 재능과 장점을 살려 학습활동, 체험활동, 등하교 동행 등을 함께하며 자녀양육 부담을 덜고 자녀의 사회성 발달을 돕는 그룹 활동

출처: 여성가족부 홈페이지(www.mogef.go.kr)

7) 지역사회복지 분야

사회복지관이란 지역사회를 기반으로 일정한 시설과 전문 인력을 갖추고 지역주민의 참여와 협력을 통하여 지역사회복지 문제를 예방하고 해결하기 위하여 종합적인 복지서비스를 제공하는 시설을 말한다. 여기서 지역사회복지란 주민의 복지증진과 삶의 질 향상을 위하여 지역사회 차원에서 전개하는 사회복지를 말한다.

사회복지관은 사회복지서비스 욕구를 가지고 있는 모든 지역사회 주민을 대상으로 보호서비스, 재가복지서비스, 자립능력 배양을 위한 교육훈련 등 그들이 필요로 하는 복지서비스를 제공하고, 가족기능 강화 및 주민상호 간 연대감 조성을 통한 각종 지역사회 문제를 예방·치료하는 종합적인 복지서비스 전달기구로서, 지역사회 주민의 복지증진을 위한 중심적 역할을 수행하여야 한다.

〈표 4-7〉 사회복지관 사업의 종류와 내용

기능	사업분야	사업 및 내용
사례관리기능	사례발굴	지역 내 보호가 필요한 대상자 및 위기 개입대상자를 발굴하여 개입계획 수립
	사례개입	지역 내 보호가 필요한 대상자 및 위기 개입대상자의 문제와 욕구에 대한 맞춤형 서비스가 제공될 수 있도록 사례개입
	서비스연계	사례개입에 필요한 지역 내 민간 및 공공의 가용자원과 서비스에 대한 정보제공 및 연계, 의뢰
서비스제공기능	가족기능강화	1. 가족관계증진사업: 가족원 간의 의사소통을 원활히 하고 각자의 역할을 수행함으로써 이상적인 가족관계를 유지함과 동시에 가족의 능력을 개발·강화하는 사업 2. 가족기능보완사업: 사회구조 변화로 부족한 가족기능, 특히 부모의 역할을 보완하기 위하여 주로 아동·청소년을 대상으로 실시되는 사업 3. 가정문제해결·치료사업: 문제가 발생한 가족에 대한 진단·치료·사회복귀 지원사업 4. 부양가족지원사업: 보호대상 가족을 돌보는 가족원의 부양부담을 줄여 주고 관련 정보를 공유하는 등 부양가족 대상 지원사업 5. 다문화가정, 북한이탈주민 등 지역 내 이용자 특성을 반영한 사업
	지역사회보호	1. 급식서비스: 지역사회에 거주하는 요보호 노인이나 결식아동 등을 위한 식사 제공 서비스 2. 보건의료서비스: 노인, 장애인, 저소득층 등 재가복지사업 대상자들을 위한 보건·의료 관련 서비스 3. 경제적 지원: 경제적으로 어려운 지역사회 주민들을 대상으로 생활에 필요한 현금 및 물품 등을 지원하는 사업 4. 일상생활 지원: 독립적인 생활능력이 떨어지는 요보호 대상자들이 시설이 아닌 지역사회에 거주하기 위해서 필요한 기초적인 일상생활 지원서비스 5. 정서서비스: 지역사회에 거주하는 독거노인이나 소년·소녀가장 등 부양가족이 없는 요보호 대상자들을 위한 비물질적인 지원 서비스 6. 일시보호서비스: 독립적인 생활이 불가능한 노인이나 장애인 또는 일시적인 보호가 필요한 실직자·노숙자 등을 위한 보호서비스 7. 재가복지봉사서비스: 가정에서 보호를 요하는 장애인, 노인, 소년·소녀가정, 한부모가족 등 가족기능이 취약한 저소득 소외계층과 국가유공자, 지역사회 내에서 재가복지봉사서비스를 원하는 사람에게 다양한 서비스 제공
	교육문화	1. 아동·청소년 사회교육: 주거환경이 열악하여 가정에서 학습하기 곤란하거나 경제적 이유 등으로 학원 등 다른 기관의 활용이 어려운 아동·청소년에게 필요한 경우 학습 내용 등에 대하여 지도하거나 각종 기능 교육 2. 성인기능교실: 기능습득을 목적으로 하는 성인사회교육사업 3. 노인 여가·문화: 노인을 대상으로 제공되는 각종 사회교육 및 취미교실 운영사업 4. 문화복지사업: 일반 주민을 위한 여가·오락프로그램, 문화 소외집단을 위한 문화프로그램, 그 밖에 각종 지역 문화행사 사업

기능	사업분야	사업 및 내용
서비스 제공 기능	자활지원 등 기타	1. 직업기능훈련: 저소득층의 자립능력배양과 가계소득에 기여할 수 있는 기능 훈련을 실시하여 창업 또는 취업을 지원하는 사업 2. 취업알선: 직업훈련 이수자 기타 취업희망자들을 대상으로 취업에 관한 정보 제공 및 알선사업 3. 직업능력 개발: 근로의욕 및 동기가 낮은 주민의 취업 욕구 증대와 재취업을 위한 심리·사회적인 지원프로그램 실시사업 4. 그 밖의 특화사업
지역 조직화 기능	복지네트워크 구축	지역 내 복지기관·시설들과 네트워크를 구축함으로써 복지서비스 공급의 효율성을 제고하고, 사회복지관이 지역복지의 중심으로서 역할을 강화하는 사업 • 지역사회연계사업, 지역욕구조사, 실습지도
	주민조직화	주민이 지역사회 문제에 스스로 참여하고 공동체 의식을 갖도록 주민 조직의 육성을 지원하고, 이러한 주민협력강화에 필요한 주민의식을 높이기 위한 교육을 실시하는 사업 • 주민복지증진사업, 주민조직화 사업, 주민교육
	자원 개발 및 관리	지역주민의 다양한 욕구 충족 및 문제 해결을 위해 필요한 인력, 재원 등을 발굴하여 연계 및 지원하는 사업 • 자원봉사자 개발·관리, 후원자 개발·관리

출처: 보건복지부(2020d)

03 사회복지사의 역할

사회복지사는 개인, 가족, 집단, 지역사회의 문제가 해결되도록 돕는 과정에서 다양한 역할을 수행한다. 따라서 사회복지사는 클라이언트의 문제나 욕구를 파악하여 적절한 개입을 할 수 있는 능력이 있어야 한다. 또한 지역 내의 사회자원 및 관계망에 대한 지식을 가지고 클라이언트와 기관 및 단체와 효율적 의사소통을 할 수 있어야 한다. 사회복지사는 기관(단체)의 성격과 담당하는 업무에 따라 한 가지 역할을 주로 수행하기도 하지만, 서로 다른 역할을 동시에 수행해야 하는 경우가 많으므로 상황에 맞는 적절한 소임을 수행해야 한다. 헵워스 등(Hepworth & Larsen, 1990)은 사회복지사의 구체적 역할에 대해 다음과 같이 서비스 직접 제공자, 체계 연결자, 체계 유지와 강화자, 체계 개발자, 그리고 연구자와 조사활용자 등으로 제시하였다.

1) 서비스 직접 제공자

사회복지사가 클라이언트와 직접 대면하여 서비스를 제공하는 것을 의미하는 것으로 조력자 혹은 조성자, 교육자 등의 역할을 한다.

(1) 조력자/조성자

조력자 혹은 조성자(enabler)로서의 사회복지사 역할은 클라이언트가 자기 스스로 문제를 해결할 수 있는 능력을 기르고 필요한 자원을 찾아낼 수 있도록 돕는 역할이다. 개인이나 집단이 그들의 욕구와 문제를 명확히 하고 해결 전략을 탐색하며 좀 더 효과적으로 클라이언트가 당면한 문제에 대처하도록 그들의 능력을 개발시킨다. 다시 말해, 조력자로서의 사회복지사는 클라이언트의 위기상황에서 다양한 스트레스에 대처하도록 돕는다. 조력자의 기술은 희망을 전하고, 저항이나 양가감정을 줄여 주며, 감정을 인식하고 관리하며, 개인의 강점이나 사회적 자원을 발굴하고 지지해 주는 것, 전문적 관계 형성에 필요한 능력 등이다.

(2) 교사/교육자

교사 혹은 교육자(teacher)라는 사회복지사의 역할은 클라이언트의 사회적 기능이나 문제해결 능력이 향상될 수 있도록 교육적인 프로그램이나 정보를 제공하고, 적응 기술을 익히도록 교육하고 가르치는 역할이다.

교육자로서의 역할을 수행하기 위해서 사회복지사는 전문 지식과 정보를 알고 있어야 하며, 그것들을 명확히 전달하고 이해시키기 위한 능력과 기술을 갖추어야 한다.

2) 체계 연결자

클라이언트가 사회복지기관에서 제공할 수 없는 자원을 필요로 하거나 유용한 자원을 이용하는 능력이나 지식이 부족하기 때문에, 종종 사회복지사는 사람과 다른 자원을 연결하는 역할을 수행해야 한다.

(1) 중개자

중개자(broker)라는 사회복지사의 역할은 도움을 필요로 하는 클라이언트와 자원 및 서비스를 지역사회와 연결하는 역할이다. 사람을 자원과 연결시키기 위해서는 지역사회의 자원에 대해 잘 파악하고 있어야 적절하게 의뢰할 수 있으며, 중개한 이후에는 클라이언트에게 서비스가 적절하게 제공되는가를 점검해야 하므로 자원에 대한 정보를 알고, 자원과 클라이언트를 연결하는 데 필요한 지식과 구체적 기술들을 갖추어야 한다. 중개자는 사례관리의 핵심적인 기능을 수행한다.

따라서 중개자로서 사회복지사는 클라이언트에게 식량이나 주거, 법률적 도움이나 다른 필요한 자원을 얻도록 도와주며, 연결 담당자와 좋은 업무관계를 유지하면서 자원체계의 정책을 잘 파악하고 있는 것이 성공적 의뢰의 필수요소이다.

(2) 옹호자

옹호자(advocate)라는 사회복지사의 역할은 클라이언트를 대신하여 클라이언트의 이익을 대변해 주는 역할이다. 필요한 자원이나 서비스를 찾거나 자원 확보에 어려움을 겪는 클라이언트를 위해 클라이언트 개인이나 가족의 권리를 옹호하고 정책 변화를 모색하기 위해 활동한다.

옹호는 사회복지 전문직이 생겨난 이래 줄곧 수행해 온 역할이다. 클라이언트의 욕구에 서비스 기관이 반응하지 않거나, 서비스 제공을 거절하는 경우 그리고 클라이언트가 서비스를 받고 권리를 획득할 수 있도록 기관 내 프로그램이나 정책을 변화시키기 위해 활동하는 것이 옹호자로서의 역할이다. 따라서 옹호자로서 사회복지사의 역할은 클라이언트를 위해 일을 진행하고 대변하는 것이기 때문에 특히 클라이언트가 필요한 것을 얻을 힘이 거의 없을 때 적절하다.

(3) 중재자

중재자(mediator)라는 사회복지사의 역할은 개인 및 기관이나 조직의 차원에서, 기관 간 혹은 기관 내 의사소통의 갈등이나 의견 차이를 조정하는 것이다. 중재자는 미시체계, 중범위체계, 거시체계안에서 발생하는 여러 논쟁이나 갈등을 해결하는 역할을 담당한다.

중재자로서 사회복지사는 견해가 다른 개인이나 집단 간의 의견 차이를 조정하고, 관련 당사자가 입장을 명확히 밝히도록 도와줌으로써 분쟁에 개입하여 협상과 타협을 이루어 합의할 수 있도록 돕는 것이다. 이때, 중재자는 어느 한쪽을 지지하지 않고 중립을 유지하는 것이 중요하며, 서비스 전달 과정에서 존재할 수 있는 여러 장애물을 제거하는 역할도 수행해야 한다.

(4) 조정자

조정자(coordinator)라는 사회복지사의 역할은 다양한 기관에서 산발적으로 주어지는 서비스를 조직적인 형태로 정리하는 역할이다. 여러 기관에서 서비스가 제공될 때는 중복을 피하기 위하여 서비스를 조정하는 역할이 필요하다. 주로 사례관리자(case manager)의 역할로 이를 통해 서비스의 중복과 상충되는 정보 제공을 막을 수 있다.

조정자로서 사회복지사는 클라이언트의 욕구를 평가하고 다른 자원에서 제공된 필수재화와 서비스 전달을 연결·조정하고, 클라이언트가 적절한 방식으로 서비스를 제공받을 수 있도록 개입함으로써 그 역할을 수행한다.

(5) 협상가

협상가(negotiator)라는 사회복지사의 역할은 다툼이 있거나 갈등관계에 놓은 사람들이 상호 화해와 합의를 통해 타협할 수 있도록 협상을 돕는 역할을 수행한다. 협상가로서 사회복지사는 중립적인 입장을 취하는 중개자와 달리 협상가는 어느 한쪽의 입장에 서서 개입한다. 따라서 입장이 서로 다른 사람이나 단체 사이에서 의견을 조정하고 협의하는 일에 지식과 경험을 가지고 있어야 한다.

3) 체계 유지와 강화자

사회복지사는 사회기관의 구성원으로서 서비스 전달체계의 효율성을 저해하는 기관 내의 구조, 정책, 기능적 관계 등을 평가할 책임을 갖고 있다. 이와 관련된 역할은 팀 구성원, 촉진자, 조직분석가, 자문가의 역할이다.

(1) 팀 구성원

사회복지사는 많은 기관 및 공공기관(예: 정신건강, 건강보호, 사회적응 세팅)에서 클라이언트의 문제와 서비스 전달에 협력하는 임상팀의 일원으로 활동하게 된다. 팀 구성은 내과의사, 심리학자, 정신과의사, 사회복지사, 간호사, 재활상담가, 교사, 작업치료사, 레크리에이션 치료사 등으로 이루어진다.

(2) 집단 촉진자

집단 촉진자(group facilitator)라는 역할은 집단활동에서 사회복지사가 지도자 역할을 수행하는 것이다. 사회복지사는 다양한 치료집단, 교육집단 등을 운영하게 되는데, 특히 집단 촉진자는 특정 활동을 수행하는 데 있어서의 활동이 원활하게 이루어지고 진행될 수 있도록 안내하는 역할을 수행하는 사람이다. 사회복지사는 사람을 모으고, 의사전달 통로를 만들고, 활동이나 자원을 전달하며, 전문지식이나 기술에 접할 수 있도록 변화 노력을 촉진해야 하는 책임이 있다.

(3) 조직분석가

조직분석가(organizational analyst)는 서비스 전달에 부정적 영향을 미치는 기관의 구조와 정책절차 등을 분석하고 지적하는 역할이다. 이 역할을 수행하기 위해서는 조직이론과 행정이론에 대한 지식을 갖추고 있어야 한다.

(4) 자문가

사회복지사는 자문가(consultant)로서 자문을 제공하고 받는 역할을 모두 수행할 수 있다. 즉, 사회복지사가 전문지식을 가지고 자문제공자로서 해야 할 역할도 하지만, 때로는 약물남용, 아동학대, 성 문제 등과 같은 전문지식이 필요한 문제에 대해서는 그 분야의 전문가로부터 조언을 받아야 한다. 따라서 자문은 사회복지사나 서비스 제공자가 전문가로서 클라이언트에 대한 지식·기술·태도·문제를 존중하는 태도를 증가시키고 발전시키며, 수정하고 자유롭게 함으로써 클라이언트에게 더 효과적으로 서비스를 전달할 수 있게 하는 과정이다.

4) 체계 개발자

사회복지사는 충족되지 못한 클라이언트의 욕구, 서비스 간의 괴리, 예방적 서비스에 대한 욕구로 말미암은 기관의 서비스를 확대하거나 개선할 기회를 갖게 된다. 이와 관련된 역할은 계획가, 프로그램 개발자, 정책 개발자 등이다.

(1) 기획가

기획가로서의 사회복지사의 역할은 미충족되거나 새롭게 대두되는 욕구를 충족시키기 위한 프로그램을 계획하는 것이다. 특히 지역사회에 대한 접근성이 떨어지는 작은 지역사회, 시골지역, 신흥도시에서 보통 지역사회 지도자와 함께 기획하는 역할을 하게 된다. 아동보호 프로그램, 건강관리 프로그램, 여가 프로그램 등이 그 예가 될 수 있다.

(2) 프로그램 개발자

프로그램 개발자로서 사회복지사의 역할은 클라이언트의 욕구에 대응해서 서비스를 개발해야 하며, 교육적인 프로그램(예: 십대 미혼모 대상), 지지집단(예: 성폭력 피해자, 알코올중독자의 자녀), 기술개발 프로그램(예: 스트레스 관리, 양육, 적극적 자기표현 훈련집단) 등이 포함된다.

(3) 정책 개발자

정책과 절차 개발과정에서 사회복지사가 참여하는 것은 직접적으로 클라이언트에게 서비스를 제공하는 기관에서 제안된다. 사회복지사는 사회복지실천현장에 있기 때문에 클라이언트의 욕구를 평가하고, 어떤 정책과 절차가 클라이언트의 관심에 부합되는지를 평가하는 전략적 위치에 놓여 있다. 따라서 사회복지사가 적극적으로 정책과 관련된 의사결정과정에 참여하는 것이 중요하다.

5) 연구자와 조사활용자

사회복지사는 평가 가능한 개입방법을 선택하여 그들의 개입효과를 평가해야 한다. 그리고 클라이언트의 변화과정을 체계적으로 점검하기 위해 공적·사적 세팅 모두에서 평가할 책임이 있다. 특히 자신의 실천활동을 평가하여 프로그램의 혹은 서비스의 장단점을 사정하고 지역사회를 연구하고 조사하는 역할을 한다. 사회복지실천에서 모든 사회복지사는 연구자 혹은 조사자로서의 역할을 수행한다.

함께 풀어 봅시다!

정답 및 해설

1 다음 중 사회복지실천현장의 성격이 다른 하나는?

① 주민센터의 사회복지 전담공무원
② 종합병원의 의료사회복지사
③ 학교의 학교사회복지사
④ 모자자립시설의 사회복지사
⑤ 교정시설의 사회복지사

❹

▶▶ ①②③⑤는 사회복지실천현장 중 2차 현장이고, ④의 모자자립시설은 1차 현장이다. 사회복지실천현장에서 1차 현장은 사회복지서비스 제공이 주된 기능을 하는 현장이고, 2차 현장은 기관의 일차적인 기능은 따로 있으면서 사회복지서비스를 제공하는 것을 말한다.

2 다음의 사회복지실천현장 중 성격이 다른 하나를 고르면?

① 그룹 홈
② 보육원
③ 치매주간보호센터
④ 장애인생활시설
⑤ 청소년 쉼터

❸

▶▶ ①②④⑤는 생활시설이며 ③은 이용시설이다.

3 다음 사회복지사의 역할의 예로 옳은 것은?

① 옹호자: 장애인의 교통 접근권 확보를 위한 관계법 개정 제안
② 중재자: 학교폭력 가해학생에게 비폭력 대화기술 훈련
③ 협상가: 사회복지사의 사례발표회에서 슈퍼비전 제공
④ 중개자: 십대 미혼모를 위한 교육 프로그램 운영
⑤ 교육자: 게임중독 청소년에게 상담 프로그램 개발

❶

▶▶ 교통 접근권을 확대하고 편의성 증진을 위한 관계법을 개정하도록 제안하는 것은 옹호자로서의 역할이다.

4 다음 중 1차 현장이면서 이용시설에 해당하는 것은?

① 장애인복지관, 보건소
② 노인복지관, 지역아동센터
③ 아동양육시설, 사회복지관
④ 노인요양시설, 장애인공동생활가정
⑤ 정신건강복지센터, 학교

❷
▶▶ 1차 현장은 사회복지서비스를 제공하는 것이 기관의 주 기능이며, 이용시설은 주거서비스를 제공하지 않는 시설이다. 노인복지관과 지역아동센터가 해당된다.

5 다음 사회복지실천현장에 관한 설명으로 옳은 것을 모두 고른 것은?

ㄱ. 장애인 주간보호시설은 이용시설이다. ㄴ. 보호를 필요로 하는 아동을 입소시켜 돌보는 시설을 아동양육시설이라고 한다. ㄷ. 지역아동센터는 민간기관으로 이용시설이다. ㄹ. 건강가정지원센터의 소관부처는 보건복지부이다.

① ㄱ, ㄴ, ㄷ
② ㄱ, ㄷ
③ ㄴ, ㄹ
④ ㄹ
⑤ ㄱ, ㄴ, ㄷ, ㄹ

❶
▶▶ ㄹ. 건강가정지원센터는 가족정책 수행에 대한 주요 전달체계 기관으로서 가족문제를 예방하기 위한 전문적 가족지원 프로그램을 개발하고 가족생활 교육 관련 정보를 제공한다. 건강가정지원센터의 소관부처는 여성가족부이다.

Chapter

05

사회복지실천대상과 **문제**

01 개인대상과 사회복지실천

1) 개별사회사업의 등장배경

개별사회사업(casework)은 사회복지사가 전문화되기 이전, 인보관 또는 자선단체 조직 등을 통해 우애방문가로 활동하던 사회복지사들이 개인, 가족, 집단, 지역사회를 대상으로 원조서비스를 제공하였다. 19세기 후반과 20세기 초, 구체적인 실천기술보다는 단순히 상식적인 수준에서 개별상황에 필요하다고 여겨지는 활동들을 수행하였다. 이에 메리 리치몬드(Richmond, 1917)가 사람들을 돕는 개별사회사업을 조직화하고 이를 반복 훈련, 가르침으로써 개별사회사업 혹은 개인을 대상으로 한 실천이 이루어지게 되었다.

사회복지실천의 초기 단계에 사용된 개별사회사업은 개인의 부적응에 대한 치료적 개입을 강조하였다. 그러다 보니 개인의 경험하는 사회문제에 대한 거시적 접근보다는 개별화된 문제에 대한 적응에 초점을 두는 미시적 접근이었다. 그래서 개인의 문제를 사회환경 속에서 이해하고, 다양한 수준에서 체계적으로 개입할 것을 요구하였다. 물론, 개인대상 실천은 그 발전과정에서 문제의 원인이나 책임을 개인에게만 한정시킬 수 있다는 비판에 직면하기도 했지만, 오늘날 사회·환경적 차원의 요소들을 함께 고려하는 가운데 여전히 사회복지실천에서 상당한 부분을 차지하고 있다.

2) 개별사회사업의 개념 정의

개인수준에서의 사회복지실천과 그 방법론적 접근은 개별사회사업의 개념 정의를 통해서 이해할 수 있다.

대표적 학자들의 정의를 살펴보면, 우선 오늘날 개인대상 사회복지실천의 틀을 제시한 리치몬드(Richmond, 1922)는 개별사회사업이란 '개개인, 그리고 개인과 그 사회환경 속에서 의식적인 조정을 통해 개개인의 인격발달을 이루어가는 과정'이라고 정의하였다. 개인의 욕구충족과 인격개발을 목적으로 한 미시적이고 치료적인 과정임을 강조한다. 개인의 기능에 영향을 미치는 환경의 영향을 인식하며, 개인의 부적응에 대한 치료적 개입을 강조하였다.

펄만(Perlman, 1958)은 개별사회사업이란 '사람들이 사회적 기능을 수행하는 중에 나타나는 개인의 문제를 효과적으로 대처하기 위해서 사회복지기관 또는 전문기관에서 활용하는 하나의 과정'이라고 정의하였다. 개별사회사업의 목적은 치료가 아니라 현재의 문제에 대처하는 개인의 능력을 향상시키는 것이다. 펄만은 절충주의적 관점에서 기관의 기능과 실천가와 이용자 간의 역할을 강조하였다. 또한 사회복지실천을 구성하는 기본요소인 4P의 개념을 명확히 했다는 점을 특징으로 들 수 있는데, 사회복지실천의 구성요소를 문제(problem), 사람(person), 장소(place), 과정(process)으로 보았으며, 이후 두 가지를 추가하여 전문가(professional)와 제공물 또는 제공자원(povisions)을 제시하였다(이영실 외, 2016; 이종복·전남련·김덕일, 2011).

(1) 문제

어떤 욕구, 장애, 욕구불만, 부적응 등에서 또는 이러한 모든 것들이 얽혀서 일어나는 것을 클라이언트의 '문제(problem)'라고 볼 수 있다. 리치몬드는 문제를 '사회환경과의 사이에 있어서 조정을 필요로 하는 적응 이상의 상태'라고 정의하였고, 해밀턴은 문제를 '개인의 바람직한 생활에 지장을 주거나 방해가 되는 충족되지 못한 욕구불만(경제적·사회적·신체적) 같은 것'이라고 정의하였다.

(2) 사람

개별사회사업에 있어서 일상생활의 사회적 또는 정서적 측면에서 도움을 필요로 하는 개인을 하나의 요소로 보고 '사람(person)'이라 말하며, 클라이언트라 부른다. 인간은 누구나 언젠가는 다른 사람의 도움을 필요로 하게 될지 모른다는 측면에서 모든 사람은 클라이언트가 된다고 할 수 있다. 클라이언트 중에서 실제적 클라이언트(actual client)는 현재 도움을 필요로 하고 있거나 도움을 받고 있는 사람을 말하고, 잠재적 클라이언트(potential client)는 현재는 별 문제가 없어 도움이 필요 없거나 문제가 있어도 여러 가지 이유에서 도움을 요청하지 않는 사람으로 나누기도 한다.

(3) 장소

장소(place)란 문제를 가진 개인이 도움을 받기 위해 찾아오는 사회시설 또는 기타 여러 종류의 사회복지기관을 말한다. 이 기관의 기본적 성격은 물질적 원조, 환경의 조성, 상담 및 심리적 도움을 주는 사회복지의 기능을 수행하는 곳을 의미한다.

(4) 과정

과정(process)이란 사회복지사와 클라이언트 간에 전문직업적 대인관계를 매개로 하여 도와주는 문제해결의 과정을 말하며, 이 과정에서 대인관계는 문제해결에 유익하도록 전문적으로 확립된 관계이며, 사회복지사의 지식과 기술에 의해 의식적으로 조작되는 대인관계이다(Pincus & Minahan, 1973).

3) 개인대상 사회복지실천의 특성

개인대상 사회복지실천의 목적은 개별사회사업의 정의를 통해서 나타난 것처럼 서비스 이용자로서의 1인 클라이언트 체계가 갖는 개인·사회적 문제들을 해결하고 원조하고 있으며, 이는 실천가와의 일대일 관계를 기반으로 개별화된 원조과정으로 진행한다.

개인대상의 사회복지실천은 클라이언트를 직접 대면하여 원조하는 것을 기본으로 한다. 이러한 실천을 통해 클라이언트는 생활상의 문제를 자각하여 정서적·관계적·행동적으로 대처할 수 있게 된다. 개인체계에 대한 문제는 개인의 내적인 면, 개인 간 그리고 환경체계가 상호작용한 결과이다. 즉, 한 체계에서 발생하는 기능적 불균형은 대부분 다른 체계의 불균형을 가져오기 때문에 한 체계만 제한되는 경우는 드물다. 개인적인 어려움은 다른 사람과의 관계에 영향을 주게 되고, 개인 간의 어려움은 개인의 기능에 영향을 주게 된다. 예를 들어, 주택 등의 환경적 자원의 부족은 개인의 기능에 영향을 미친다는 것이다.

이러한 관점에서 보는 개인대상 사회복지실천의 특징은 다음과 같다.

① 개인을 일대일 방식으로 도움으로써 개인문제와 사회문제를 해결하는 것을 목표로 한다.

② 예방보다는 치료적 입장에서 문제해결을 중요시한다.

③ 개인이 환경에 적응하도록 돕고 혹은 그들에게 불리한 사회경제적 압박을 변화시키도록 돕는다.

④ 클라이언트의 문제에 초점을 두고 클라이언트와 개별화된 원조과정을 진행한다.

⑤ 클라이언트의 문제를 해결하기 위해 사회복지사와 전문적 관계를 맺으며, 클라이언트와 사회복지사 간의 관계를 중요시한다.

⑥ 다양한 모델과 개입방법을 적용하여 개인의 적응과 변화, 개인과 환경과의 상호작용을 변화시킨다(권구영 외, 2008).

02 가족대상과 사회복지실천

1) 가족의 개념

(1) 가족 개념의 다양성

가족에 대한 정의는 가족을 연구하는 학자마다 강조하는 점을 약간씩 달리하고 있다. 국어사전에 가족은 '주로 부부를 중심으로 한, 친족관계에 있는 사람들의 집단. 또는 그 구성원으로서 혼인, 혈연, 입양 등으로 이루어진다'고 정의하고 있다. 가족이란 서로에 대한 의무를 가지고 함께 거주하는 사람으로 구성된 일차집단이다.

가족에 대한 외국의 고전적 정의를 살펴보면 레비 스트라우스(Levi-Strauss)는 '가족은 결혼에 의해 출발하며, 부부와 그들의 자녀로 구성되지만 이 핵집단에 다른 근친자가 포함될 수 있다. 가족구성원은 법적 유대, 경제적·종교적, 그 외에 다른 권리와 의무, 성적 권리와 금지, 애정, 존경, 경외 등 다양한 심리적 정감으로 결합되어 있다'라고 정의하였다. 결국 가족 결합의 운명공동체적 성격을 강조하고 있다.

국내학자들도 최재석(1966)은 '가족은 가례를 공동으로 하는 친족집단'이라고 정의하였다. 유영주(1993)는 '가족은 부부와 그들의 자녀로 구성되는 기본적인 사회집단으로서, 이들의 이익관계를 떠난 애정적 혈연집단이며, 같은 장소에서 기거하고 취사하는 동거동재(同居同財)집단이고, 그 가족만의 고유한 가풍을 갖는 문화집단이며, 양육과 사회화를 통하여 인격 형성이 이루어지는 인간발달의 근원적 집단'이라고 하였다(김혜경 외, 2016). 이처럼 가족은 법적인 절차 '결혼'이라는 형식적 과정을 거쳐서 부부가 되고 가족을 이루게 되는 것으로 정의하고 있다.

하지만 최근 우리 사회는 가족의 다양한 가족유형을 이해할 필요가 있다(표 5-1 참고). 이제는 결혼을 하더라도 자녀출산을 꺼리는 가족도 증가하는 것을 고려한다면 가족은 한 명 혹은 그 이상의 자녀를 포함하거나 포함하지 않을 수 있다. 즉, 자녀 없는 부부도 가족형태로 인정해야 한다. 또한 자녀는 결혼생활에서 탄생할 수도 있고 그렇지 않은 경우(예: 입양 아동, 배우자가 이전 결혼에서 낳은 자녀)도 인정해야 한다.

요즘 젊은 세대들의 혼전동거에 대한 긍정적 측면을 고려한다면, 성인의 관계는 결혼에 의한 것일 수도 있지만 그렇지 않을 수도 있다. 또 과거와 달리 가족이라고 꼭 같은 거주지에 살아야만 한다는 생각은 많이 바뀌었으며, 이러한 변화의 흐름을 이해해야 한다(최세영 외, 2017).

〈표 5-1〉 가족의 형태

분류	가족의 형태
확대가족	여러 세대에 걸쳐 양 부모의 원가족을 포함하는 확대된 가족형태이다.
핵가족	한 쌍의 부부와 미혼의 자녀들로 구성된 가족형태이다.
수정확대가족	핵가족과 확대가족이 현대화된 가족형태로서 결혼한 자녀들이 부모와 같은 장소에서 살지 않고, 부모 주위에서 한 가정을 이루어 생활하는 것이다.
노인가족	산업화에 따른 사회구조와 가치관의 변화에 따라 노인만으로 구성된 가족이다.
한부모가족	부모 중 한 명과 그 자녀로 구성된 가족이며, 이혼과 배우자의 사망으로 인해 점차 증가하고 있다.
계부모가족	재혼으로 서로 다른 가족구성원이 함께 살게 된 일차집단이다.
혼합가족	인척 혹은 인척이 아닌 사람들이 함께 동거하면서 전통적인 가족역할을 수행하는 가족의 형태이다.
위탁가족	일정 기간 다른 사람의 자녀를 양육하는 가족형태이다.
다문화가족	국제결혼을 통해 형성된 가족으로 국적을 달리하는 남녀가 결혼을 하여 가정을 형성하는 것을 의미한다.

(2) 가족체계의 특징

가족을 하나의 체계로 보는 관점은 가족구성원 간의 상호작용뿐 아니라 가족과 주변 환경과의 상호작용까지 모두 관찰하고 개입할 수 있다는 점에서 매우 유용하다. 여기서 체계란 '상호 의존적이며 상호 영향을 주고받는 부분들로 구성되어 있는 전체'를 의미한다. 가족을 체계로 보는 관점에서는 가족도 다른 사회체계와 마찬가지로 사회환경과 상호작용을 하며, 발달주기에 따라 변화하는 하나의 개방된 '체계'로 인식한다. 따라서 가족 내의 상호작용적 체계의 유형과 관계형태에 관심을 둔다.

체계로서의 가족을 이해하기 위해서는 가족을 하나의 자연적인 사회체계로서 그 구조와 체계로서 어떻게 지속적으로 작용하는지 이해해야 한다.

가족은 사회복지실천의 관심체계들 중 최고로 중요하다. 가족은 그 구성원들의 사회적·교육적·보건적 욕구를 포함하는 기본적인 욕구를 충족시키는 기능을 수행한다(Hartman, 1981; 이경준 외, 2014). 가족은 구성원들 간에 다양한 방식으로 영향을 주고받는 역동적인 체계라 할 수 있다. 가족은 계속해서 변화하며 가족구성원 개개인이 전체 가족을 변화시킬 수도 있고, 가족 자체가 개인을 변화시킬 수도 있다.

체계의 특징은 상호 협력의 효과적 관계를 통해 공동의 목적을 이루고자 노력하며, 이것으로 균형을 유지하고자 하지만, 서로 불균형을 이룰 때는 갈등이 발생한다. 이와 같은 특징을 지닌 가족은 하나의 체계로서, 그 속에서 지속적으로 상호작용하는 각 구성원들의 상호 역동적 관계와 균형을 중시하며 변화를 주도하는 사회복지실천의 중요한 대상체계이다.

2) 가족체계의 주요 개념

가족에 대한 기본적 이해와 실천을 위해서는 우선 가족체계에 대한 이해가 전제되어야 하며, 이를 통한 체계적 관점과 특성 및 기능적 차원의 이해, 그리고 가족수준의 사회복지실천을 위한 방법론적 고찰이 필요하다. 이에 가족체계의 이해를 위한 주요 개념들을 살펴보고자 한다.

(1) 가족항상성

가족항상성은 체계로서의 가족이 구조와 기능에 있어서 균형을 유지하려는 속성으로 역동적인 균형 상태를 유지하기 위한 체계의 경향성을 말한다. 이때 체계로서의 가족은 협의된 규칙과 적절한 공동의 목표를 중심으로 상호 교류를 통해 균형을 유지하고자 노력하는데, 이러한 속성을 가족항상성이라 한다. 모든 가족은 구성원들의 행동이나 태도를 상식적인 수준으로 제한하고, 균형이 깨지려 하면 다시 유지하려 한다. 즉, 모든 가족구성원은 칭찬하거나 야단치는 것과 같이 상대방의 행동을 강화하는 피드백(feedback)을 통하여 가족의 균형을 유지하려 한다. 특히 가족항상성은 위기이론과 관련이 있는데 가족은 위기상황 이후에 정상적인 기능수행으로 되돌아가려는 경향이 있다고 보는 것이다.

예 부부갈등이 있는 부부는 자녀의 식욕과다 증상에 초점을 맞춤으로써 안정상태를 유지하려 한다.

(2) 가족규칙

모든 가족은 일상생활을 영위해 나가기 위하여 가정 안에서 힘을 어떻게 나누며 누가 어떤 일을 할 것인지에 대해 규칙에 따라 행동하게 된다. 즉, 가족구성원들의 역할을 규정하고 그에 따른 행동을 요구할 수 있는 근거가 바로 가족규칙이다. 이는 가족 내에서 명시적 또는 암묵적으로 존재할 수 있으며, 가족성원들은 상호작용을 통해 가족규칙을 조직하거나 합의함으로써 체계로서의 가족에 대한 정체성과 성원들의 성장에 기여하도록 작동하는 것이 이상적이다.

가족규칙은 가족구성원들의 행동이나 관계를 통제하는 패턴화되고 예측 가능한 규범이나 기대를 의미한다.

(3) 가족경계선

체계 내부와 외부, 한 체계와 다른 체계를 구분해 주는 관념적 테두리를 경계라고 한다. 이 경계는 가족과 하위체계의 독립성과 자율성을 보호한다. 따라서 가족경계는 가족 내 체계들 간을 구분하거나 가족체계와 외부체계를 구분해 준다. 가족경계는 어느 날 갑자기 정해지는 것이 아니라 가족원 간 지속적인 상호작용의 결과로 생겨난다.

① 경직된 경계

투과성이 낮은 경계로서 체계 간 상호작용이 이루어지기 어렵기 때문에 의사소통에 융통성이 없고, 다른 체계에 관심을 보이지 않는다. 경직된 경계를 갖고 있는 가족은 가족 간에 '나는 나, 너는 너'라는 식의 지나치게 독립적인 태도로 서로를 대한다. 가족원이 서로 거리감과 소외감을 갖고 있으며, 가족원을 각자 자율적이고 독립적으로 기능한다. 가족원에 대한 소속감과 충성심이 부족하고, 서로 도움을 필요로 할 때 도움을 주고받는 능력도 부족하여 서로 의사소통이 원활하지 않다.

② 혼돈된 경계

투과성이 지나치게 높은 경계로 체계 간의 독립심과 자율성이 결여되어 하위체계 간 밀착된 관계가 형성되기 쉽다. 가족체계에서 '너의 일은 모두 나의 일'이 되어 '너는 내 운명'이라는 태도를 가진다. 가족원 개개인의 정체성 구분이 모호하며, 가족원 간에 거리감이 없고 강한 소속감 때문에 자율성이 방해받는다. 물론 가족구성원 개인의 독립성과 자율성 욕구는 허용되지 않는다.

③ 명확한 경계

투과성이 적절한 경계이다. 너무 경직되지도 않고 너무 혼돈되지도 않은 경계이며, 유연하고 융통성이 있어 가장 건전한 경계이다. 기능적 가족은 체계 간 명확한 경계선을 가진다. 가족원은 자율적이고 독립적이면서도 필요할 때면 언제든 서로의 행복을 위해 협동하고 지지하며 서로의 삶에 관여한다. '우리'라는 집단의식과 함께 '나 자신'이라는 감정을 잃지 않고 균형을 유지한다.

(4) 순환적 인과성

순환적 인과성(circular causality)은 모든 사건들이 끊임없는 상호작용적 순환관계에 있다고 보는 관점이다. 가족이 순환적 인과성을 갖는다는 것은 가족 내에서 일어나는 한 성원의 변화는 다른 성원과 가족 전체에 영향을 주고, 다시 그 성원에게 순환적으로 영향을 미친다는 것을 의미한다.

가족은 순환적 인관성에 따라 기능하는 체계이다. 가족체계 내의 모든 행동은 반응이며, 개별 성원의 행동은 단선적이 아닌 순환적 반응으로 이해된다. 즉, 일반적으로 가족수준에서의 실천개입은 직선적 인과관계가 아닌 순환적 인과관계를 통해 접근해야 한다. 즉, 어떤 현상을 이해하려고 할 때, '왜'라는 의문이 중요하고 원인을 찾아가는 방향으로 문제에 접근하게 되는 직선적 측면보다는, '무엇'을 하느냐에 초점을 두어야 한다. 즉, 문제의 원인(왜)보다는 문제를 유지하는 가족의 상호작용, 즉 무엇에 초점을 두는지가 중요하다.

(5) 가족의 하위체계

체계는 상호의존적이고 상호작용하는 부분들로 구성된 전체이다. 각 체계는 그 체계를 구성하는 하위 요소를 가지고 있는데 이를 하위체계(subsystem)라고 한다.

하위체계는 전체로서의 체계를 유지하기 위해 특정 역할이나 기능을 수행한다. 가족이라는 체계는 각 구성원이라는 하위체계를 가지고 있는데 가족을 구성하는 대표적 하위체계는 4개이다.

① 부부 하위체계

부부로 구성된 하위체계이다. 부부 간 상호지지와 협력이 있어야 하고, 동시에 서로 독립적으로 행동할 수 있는 능력이 있어야 한다. 상호 협동하면서 독립적 경계를 가진 부부는 자아가 확립되어 있고 개인의 행동에 책임을 질 수 있다.

부부 하위체계가 건강하게 기능하기 위해서는 부부 각자 원가족의 영향에서 어느 정도 독립적이고 적절히 분화되어야 한다.

② 부모 하위체계

아버지와 어머니로 구성된 부모 하위체계이다. 자녀에게 초점을 두고 전체 가족을 이끌어 가는 책임을 진다. 자녀의 출생 및 성장과 더불어 통제와 허용을 적절히 조절하면서, 자녀가 독립성을 갖도록 이끌어야 한다. 적절한 양육기술이 있는지, 양육을 제대로 하는지, 보호자로서 권위를 가지고 있는지가 필요하다. 또한 부모 하위체계는 자녀와 구분되는 적절한 경계와 권위가 필요하다.

③ 부모-자녀 하위체계

세대가 서로 다른 가족원으로 구성된 체계이다. 부모 중 한쪽이 다른 쪽을 배제시키는 방식으로 자녀와 관계가 형성되는 경우 역기능적 가족이 되기 쉽다. 위계 구조를 확립하는 것이 중요하다. 부모-자녀 하위체계의 주요 기능은 자녀 양육 및 지도, 통제와도 연관된다.

부모-자녀 하위체계에서 자녀는 부모의 부부관계에 개입되거나, 부부 간의 갈등 때문에 걱정할 필요 없이 부모의 자녀로서 독립적으로 기능하고 존재할 수 있어야 한다.

④ 형제자매 하위체계

형제자매는 같은 세대로 이루어진 경우가 대부분이므로 자신들 나름의 관심과 생각을 갖게 된다. 형제자매 간에는 형제애, 자매애 같은 정서적 유대가 중요하며 때로는 놀이친구, 동료로서의 관계도 형성된다. 따라서 형제자매 하위체계에서는 상호관계를 통하여 서로 지지하고, 분화하고, 희생자가 되기도 하는 과정을 통해 많은 것을 배운다.

(6) 경계와 공유영역

경계(boundary)란 한 체계와 다른 체계를 혹은 체계를 외부환경으로부터 구분하는 일정의 선(테두리)을 의미한다. 이 경계는 눈에 보이지는 않지만, 개인과 하위체계 간, 또는 가족과 다른 가족 간에 허용할 수 있는 접촉의 양과 종류를 구분하는 역할을 수행한다.

반면 공유영역(interface)은 서로 다른 체계들이 접촉하거나 의사소통하는 지점을 의미한다(Barker, 2003). 경계와 공유 영역을 구별하는 데 있어서 공유 영역은 서로 다른 두 체계의 공통된 관심사를 반영하는 점이 경계와 다르다(Norlin, Chess, Dale, & Smith, 2003). 경계는 체계의 정체성을 유지하기 위해 필요한 반면, 공유 영역은 상이한 두 체계가 공통된 이익이나 관심을 추구하기 위해 필요하다(최해경, 2009).

(7) 개방체계와 폐쇄체계

버틀란피(Bertalanffy)에 의하면 모든 체계는 개방체계(open system)와 폐쇄체계(closed system)라는 두 가지 체계가 있다. 가족구성요소의 계속적 흐름은 체계의 개방성과 폐쇄성의 정도에 따라 변화의 범위가 달라진다. 가족체계에서 개방성과 폐쇄성은 구조 내에서 다른 체계들과 경계를 통해 정보를 교환하는 정도를 설명한다.

① 개방체계

외부로부터 그리고 외부를 향한 정보의 흐름의 수준이 높은 체계로서, 개방된 가족은 다른 체계들과 관계에서 유용한 정보에 대해서는 투입을 허용한다. 개방체계는 반투과성의 경계를 형성하면서 체계가 소모하는 것보다 많은 에너지를 유입하므로 체계를 성장하게 하는 네겐트로피(negentropy: 변화에의 적응력, 개방성)의 속성을 갖는다. 따라서 개방적일수록 체계는 더 적응적이고 변화의 가능성이 높으며, 새로운 경험을 잘 받아들인다.

② 폐쇄체계

외부에서 정보나 에너지가 들어오는 것을 허용하지 않는 것으로 환경과의 상호작용이 없고 자신의 경계 내에서만 작용하는 체계를 말한다. 지나치게 폐쇄된 가족은 그 경계가 엄격하여 밖으로부터 모든 정보를 차단하여 문화적 다양성과 사회변화에 따라가지 못하고 엔트로피(entropy: 비조직성, 자기파괴성)와 같은 가족 스트레스와 위기를 야기한다. 폐쇄체계는 불투과성의 경계로 인해 서서히 기능의 효율성이 떨어지면서 체계의 혼란이나 질서 와해, 해체와 같은 속성을 나타낸다(Barker, 2003; Compton & Galaway, 1994). 폐쇄형 체계의 가족구성원은 변화를 회피하고 환류(feedback)가 일어나기 어렵다.

(8) 환류

환류(feedback)는 정보의 투입에 대한 반응으로 행동하며 연속적인 행동을 수정하도록 그 행동의 결과를 새로운 정보로 포함시키는 것을 뜻한다. 체계는 목표와 관련된 환류를 외부환경으로부터 받아들이기 때문에 목적 지향적이 된다(남연희·박영구·도기봉, 2012).

① 정적 환류

정적 환류(positive feedback)는 적극적 환류, 긍정적 피드백이라고도 하며, 현재의 변화가 지속되거나 증폭되도록 하는 환류이다. 따라서 현재의 자신의 행동이나 변화에 대해 그 행위를 계속하게 하는 정보를 받는 것이다. 새로운 행동의 변화가 생겼을 경우, 변화를 수용하여 그 변화를 유지하게 하는 역할을 한다. 내용이 긍정적이든 부정적이든 관계없이 상황이나 행위, 변화를 지속하게 하면 정적 환류가 된다.

예 자녀가 반항적인 행동(변화)을 하자 부모가 잔소리를 했더니, 자녀의 반항적 행동이 더 많아졌다(결과: 변화유지 및 발생). 이때 부모의 잔소리는 정적 환류이다.

② 부적 환류

부적 환류(negative feedback)는 부정적 환류, 소극적 환류라고 하며 어떤 상태나 변화, 새로운 행동이 부적절하므로 원래의 상태로 돌아가게 하는 환류이다. 체계가 항상성을 유지하고 안정을 유지하게 하는 일탈 감소, 안정 유지, 변화 감소의 역할을 한다.

예 자녀가 저녁 9시 이전에 귀가해야 하는 가족규칙을 어겼을 때(변화) 부모가 그것을 꾸중하고 야단쳤더니 자녀는 더 이상 늦지 않고 저녁 9시 이전에 귀가하는 규칙을 지켰다(결과: 일탈 감소). 이때 부모의 꾸중과 야단은 부적 환류이다.

3) 가족대상 사회복지실천의 목적과 활용

가족은 개인들의 기능에 가장 많은 영향을 미칠 수 있는 중요한 체계이다. 따라서 가족 수준에서의 사회복지실천은 가족구성원들 간의 관계나 가족구성원 중 한 사람의 행동 또는 정서·심리상의 문제에 개입하여 문제를 해결 또는 경감시키기 위한 실천방법이다. 이는 개인을 단위로 개입할 때보다 가족을 단위로 개입하는 것이 효과가 더 크다거나, 클라이언트의 문제해결을 위해서는 가족 모두의 협조와 노력이 요구된다고 판단될 때는 가족을 대상으로 한다.

가족대상 실천 모델들은 일반체계이론의 영향을 받아 가족을 하나의 역동적인 체계로 간주한다. 따라서 가족구성원 개인이 나타내는 문제의 원인을 개인적 요인에서 찾은 것이 아니라 가족구성원들 간의 상호작용 패턴, 즉 관계양상에서 찾고자 한다. 문제의 해결도 개인적 변화에 초점을 두기보다는 가족구성원들끼리 상호작용하는 방식의 변화에 초점을 둔다.

가족대상 사회복지실천은 주로 부부갈등, 부모-자녀 간 문제, 아동문제, 다세대 간의 갈등을 중재·해결하기 위해 사용된다. 현재 여러 가지 다양한 이론적 토대를 갖고 있는 가족실천 모델들이 개발되어 활용되고 있다. 대표적인 가족실천 모델로는 정신 역동 모델, 대상 관계 모델, 구조적 모델, 전략적 모델, 경험적 모델, 행동주의 모델, 해결 중심적 단기치료 모델 등이 있다. 우리나라의 사회복지실천에서 가족과의 실천은 교회, 병원, 가족치료상담센터, 사회복지관, 대학의 연구실 등 다양한 장소에서 실시되고 있으며 가족과의 실천에 대한 관심이 점차 확산되고 있다(엄명용·김성천·오혜경·윤혜미, 2009).

가족이 개인에게 영향을 미치는 중요한 외부환경으로서뿐만 아니라, 그 자체로 사회문제가 되기도 한다. 따라서 가족은 다른 사회 집단의 인간관계와 비교할 때 다음과 같은 특성을 가진다(윤선오·김우호·서보준, 2016).

① 가족은 자연 발생적인 혈연관계를 중심으로 하는 소집단으로서 가족구성원들의 선택이나 이탈이 자유롭지 못하다.

② 가족구성원들은 성별, 연령 등에 따라 각자의 지위와 위치가 배정되고 그것에 따라 역할이 부여된다.

③ 가족구성원 간에는 분업 관계, 권리 및 의무관계 그리고 일상생활에 수반되는 행동 유형이 있다.

④ 가족관계는 가족구성원 간의 인간관계로서 체계들 간에 정서적, 심리적으로 복잡하게 얽혀 서로 영향을 주고 받으며, 가족 한 성원의 생각이나 행동의 변화는 가족 전체에도 영향을 준다.

⑤ 공동운명체적 가족집단은 소속감과 결속감이 어느 다른 사회집단보다 강하고, 가족구성원들은 경제적, 심리적, 정서적으로 상호 의존적이므로 상호 간의 행동을 구속하고 규제하기도 한다.

⑥ 가족들은 각각 사회적·문화적·시간적·지역적·경제적 조건에 따라 관계가 다

르며, 가족관계는 각 가족의 성장과 발달단계에 따라 변화한다.

⑦ 가족관계는 다른 인간관계보다 일찍 시작되고 오랫동안 지속되지만, 지나치게 밀접하고 욕구적이며, 보상적일 수 있으므로 가족관계에 문제들이 많이 발생할 수 있다.

03 집단대상과 사회복지실천

역사적으로 집단대상 사회복지실천은 1844년 영국 런던 YMCA가 당시 청년층에 대한 기독교정신 파급에 여가 및 사회화집단을 활용하면서부터 시작된 것으로 볼 수 있다. 산업화, 도시화의 과정에서 도시빈민지역 청년들을 중심으로 한 사회환경 개선과 이를 위한 집단활동이 그 목적이자 내용이었다. 또한 사회복지 발달사 측면에서 중요한 자리를 차지하고 있는 인보관 운동은 활동의 단위로서 집단을 조직하고 도시빈민들을 교육·계몽하며 그들에 대한 정서적 원조를 제공하였다(Zastrow, 1987).

1) 집단의 기본적 이해

사전적 의미에서 '집단'이란 '일정한 역할을 가지고 여럿이 한데 모여 떼를 이룬 무리나 모임'이다. 집단의 특성은 최소한 2인 이상의 사람이 모여 지속적인 상호작용을 하며 공통의 목적이나 관심사가 있다. 즉, 지속적으로 상호작용하는 구성원은 공통된 집단의 목적을 공유한다. '우리'라고 하는 유대감을 가지며, 전체로서의 집단에 대한 정체성을 갖는다. 공동으로 기능하기 위해서는 집단성원들 안에는 일정의 규범과 질서가 존재하고, 그 속에서 성원들은 각자의 기능과 역할을 수행한다.

2) 집단의 유형

집단의 유형은 관점에 따라 매우 다양할 수 있다. 집단성원 간 상호작용과 정서적 결속 정도에 따른 일차집단(가족, 친구, 소집단 등)과 이차집단, 집단구성방식에 따른 자연집단(가족, 친구, 또래 등)과 형성집단(학급, 위원회 등), 집단의 크기에 따른 소규모 집단(보통 6~7명 내외)과 대규모 집단, 집단의 운영방식에 따른 개방형 집단(입·탈회 자유)과 폐쇄형 집단 등이다.

그런가 하면 집단수준의 사회복지실천에서는 일반적으로 집단의 목적에 따른 구분을 통해 대상체계에 대한 개입을 구체화하는데, 크게 치료집단과 과업집단, 그리고 자조집단으로 나누어 볼 수 있다.

(1) 치료집단

치료집단의 목적은 집단구성원의 교육, 성장, 치료, 사회화 등 행동변화, 사회화의 욕구충족 등에 있고, 사회복지사의 역할은 상호작용을 통해 집단을 발달시키는 데 있다. 치료집단의 특성은 개방적이고 자기노출이 높으며, 집단 각 구성원에 의해 주제에 따라 의사소통 양식이 다르며, 집단절차는 집단에 따라 융통적이라는 것이다. 그리고 집단구성원의 구성은 공동관심사, 문제, 특성에 근거한다. 여기에 해당하는 집단에는 지지집단, 교육집단, 성장집단, 치료집단, 사회화집단 등이 있다.

치료집단의 하위유형들과 각 사례를 살펴볼 수 있다(Toseland & Rivas, 1995).

① 지지집단(support group)

일상생활 속에서 발생하는 문제들을 효과적으로 대처하고 적응해 나가도록 원조함으로써 구성원이 삶의 위기에 잘 대처할 수 있도록 돕는 집단이다. 유사한 문제나 경험을 갖고 있는 사람들로 구성되기 때문에 지역사회의 편견이나 낙인으로부터 벗어나 집단 안에서 안정과 위로를 찾을 수 있으며 유대감 형성이 쉽고 자기개방수준이 매우 높다.

예 암을 극복하려는 환우모임, 한부모가족모임, 자녀교육의 어려움을 갖는 다문화가정 부모모임 등

② 교육집단(educational group)

집단구성원이 지식과 기술을 배우고 향상하는 데 목적을 두고 있다. 성원들이 자

신의 내면은 물론 자신이 속한 사회를 잘 이해할 수 있도록 강의형태 등을 통해 정보나 지식, 기술을 통해 원조한다. 교육집단구성원의 자기개방은 비교적 낮은 편이어서 사회복지사는 구성원의 지식, 기술, 경험 등을 고려하여 모든 구성원이 최상의 학습효과를 얻도록 해야 한다.

예 청소년 성교육 집단, 부모역할 훈련집단, 위탁부모 집단, 입양에 관심을 갖고 입양을 준비하는 부부집단 등

③ 성장집단(growth group)

구성원의 자기인식을 증진시키고 자기의 사고를 변화시키는 데 목적을 두고 있다. 특히 개인의 능력과 자의식을 향상시키는 데 초점을 둔다. 자의식 고취 및 사고의 전환을 촉진함으로써 개인적 변화들을 이끌어 성장잠재력을 향상시켜 자극과 통찰력을 얻고 모델링을 찾으며 새로운 행동을 시험해 보기도 한다. 성장집단은 자기개발, 잠재력 개발 등의 목적이 있기 때문에 다른 집단에 비해 자기개방을 많이 하는 편이다.

예 참만남 집단, 퇴직을 준비하는 집단, 잠재력 개발 집단 등

④ 치유집단(therapy group)

집단구성원의 정서적·개인적·사회적 욕구와 문제를 해결하는 데 목적이 있다. 치료집단은 일반적으로 다소 심한 정서적 개인문제를 가진 구성원들로 구성되며, 상호지지를 강조함과 동시에 치유와 회복에 중점을 둔다. 그리고 구성원 개개인의 증상이나 문제가 다르기 때문에 개인마다 상이한 목적을 갖는다.

예 공황장애 치료를 받는 외래환자 집단, 금연집단, 약물중독자 회복집단 등

⑤ 사회화집단(socialization group)

사회적인 관계를 잘 맺지 못해 어려움을 겪는 개인에게 사회생활에 요구되는 기술을 익히거나 학습시킴으로써 사회생활 적응과 증진을 목적으로 한다. 이때 집단 사회복지사는 사회화 과제를 달성하는 매개체로서 적극적으로 가르치고 시범을 보이며 참여를 유도하여 사회적 역할을 학습할 수 있도록 도와주어야 한다. 사회화 집

단은 사회기술훈련 집단, 자치집단, 여가집단 등 다양한 하위 유형으로 나뉜다.

- 사회기술훈련 집단: 의사소통에 어려움이 있거나 사회적 관계를 맺는 데 어려움이 있는 사람들을 대상으로 사회적 기술을 가르쳐주고 훈련하여 생활 속에서 적용해 보도록 하는 집단이다.
- 자치집단: 치료적 공동체의 원리를 이용하여 구성되는 집단이다. 일반적으로 정신병원이나 사회복지시설 거주자들이 자신들의 권리를 실현하고 부당한 대우 등에 대해 개선의 목소리를 내기 위해 형성한 자치집단이다.
- 여가집단: 여가활동에 초점을 두는 집단으로, 여가를 통하여 치료적 효과를 얻고자 할 때, 여가가 목적에 이르는 수단으로 활용되기도 한다.

(2) 과업집단

과업집단(task group)은 조직의 문제에 대한 해결책을 찾기 위해 명령이자 성과물로서의 과업을 수행하는 집단이다. 과업집단의 목적은 조직이나 기관의 문제에 대한 과업성취, 해결책 모색에 있고 의무사항 이행 및 새로운 아이디어 개발, 원조전략 수립 등 과업을 수행하는 데 있다. 사회복지사의 역할은 상호작용이나 임명을 통해 집단을 발달시키는 것이며, 집단 특성은 특정 과업에 대한 토론에 초점을 두며 집단구성원의 자기노출은 낮다. 그리고 개인의 성장과 발전보다는 집단의 의사를 결정하고 산출물을 만들어 내는 데 초점을 두며, 주요 하위유형들로는 위원회(committee), 행정집단(administrative group), 대표자협의회(delegate group), 팀(team), 치료협의회(treatment conference), 사회행동집단(social action group) 등이 있다.

(3) 자조집단

자조집단(self-help group)의 목적은 대인 간의 상호 지지, 집단구성원 간 공통문제 해결, 집단구성원 상호 간 문제 상황에 대처할 수 있는 능력을 향상시키는 데 있다. 자조집단을 지지집단의 한 유형으로 구분하는 학자도 있고, 지지집단과 다른 집단으로 구분하기도 한다.

알코올, 마약 등 약물이나 암 또는 비만과 같은 핵심적인 공통 관심사가 있다는 점에서 지지집단과 유사하다. 일반적으로 자조집단은 전문가가 간접적인 역할을 수행하기 때문에 사회복지사가 주도적인 역할을 하지 않는다. 사회복지사는 물질적 지지를 제공하거나 다른 체계와의 연결, 자문, 정보와 지식, 자원 등을 알려 주는 자문기능 등의 역할을 한다. 집단을 이끌어 가는 실질적인 사람은 자조집단의 성원으로서 쌍방적이고 자기노출이 높고 과업해결을 위한 정보교류가 있으며, 정서적 지지교류가 높다는 것이다. 사례로는 단주친목모임(Alcoholics Anonymous: A.A.)이 있다.

3) 집단대상 사회복지실천의 목적과 가치

일반적으로 집단대상 또는 집단수준에서의 사회복지실천을 방법론적 측면에서 집단사회사업(group work)이라 한다. 집단사회사업의 정의나 목적을 획일적으로 논하기에는 개입대상으로서의 집단의 유형이나 구분, 목적과 기능 등이 매우 다양하기 때문에 결코 쉽지 않으나, 공통의 개념과 특성들을 집약한다면 어느 정도 일반적인 정의는 가능할 수 있다.

그런 의미에서 우선 집단실천은 유사한 목표를 갖고 있는 개별 구성원들을 하나의 집단으로 묶어 그 집단을 대상으로 사회복지사가 집단이라는 환경과 집단 내의 역동성을 활용해 집단구성원들의 개별 목표와 집단 공동의 목표를 성취하기 위해 노력하는 실천방법으로 이해할 수 있다(엄명용 외, 2009; 이경준 외, 2014).

집단대상 사회복지실천의 목적은 집단사회사업의 정의와 특성을 통해서도 나타나듯이 집단 내 성원들의 개인적·사회적·정서적 욕구의 충족을 위해 과업을 수행하고, 이러한 경험을 통해 개인적·사회적 적응과 기능화에 이바지하는 것이다.

코놉카(Konopka, 1963)는 사회복지실천가의 전문적 가치 외에 인정해야 할 집단사회사업의 중요한 가치를 다음의 다섯 가지로 정리한 바 있다.

① 집단 내에서 인종, 종교, 연령, 국적, 그리고 사회계층이 다른 사람들 간의 긍정적 관계와 참여

② 참여하는 민주주의 원리에 반영된 협동과 상호 결정의 가치
③ 집단 내에서 개인 창의성의 중요성
④ 각 성원 혹은 전체로서의 집단에 관한 일에 관하여 사고와 감정을 표현하고, 집단의 결정과정에 관여할 권리를 가지는 것을 포함하여 참여할 자유의 중요성
⑤ 각 성원의 독특한 관심이 표현될 만큼 집단 내의 고도의 개별화의 가치

04 지역사회대상과 사회복지실천

사회복지실천은 역사적으로 자선조직협회의 활동에서와 같이 개인 내지 사람 중심의 서비스 과정에서 시작한 것이 사실이다. 그러나 그 개인 또는 사람이 갖는 문제적 상황과 그에 대한 원인과 해결도 반드시 그 개인이나 사람만을 통해서 이루어져야 한다고 주장할 수 없다. 개인을 둘러싼 환경적 요인들과 사회적 구조, 그 안에서의 개인이나 사람의 역할을 통해서도 문제적 상황은 발생하고 치유적 접근도 가능하다는 인식이 자리했기 때문이다. 대표적으로 인보관 활동은 사회환경적 개혁에 초점을 두고 집단적 접근뿐 아니라 지역사회대상의 교육, 계몽 등으로 보다 큰 체계로부터의 변화와 그 영향력에 집중하면서 지역사회실천의 동기가 되었다. 따라서 지역사회대상 사회복지실천이란 지역사회가 실천의 단위가 되고 그 속에서 상호작용하며 영향관계에 있는 지역주민들의 보호(care)와 조직활동(organization)을 통한 사회적 기능을 개선하기 위한 원조활동이다.

1) 지역사회의 정의와 기능

지역사회란 용어는 '공동체'라고도 번역되는 'community'를 옮긴 말로서 '공통의(common)' 또는 '공공의(communal)'와 하나로 통합을 이루게 하는 'unity'의 합성어에 그 어원을 두고 있는데, 공동소유, 공동체, 공동운명체 등의 의미를 지니고 있다.

지역사회(community)는 우리 사회 모든 구성원들의 소속이자 삶의 장이다. 그 속에서는 사회적 가치와 규범, 상호 영향관계가 존재하며 그에 의해 구성원들의 사고와 행동양식이 통용되고 삶의 질 유지 및 향상에 기여하는 각종 자원과 체계가 제공된다.

지역사회는 학자들의 견해에 따라 각기 다르게 정의될 수 있지만, 크게 두 가지 의미로 이해된다. 첫째는 구조적 관점으로 지역사회의 공간적·지리적·정치적 성격을 고려한다. 이것은 지역사회를 도시, 마을, 이웃과 같은 구조로 보며 지리적 경계를 고려하는 것이다. 둘째는 사회심리학적 관점으로 구성원의 귀속력 정도를 강조하면서 지역사회를 사회적 유대의 연계망으로 간주하는 것이다. 이 관점은 장소나 기능보다는 사람들이 서로 관계 맺는 방식과 '우리'라는 개념으로 지역사회를 정의한다. 즉, 하나는 지리적 조건으로 형성된 지역사회를, 다른 하나는 공통된 이해와 관심으로 형성된 교회, 조합, 시민단체와 같은 이익집단을 의미한다(엄명용 외, 2009; 이경준 외, 2014).

이 두 가지 정의는 앤더슨(Anderson)과 카터(Carter)의 지역사회 정의를 통해 좀 더 구체화할 수 있으며, 그 가운데 지역사회의 영역과 그에 따른 각각의 기능도 확인할 수 있다. 즉, 이들은 지역사회를 장소와 비장소의 개념으로 나누어 정의하였는데, 우선 장소(as place)로서의 지역사회란 "주거와 생계를 위해 제한된 영역상의 공간을 공유하며 이러한 공간 속의 공유과정에서 생겨나는 특징적인 사회적 행동양식을 마련함으로써 공통의 욕구를 충족시키기 위한 기능을 수행하는 곳"으로 정의된다. 반면, 비장소로서의 지역사회는 "주요한 사회적 기능(재화와 서비스 생산·분배·소비, 사회화, 사회통제, 사회참여, 상호부조 등)을 수행하는 사회적 단위체와 체계의 결합"으로 정의된다. 이는 장소와 상관없이 다른 구성원과 나누고 있는 연대의식이나 정체감을 중심으로 형성되기도 한다.

그런가 하면 지역사회를 하나의 기능적 단위로 볼 때, 지역사회란 수동적이기 보다 능동적 개념으로서 가족이 가족원들의 보호막으로서의 기능을 하는 대신 지역사회는 그 구성원들을 지탱하고 보호하며, 활력을 주는 풍부한 자원이 될 수 있다고 인식된다(Weick & Saleebey, 1995).

2) 지역사회대상 사회복지실천의 목적

사회복지실천에서의 지역사회복지를 포괄적으로 정의하면 "전문 혹은 비전문 인력이 지역사회수준에 개입하여 지역사회에 존재하는 각종 제도에 영향을 주고, 지역사회의 문제를 예방하고 해결하고자 하는 일체의 사회적 노력"(최일섭·류진석, 2002)을 의미한다. 따라서 지역사회복지는 개인복지나 가족복지보다 넓은 차원의 개념이며, 아동복지, 노인복지라는 대상층 중심의 복지활동보다 지역성이 뚜렷하다는 점에서 그 차이를 발견할 수 있다.

또한 지역사회대상 사회복지실천은 지역에 속한 주민들이 자신들의 사회적 기능 향상을 위해 필요한 의식개혁, 환경개선, 지역사회 조직화 등을 자발적·주체적·협력적으로 해 나갈 수 있도록 사회복지실천가가 안내자, 조력자, 조정자, 운동가, 전문가 등의 역할을 수행하는 것을 말한다. 현재 우리나라에서 지역사회에 위치한 종합사회복지관을 중심으로 실제로 이루어지고 있는 지역사회실천 개념에는 지역사회보호 활동과 지역사회조직활동이 혼합되어 있다.

이러한 지역사회수준 사회복지실천은 지역사회 성원들의 복지증진에 가장 적합한 환경을 조성하여 제공하는 데에 궁극의 목적이 있으며, 변화의 초점과 대상 또한 개인이나 가족, 집단보다는 더 큰 단위의 지역사회가 된다. 그렇다고 지역사회수준의 실천이 개인, 가족, 집단수준의 실천과 전혀 별개이거나 다른 실천 접근들에 비해 상위에 존재하거나 반드시 우선시된다는 것은 아니며, 오히려 유기적 관계와 절충성을 가지고 있음을 간과해선 안 될 것이다. 이에 재스트로(Zastrow, 1992)는 지역사회수준 실천과 개인, 가족, 집단과의 사회복지실천 사이에는 유사한 점들이 있으며, 의사소통과 관계형성기술, 집단들과의 활동 시 필요한 기술, 문제해결의 기술은 서로 적용이 가능하다고 보았다.

3) 지역사회대상 사회복지실천 접근

(1) 지역사회수준의 개입

지역사회대상 사회복지실천의 접근은 전통적으로 로스만(Rothman, 1964)이 제시한 세 가지 모델, 즉 지역사회개발(community development), 사회계획(social planing), 사회행동(social action)을 통해 확대·발전되어 왔다. 이에 본 장에서는 로스만의 세 가지 모델을 중심으로 지역사회복지실천의 틀을 살펴보고, 이어서 지역사회수준에서의 개입방법들을 로스만의 세 가지 모델로 정리하면 다음과 같다.

① 지역사회개발 모델

지역사회개발 모델은 자조기반에 근거하고 있으며, 지역사회문제의 해결을 위한 지역사회 능력과 사회통합이라는 과정목표를 통해 지역사회를 새롭게 만드는 데 초점을 둔다. 지역사회의 문제나 욕구를 다룰 때 주민의 자조(self-help)정신을 강조하기 때문에, 주민 스스로 문제를 해결할 수 있는 능력을 강화시켜 주는 데 역점을 두고, 문제의 파악 및 문제해결과정에 있어 주민의 광범위한 참여를 장려한다. 지역사회개발 모델은 인구의 다양성을 고려하고 존중하며, 이러한 다양성을 이용하여 지역사회의 모든 사람들을 위한 지역사회의 발전을 성취하기 위해 노력한다.

이때 사용되는 유용한 전략은 협력(collaboration)이다. 협력은 최소한의 대립과 갈등에 기초한 기술로서 행위자 간의 서로 다른 힘(power)을 최소화하고 합의를 도출하고자 한다. 상대편이 비교적 차이점을 거의 보이지 않을 때, 변화에 열려 있을 때, 그리고 양립할 수 있는 목적을 지지할 때, 협력은 적절하고 효과적이다.

② 사회계획 모델

사회계획 모델은 사회문제를 해결하기 위하여 합리적인 계획을 수립하고 통제된 변화를 도모하는 기술적인 과정이다. 따라서 지역사회 주민의 참여 정도는 문제의 성격 및 관련기관의 문제해결방향에 따라 달라질 수 있다.

사회계획은 다양하고 복잡한 문제를 가지고 있는 현대사회에서 문제해결을 위한

〈표 5-2〉 지역사회복지실천의 세 가지 모델

구분	지역사회개발 모델	사회계획 모델	사회행동 모델
개념	• 광범위한 주민변화 • 지역사회와 주민들을 변화시키는 목표설정과 실천행동	• 지역사회문제를 해결하고자 하는 기술적 과정을 강조(범죄, 주택, 정신보건 등)	• 소외계층의 처우 향상 • 지역사회의 근본적인 변화 추구
강조점	• 자조정신과 민주적인 절차, 자발적 협동강조 • 토착적인 지도자의 개발,교육 등	• 문제해결을 위한 합리적인 계획수립과 통제된 변화 • 공식적인 계획과 준거틀 제시	• 권력, 자원, 정책결정의 역할 등의 재분배
목표	• 과정중심 목표에 역점 • 민주적인 능력고취	• 과업완수에 역점 • 주요한 사회문제의 해결	• 과업, 과정 모두
지역사회의 문제상황	• 지역주민의 능력과 기술결여 • 지역사회의 상실, 아노미	• 지역사회의 여러 사회문제	• 억압, 박탈, 불평등한 주민
변화를 위한 기본전략	• "함께 모여서 이야기해보자": 전술합의 • 지역사회 자주성 중시	• "진상을 파악해서 논리적인 조치를 강구" • 문제의 자료수집, 합리적 방안 강구	• "우리들의 억압자를 분쇄하기 위해 규합" • 집단행동, 적대집단에 대한 압력행사
변화를 위한 전술과 기법	• 합의 • 의견교환과 토의를 강조	• 문제확인, 사정, 목표개발, 실행, 평가의 요소 • 사실발견과 분석	• 갈등이나 대결, 실력행사 • 항의, 시위, 보이콧, 피켓팅 등
실천가의 역할	• 조력자, 격려자, 교육자, 능력부여자	• 전문가, 계획가, 기획가, 촉진자	• 옹호자, 행동가, 매개자
변화의 매개체	• 과정지향적인 소집단 간의 합리적인 조종	• 자료수집과 분석	• 대중조직과 정치적 과정의 조정 및 영향
기본적 변화전략	• 자신의 문제 규정과 해결에 있어서 광범위한 사람들이 참여하는 것	• 문제에 대한 사실수집과 가장 합리적인 행동 조치에 대해 결정하는 것	• 쟁점사항을 구체화시키고 대항표적에 대해 조치를 취할 수 있도록 사람을 동원하는 것
실천가의 대표적 역할	• 안내자, 조력자, 조정자, 촉매자, 교육자, 전문가, 문제해결기술 훈련자	• 분석가, 계획가, 조직가, 행정가, 전문가	• 조정사, 중개자, 옹호자, 행동가, 대변가
수요자집단이나 수요자에 대한 한계규정	• 전체 지역사회	• 전체 지역사회 • 특수지역 및 일부계층	• 지역사회 일부로 전문가의 특수한 지원을 요하는 억압받고 있는 집단
수요자집단에 대한 견해	• 아직 완전히 개발되지 않은 상당한 잠재력을 가진 시민	• 서비스의 혜택을 받는 소비자	• 체제의 희생자, 피해자 • 특정 불이익집단

전문가가 필요하다고 보고 있다. 따라서 사회복지사는 주로 계획가(planer) 및 분석가(analyst)의 기술을 행사할 수 있는 전문적인 역할을 담당하게 된다.

③ 사회행동 모델

사회행동 모델은 지역사회의 불우계층에 있는 주민들이 사회정의와 민주주의에 입각해서 자원과 보다 향상된 처우를 받을 수 있도록 그 지역사회에 요구하는 행동을 말한다. 따라서 사회행동에 참여하는 사회복지사는 지역사회의 기존 제도와 현실에 대한 근본적인 변화를 추구하며, 권력, 자원, 지역사회 정책결정에 있어서의 역할 등의 재분배를 추구한다.

사회행동 모델의 사회복지사는 사회적 불이익집단에 대한 옹호자(advocate)와 근본적인 변화를 추구하기 위한 행동가(activist) 등의 역할을 수행하게 된다.

(2) 지역사회수준의 개입방법

① 지역사회 내 기관 간의 협력

클라이언트의 욕구를 효과적으로 충족시켜 주기 위해서 지역사회 내 존재하는 다양한 조직이나 기관 간 협조가 필요하다. 예를 들면, 아동학대의 경우 아동학대센터를 중심으로 학교, 의료기관, 사법기관 등의 협력이 필요하다. 클라이언트의 문제가 복잡하고 다양하기 때문에 한 기관이 클라이언트의 문제를 모두 해결할 수는 없다. 따라서 기관에 정보를 교환하거나 협조체계를 구축하여 클라이언트의 욕구에 유연하게 대응해야 한다.

② 클라이언트집단을 위한 옹호활동

존슨(Johnson, 1989)은 옹호를 위한 접근방식으로 정치적 과정에 영향력을 행사하는 것과 사회행동을 언급하였다. 정치적 과정에 영향력을 행사하는 것을 대부분의 공공정책이 입법행동의 결과로 나타나고, 입법행동은 정치영역에서 이루어지므로 정치과정에 영향력을 행사하여 정책결정과정이 클라이언트집단의 욕구에 적절히 반응하도록 노력하는 것이다. 사회행동은 기본적 제도 변화를 위해 권력구조, 제도, 정치적 구조에 압력을 행사하는 것을 의미한다.

③ 사회적 지지체계의 개발

사회적 지지체계는 자연적인 것과 공식적인 것으로 나누어 볼 수 있다. 사회복지사가 기존의 체계들이 클라이언트이 욕구에 맞게 적절히 기능하도록 원조하는 자연적 지지체계와, 클라이언트의 욕구와 환경에 반응할 수 있도록 하는 사회복지기관이나 프로그램 혹은 서비스 등이 공식적 지지체계이다. 특히 산업화, 도시화, 핵가족화로 인해 줄어들고 있는 클라이언트의 자연적 지지체계를 의도적으로 개입하여 활성화할 필요성도 있다.

헵워스와 라슨(Hepworth & Larsen, 1986)은 사회적 지지체계를 개발하는 방법으로 다음의 세 가지를 제시했다.

첫째, 클라이언트의 자연적 지지체계를 의도적으로 개입하여 활성화하는 것이다. 예를 들면, 맞벌이로 인해 늦은 시간까지 자녀 돌봄이 어린이집에서 이루어지지 못하는 경우 맞벌이 부모들이 돌아가며 늦은 시간까지 아이 돌봄을 한다면 이 경우 맞벌이 주부가 자연적 지지체계가 된다.

둘째, 클라이언트의 욕구가 환경에 적응할 수 있도록 기존의 다양한 기관 및 프로그램을 활용하는 것이다.

셋째, 공식조직을 통한 지지체계로서의 자원봉사자를 활용하는 것이다. 예를 들면, 여름철 홍수로 인해 지역사회의 적십자 단체를 활용하여 구호활동을 전개하는 경우 적십자 단체는 공식적 지지체계이다.

④ 서비스 조정

서비스 조정은 수요자의 욕구 충족이라는 하나의 목적을 달성하기 위해 그와 관련한 서비스들을 파악하고 정리하여 적절한 시기에 원조를 행하는 것을 말한다.

존슨(Johnson, 1989)은 조정(coordination)의 형태를 다음의 세 가지로 제시했다.

첫째, 여러 전문가들이 특정 수요자에게 관심을 갖고 서로 조직화하는 서비스 연결이다. 복합적인 서비스를 제공하는 한 기관의 여러 전문가들이 특정한 클라이언트에게 관심을 가지고 서로 연결되는 것이다.

둘째, 다른 기관이나 전문가에 대한 정보를 제공하고 서비스가 가능하도록 연결하는 의뢰이다. 의뢰는 서로 다른 기관의 전문가들이 연결되어 서비스를 제공하는 형태의 조정으로 의뢰한 서비스가 제대로 전달되고 있는지 그 결과가 어떤지 평가하는 과정까지 포함한다.

셋째, 조정의 마지막 형태로서 문제에서부터 욕구 해결 및 평가까지의 모든 과정을 책임지는 사례관리이다. 즉, 클라이언트의 문제와 욕구를 평가하여 클라이언트가 필요로 하는 서비스나 자원을 찾고 이를 연결해 주고 조정, 점검 및 평가하는 것이다.

⑤ 프로그램 개발

클라이언트의 욕구와 문제해결을 위한 서비스가 지역사회에 없을 때, 실천가는 새로운 프로그램 및 자원을 개발하게 된다. 클라이언트의 문제를 해결할 수 있는 서비스나 프로그램이 지역사회 내에 존재하지 않을 때 사회복지사는 클라이언트의 욕구와 문제를 해결할 수 있는 프로그램이나 서비스를 개발해야 한다. 특정 집단의 문제를 인식하여 사회복지기관 혹은 사회복지사에게 프로그램 개발을 요청할 수 있다(최일섭·류진석, 2002).

함께 풀어 봅시다!

정답 및 해설

1 가족체계에 관한 설명 중 옳지 않은 것은?

① 단선적 접근에 기반한다.
② 전체로서의 가족은 부분 합의 이상이다.
③ 가족 내 하부체계의 구성은 시간의 흐름에 따라 변한다.
④ 가족규칙은 가족원의 지위, 역할, 가족의식을 규정한다.
⑤ 유리된 가족은 가족관계가 소원하여 상호작용이 어렵다.

❶

▶▶ 가족체계는 순환적 접근에 기반한다. 즉, 하나의 결과는 하나의 원인에 의거한다는 단선적 접근이 아니라 한 성원의 변화는 다른 성원들과 가족 전체에 영향을 주고, 다시 그 성원에게 순환적으로 영향을 주며 상호작용한다고 보는 것이다.

2 폐쇄체계(closed system)에 대한 설명으로 옳은 것은?

① 외부로부터 정보가 많이 유입된다.
② 폐쇄체계의 가족원은 변화를 회피한다.
③ 폐쇄체계의 구성원은 '나'의 입장이 존중되고 개별화가 장려된다.
④ 역엔트로피(negentropy)가 있는 체계이다.
⑤ 완전투과적 경계를 갖는다.

❷

▶▶ 폐쇄체계(closed system)의 구성원들은 가족 내에서 안정된 관계를 추구하며, 변화를 회피한다.

3 집단유형 가운데 인간이 지닌 무한한 가능성과 잠재능력을 충분히 발휘할 수 있도록 돕고, 이를 통해서 사회적 기능을 향상시키는 것을 목적으로 하며, 치료보다 예방에 중점을 두는 집단은 무엇인가?

① 지지집단　　② 자조집단
③ 개방집단　　④ 성장집단
⑤ 사회화집단

❹
▶▶ 성장집단은 능력과 자의식을 넓히고 개인적인 변화를 이끌어 낼 수 있는 기회를 제공하면서 자아향상을 강조하는 집단이다.

4 밀착된 가족에 대한 설명으로 옳지 않은 것은?

① 비행청소년 가족의 두드러진 특징이다.
② 한 가족 성원의 행위가 다른 구성원들에게 바로 영향을 미친다.
③ 관습에서 벗어나는 어떠한 차이에 대해서도 즉각적이고 격렬하게 반응한다.
④ '네가 나고, 내가 너다'의 사고방식을 가진 가족이다.
⑤ 가족구성원 간 경계가 명확하지 않다.

❶
▶▶ 비행청소년 가족의 구조상 가장 두드러진 특성은 가족성원 간의 관계가 지나치게 유리되어 결속력이 약한 원심성 가족을 이루고 있다는 것이다. 밀착된 가족은 성원 간 경계가 명확하지 않아 한 성원의 행동이 다른 성원에게 바로 영향을 미친다. 너와 나의 구분이 없는 사고방식이 특징이다.

5 저녁 9시 이전에 귀가해야 하는 가족규칙을 자녀가 어겼을 경우 부모가 꾸중을 함으로써 가족규칙을 지키게 된다면 '부모의 꾸중'에 해당되는 개념은 무엇인가?

① 역기능적 가족규칙　　② 순환적 인과성
③ 정적 환류　　④ 희생양
⑤ 부적 환류

❺
▶▶ 가족규칙을 어겼을 때 다시 가족규칙을 지키게 함으로써 가족의 안정을 추구하려는 상황이다. 가족체계에 변화가 생겼을 경우 원래의 상태를 유지하게 하는 기능을 하는 것은 부적 환류이다.

THEORIES OF SOCIAL WORK PRACTICE

PART 02

사회복지실천의 **접근방법**

THEORIES OF SOCIAL WORK PRACTICE

Chapter

06

사회복지실천의 **통합적 접근**

01 통합적 접근의 개요

1) 통합적 접근방법의 개념

사회복지실천에서 통합적 접근(intergrated approach)이란 전통적인 사회복지실천의 3대 방법론에서 벗어나 사회복지사가 개인, 집단, 지역사회에서 제기되는 사회문제에 활용할 수 있는 공통된 원리나 개념을 제공하는 것으로, 방법을 통합하는 것을 의미한다.

즉, 사회복지사가 개인, 집단, 지역사회에서 제기되는 사회문제에 도움을 주기 위해 활용할 수 있는 여러 원리나 방법을 하나로 통합하는 것이라고 할 수 있다. 이는 사회복지실천의 대상이 개인이든, 집단이든, 지역사회든 관계없이 사회복지실천 과정에서 도출되는 공통적인 원리와 개념에 근거하여 클라이언트를 돕는 방법이다.

통합적 접근방법이 등장하기 이전인 1920년대부터 1960년대까지는 여러 방면의 전문가들은 인간행동을 평가하고 변화시키기 위하여 의학적 접근방법을 사용하였다. 대표적인 의료모델은 프로이드에 의해 시작되었으며, 서비스 제공자는 환자의 '문제의 원인에 대한 규명'과 '진단', 그리고 '치료'를 제공하였다. 즉, 클라이언트 문제 원인은 개인의 정신 내적 요인에 있다고 믿었으며 인간의 정서, 사고, 행동의 문제를 정신질환으로 규정하고 진단명을 붙였다. 그러나 1960년대 이후 전문가들은 의료모델의 효율성에 대한 강한 의문과 함께 클라이언트 문제의 원인을 규명하는 데 있어 환경적 요인의 중요성을 강조하기에 이르렀다. 현대사회의 급속한 변화, 다양화, 복잡성으로 인해 증가되고 있는 클라이언트 개인과 가족, 그리고 지역사회의 기능을 회복하고 삶의 질을 향상시키기 위해서는 개인과 환경에 대한 개입을 중요시하게 되었다. 1970년대에 이르러 사회복지 전문가들은 개인과 환경을 동시에 고려하여 이분화된 사회사업영역을 통합하고 개별사회사업, 집단사회사업 및 지역사회조직사업 간의 경계를 넘어선 공통적 실천과정이 필요하게 되었으며, 실천현장에서도 통합적이고 복합적인 지식을 근거로 한 광범위한 기술이 요구되었다. 이것은 기존에 사용하던 전통적인 사회복지실천 방법이 한계에 도달하면서 새로운 실천방법에 대한 요구가 있었던 것이다.

따라서 통합적 접근은 개인, 집단, 지역사회를 대상으로 사회복지실천을 할 때 공통적으로 적용할 수 있는 원리나 개념 등이 있다고 전제한다. 따라서 특정 이론에 국한하는 것이 아니라 기존에 활용했던 이론부터 환경과 체계를 강조하는 이론까지, 다양한 이론과 개념을 사용하여 문제에 따라 접근방법을 달리한다. 그리고 무엇보다 클라이언트에게 진단을 통한 치료를 강조하는 것이 아닌 클라이언트의 존엄성을 인정함으로써 참여 기회와 자기결정, 개별화를 강조함으로 클라이언트에게 잠재성이 있고, 이것은 계발될 수 있다는 강점관점을 취한다. 결국, 클라이언트의 성장과 잠재력에 대한 미래 지향적인 관점으로 접근한다.

2) 통합적 접근방법의 등장 배경

통합적 접근방법의 등장배경에 대한 학자들의 견해를 살펴보면, 스텀프(Stump, 1973)는 전통적 접근방법의 사회복지사는 클라이언트의 생활상의 문제에 대해 전체적으로 개입하기보다는 사회복지사의 입장에서 적절히 처리할 수 있는 문제만을 부분적으로 잘라 내어 원조하는 형식을 취해 왔다고 주장하였다. 핀커스와 미나한(Pincus & Minahan, 1973)은 사회복지사가 사회복지실천현장에서 클라이언트를 돕기 위해 개인이나 집단, 가족, 지역사회 각각에 제한되는 접근방법보다 여러 유형이나 규모의 체계들과 관계를 맺을 수 있는 접근방법이 필요하게 되었으며, 따라서 모든 사회복지실천에 공통적으로 적용될 수 있는 통합적 접근의 필요성을 강조하였다.

브라이어(Briar)는 통합적 접근이 시도된 이유를 다음과 같이 밝혔다(전재일, 1981).

① 전통적 방법은 주로 제한된 특정 문제 중심의 개입을 하고 있어, 현대사회의 복잡한 문제 상황에 대해 적절히 개입하기 어려운 상황이 발생한다.

② 전통적 방법은 지나친 분화와 전문화로 서비스의 파편화 현상을 초래함으로써, 다양한 문제와 욕구를 가지고 있는 클라이언트가 여러 기관이나 사회복지사를 찾아다녀야 하는 부담감을 야기한다.

③ 전문화 중심의 교육훈련은 사회복지사의 분야별 직장이동에 도움을 주지 못한다.

④ 공통 기반을 전제하지 않는 분화와 전문화는 각각 별개의 사고와 언어 및 과정을 보여 줌으로써, 사회복지 전문직의 정체성 확립에 장애가 되었다.

이처럼 다양한 학자들의 견해를 정리해보면 통합적 접근방법의 등장배경은 전통적인 방법론에서의 한계가 발생하고, 3대 방법론 간에 공통기반이 필요하다는 인식이 확산이라고 설명할 수 있다. 그 내용을 좀 더 구체적으로 살펴 정리해 보면 다음과 같다.

첫째, 전통적 방법론의 한계점으로 제한된 특정 문제 중심의 개입방법, 지나친 서비스의 분화와 파편화 현상이 결국 사회복지 전문직 정체성 확립에 장애 요인이 되었다는 것이다.

- 제한된 특정 문제 중심의 개입: 전통적인 3대 방법론은 클라이언트를 개인, 집단, 지역사회로 나누어 각 클라이언트 특성에 따라 각기 다른 방법으로 클라이언트의 문제를 해결하고자 했다. 그런데 특정 문제나 대상을 중심으로 개입하는 전통적 방법으로는 문제가 복합적으로 중첩되고 있는 상황을 해결하기 어려운 한계가 발생했다.

- 지나친 서비스의 분화와 파편화 현상: 전통적인 사회복지실천 방법은 지나치게 나누어진 서비스의 분화와 파편화 때문에 다양한 문제와 욕구를 가지고 있는 클라이언트가 그 문제와 욕구를 해결하기 위해 여러 기관을 찾아다녀야 하는 부담감을 앉겨 주었다.
- 사회복지 전문직의 정체성 확립에 장애 요인: 공통기반이 없는 전문화는 사회복지 전문직의 공통된 정체성 및 일체감을 형성하는데 오히려 방해가 되었다. 마치 별개의 전문직처럼 존재함으로써 클라이언트의 문제를 해결하거나 접근하는데 있어서 오히려 전문직으로서의 정체성 확립을 어렵게 하는 장애요인이 되었다.

둘째, 전통적인 3대 방법론 간 공통기반에 대한 인식 확산이다. 사회복지실천의 본질적인 개념, 기술, 과업 및 활동에 공통된 요인이 있다는 인식이 확산되면서 사회복지실천의 공통기반을 찾으려는 움직임이 활발해졌다. 이에 따라 특정한 문제가 아닌 사회의 변화에 따라 발생하는 복합적인 문제에 적용할 수 있는 새로운 방법론의 필요성이 대두되었고, 통합적 접근 혹은 통합적 방법론이 등장한 것이다.

3) 통합적 방법의 이론적 기반

통합적 방법의 대표적인 이론적 기반은 체계이론과 생태학이론이다(Anderson & Carter, 1984). 전통적 사회복지실천 3대 방법론에서 벗어나 개인과 집단, 지역사회를 구분하지 않고 이들 방법을 총괄하여 개입할 수 있는 방법으로 1960년대와 1970년대에 주로 등장하였다. 통합적 접근은 사회문제에 활용될 수 있는 공통의 원리나 개념을 제공하는 방법의 통합화를 위해 2개 이상의 방법을 통합적으로 사용하여 클라이언트에게 개입하였다. 통합적 방법을 통해 사회복지직은 전문직으로서의 정체성 확보를 하게 되는 동시에 개인을 환경 속에서 바라보는 고유한 관점을 확립하게 되었다.

이는 과거 전통적인 방법론에서의 한계점이 있음을 여실히 드러내는 것이다. 특히, 전통적인 방법론에서는 특정적인 문제에 집중하여 개입하거나 실천현장이 다양한 욕구와 문제를 지닌 클라이언트에게 적절한 서비스를 제공하지 못할 정도로 지나치게 세분화되었다거나 하는 등의 문제점이 드러났다. 따라서 실천대상이나 문제별로 분화 및 전문화되어 있는 사회복지실천 방법을 통합하려는 시도들이 나타났다. 클라이언트 문제를 해결함에 있어서 특정 이론적 접근에 얽매이는 것이 아니라 다양한 이론과 개입방법을 선택할 수 있고, 점진적 문제를 해결하는 과정을 통하여 체계와 체계의 환경 간의 관계를 중요시하게 되었다. 바틀렛(Bartlett, 1970)은 『사회복지실천의 공통 기반(*The Base of Social Work*)』에서 사회복지활동은 확고한 지식을 기반으로 이루어져야 하고, 지식을 실천으로 이끌어 나가야 한다고 주장한다. 바틀렛은 모든 사회복지실천의 공통 기반은 개인과 환경에 대한 이중 초점이라고 하여 사회복지사는 개인이 가지고 있는 대처능력과 그 개인에 대해 환경이 요구하는 것 사이의 균형을 이루어주기 위해 노력해야 한다고 하였다.

02 통합적 접근의 주요 관점

1) 환경 속의 인간

(1) 개념

인간을 이해하기 위해서는 인간의 심리 내면적인 특성만을 고려할 것이 아니라 개인의 심리적인 특성 외에도 환경 혹은 상황까지 모두 고려해야 한다는 관점이다. 인간이 경험하는 각종 사회복지적 문제의 원인을 개인 또는 환경 중 어느 한쪽의 결합으로 보기보다는 개인적 요소와 환경적 요소가 서로 어우러져서 나타난 결과로 보는 관점이다.

리치몬드(Richmond, 1922)는 『개별사회복지실천이란 무엇인가?』라는 책에서 개별사회복지실천 혹은 개별사회사업인 'casework'를 정의했는데 현재 사회복지실천의 기본 개념틀인 '환경 속의 인간(person in environment)'은 리치몬드의 책에서 시작되었다고 보기도 한다. 그러나 '환경 속 인간' 관점은 리치몬드의 저서 『사회진단(*Social Diagnosis*)』 속에 함축되어 있던 개념이기도 하다.

고든(Gordon, 1969)은 환경 내에 존재하는 것, 즉 환경이 제공하고 있는 자원과 개인이 갖고 있는 욕구나 성장잠재력과의 조합을 이루어 내는 것을 사회복지사 활동의 초점으로 보고 '환경 속의 인간' 관점을 사용하였다.

생활 모델을 개발한 저메인과 기터만(Germain & Gitterman, 1980)도 개인과 개인에게 영향을 주는 사회·물리적 환경 간의 역기능적 교환을 개념화하려고 했으며, 사회복지실천은 개인과 환경 사이의 역기능적 교환에 개입해야 함을 강조하였다.

결론적으로 '환경 속의 인간'에서는 개인이 경험하는 문제의 일차적 책임이 개인과 환경 모두에 있다고 보기 때문에, 어느 한쪽의 결함이 아닌 개인적 요소와 환경적 요소가 어우러져서 나타난 결과라고 보는 것이다. 따라서 사회복지실천현장에서 적용하면 사회적 맥락을 고려하여 문제를 사정하고, 개인·환경 간 상호작용 증진을 위해 환경변화를 시도하거나, 개인의 역량을 강화한다. 또한 문제 해결 방안을 개인의 변화와 함께 주변 환경의 변화에서도 찾는다.

(2) 환경 속의 인간 분류체계

파이(Person In Environment: PIE) 분류체계는 '환경 속의 인간' 관점에 기초를 두고, 클라이언트의 문제를 분류하는 체계이다. 이는 사회복지 분야에서 개인과 환경체계 모두에 초점을 두고 활동하는 사회복지실천에 부합되는 문제 분류체계를 개발한 것이다. 성인 클라이언트의 사회적 기능 수행 문제를 묘사하고, 분류하고, 기호화하기 위한 체계이다. 이것은 미국정신의학협회가 제작한 DSM(Diagnostic and Statistical Manual for Mental Disorder)이 정신의학적 문제들에 대한 질병 및 병리적 개념에서 문제를 정의하고 분류하기 때문에 사회복지 분야에서 적용하는 데 어려움이 있었다. 이에 파이(PIE) 분류체계는 사회복지 분야에서 개인과 환경체계 양자에 초점을 두고 사회복지실천의 특성에 맞도록 네 가지 요소로 문제 분류체계를 고안한 것이다. 이는 클라이언트의 사회적 기능 수행 정도를 사정하는 기준으로 사용될 수 있다.

① 요소 1: 사회적 기능 수행상의 문제

사회복지사는 클라이언트의 사회적 역할 문제를 확인하고 묘사한다. 일반적으로 한 가지 이상의 문제가 있게 되는, 사회복지사는 각 문제의 유형과 그 문제로 인해 야기된 어려움의 정도, 그리고 그 문제를 다루기 위한 클라이언트의 대응능력을 확인하고 묘사한다.

② 요소 2: 환경상의 문제

사회복지사는 요소 1에 영향을 주고 있는 환경상의 문제를 묘사한다. 환경조건 혹은 그 정도뿐만 아니라 각 문제가 야기한 어려움의 정도, 그리고 각 문제의 지속기간도 확인하다. 요소 2의 문제 역시 한 가지 이상이 될 수도 있다. 요소 1과 2는 클라이언트의 사회적 기능 수행 문제와 환경에 관한 핵심적 서술로 이루어져 있으며, 사회사업의 주요 초점이다.

③ 요소 3: 정신건강상의 문제

사회복지사가 클라이언트에 대한 이해와 개입과 관계가 있는 현재의 정신적·성격적 혹은 발달상의 장애 혹은 상태를 표시하도록 한다.

④ 요소 4: 신체건강상의 문제

클라이언트의 사회적 역할 수행과 환경 문제에 대한 이해 및 유지에 관련 가능성이 있는 현재의 신체장애 혹은 현재 상태를 사회복지사가 표시하도록 한다. 사회복지사는 이미 있는 신체적 문제를 정규적으로 질문하고, 그 질문의 결과를 요소 4에 기록해야 한다.

2) 일반체계이론

(1) 일반체계이론의 개념

일반체계이론(General System Theory)은 1937년 버틀란피(Bertalanffy)에 의해 처음 제시되었으며, 1960년에 이르러 주목받기 시작하였다. 일반체계이론은 유기체와 환경 간의 상호작용, 상호관련성을 전체성, 상호성, 개방성의 개념으로 설명하고 분석하려는 생물학적 이론이다. 이 이론은 생물이나 무생물, 개인, 집단, 가족 등을 체계로 보고 이들 체계의 속성과 체계 내부에서 이루어지는 상호작용의 특성을 파악하기 위해 개발되었다.

체계(system)란 상호작용하는 상호의존적인 각각의 부분들로 구성된 전체를 의미한다. 그러므로 체계 속성은 '전체는 각 부분들의 합보다 크다'로 간략히 정의된다. 체계의 전체성으로 인하여 체계의 어느 한 부분의 변화는 전체로서의 체계와 체계의 모든 부분에 영향을 준다. 부분 요소의 변화 때문에 전체, 즉 체계 자체의 존속이 위협받지 않도록 하기 위해서는 한 부분의 변화가 다른 부분의 변화로 발전됨으로써 평형을 유지하게 된다.

일반체계이론을 포함하는 체계이론에서는 개인과 환경을 원인과 결과라는 인과적인 관점에서 이해하지 않고, 상호보완적인 관계에 있는 전체로 파악한다. 이는 인간과 환경을 단선적인 관계가 아니라 상호적인 관계로 보는 것으로서 어느 한쪽이 다른 쪽에 일방적으로 영향을 주는 것이 아니라, 서로 주고받는 순환적인 관계에서 형성된 전체로 보는 것이다. 이렇게 인간과 환경을 상호보완적이고 순환적인 관계로 보기 때문에 인간과 환경 간의 상호작용, 개인과 체계가 효율적으로 기능할 수 있게 하는 데 관심을 둔다.

일반체계이론에서 인간은 통합된 하나의 체계라고 본다. 각 전체로서의 체계의 의미는 인간을 구성하는 하위체계들이 분리된 존재가 아니라, 그러한 체계들의 끊임없는 역동적 상호작용이 통합된 전체라는 점을 강조한다. 일반체계이론의 기본적 가정은 인간의 행동은 개별적이거나 정신내적인 것이라기보다 상호작용하는 인간관계의 체계나 지속되는 역동과 욕구에 의해 결정 및 유지된다는 것이다. 개인은 다양한 체계와 지속적인 상호작용을 하기 때문에 사회복지실천의 목표는 클라이언트와 체계와의 상호작용을 향상시키는 것이다(권향임 외, 2019).

(2) 일반체계이론의 주요 개념

① 경계

경계(boundary)는 체계 내부와 외부를 구분하거나 한 체계를 다른 체계와 구분하는 테두리를 말한다. 경계는 눈에 보이지 않는 관념적이고 개념적인 것이다. 경계는 경직된 경계, 혼돈된 경계, 명확한 경계가 있다. 이는 경계의 명료성과 투과성으로 구분한 것이다. 건전한 체계는 반투과성 경계를 유지한다.

② 개방체계와 폐쇄체계

개방체계(open system)는 투과성이 높은 경계를 갖고 있는 체계이다. 개방체계는 에너지와 정보를 체계 외부에서 자유롭게 받아들이고 내부의 정보나 에너지를 체계 외부로 보내기도 한다. 체계가 성장하고 유지되기 위해서는 다른 체계들과 상호작용하면서 어느 정도 개방적이어야 한다. 항상성이나 안정상태는 개방체계의 속성이다.

반면, 폐쇄체계(closed system)는 다른 체계와 상호작용을 하지 않는 체계로서 불투과성의 경계를 갖는다. 시간이 지남에 따라 에너지의 유입이 없어지면서 체계들의 분화가 적어지고 조직과 기능이 상실되거나 해체되는 경향인 엔트로피(entropy)가 아주 높다. 균형은 외부 환경의 에너지를 새로 가져오는 일 없이 현상을 유지하려는 속성으로 폐쇄체계에 존재한다.

③ 홀론

홀론(holon)은 어떤 체계가 그 체계를 구성하는 작은 체계보다는 상위 체계이고, 그 체계를 둘러싼 큰 체계보다는 하위 체계가 되는 현상을 말한다. 홀론은 작은 체계들 속에서 그들을 둘러싼 큰 체계의 특성이 발견되기도 하고, 작은 체계들이 큰 체계에 동화되기도 하는 현상을 의미하기도 한다.

④ 동귀결성 & 다중귀결성

동귀결성(equifinality)은 동일결과성이라고도 한다. 이는 '출발은 다양하지만 결과는 동일하다'라는 것으로서 출발 조건이 다르고 방법이 다르더라도 동일한 목표를 달성할 수 있음을 의미한다. 다양한 방법으로 사회복지실천 목표를 달성하는 것도 동귀결성으로 볼 수 있다. 또한 사회복지실천에서는 비슷한 문제를 가지고 있으면 다양한 원인으로 인해 비슷한 결과가 나타날 수 있다고 보는 것이다.

반대로 다중귀결성(multifinality)은 다중 종결이라고도 한다. 이는 '출발은 똑같지만 결과는 다양하다' 혹은 '처음의 조건과 수단이 비슷해도 다른 결과가 나타난다'는 것을 의미한다. 유사한 상황에 있는 체계라 할지라도 체계들과의 상호작용 양상과 특성이 다르면 최종상태도 서로 달라질 수 있음을 나타낸다. 한 가지 원인이 여러 결과를 유발할 수 있다는 개념이다. 따라서 유사한 문제를 갖고 있는 클라이언트라 해도 문제의 종결상태가 항상 동일하지 않다고 할 수 있다.

⑤ 투입, 전환, 산출, 피드백

투입(input)은 체계 외부로부터 체계 내로 유입되는 에너지나 정보 등을 의미한다. 전환(throughput)은 투입물을 처리하여 체계의 기능 유지에 필요한 형태로 전환하는 작용을 의미한다. 산출(output)은 전환 활동을 통해 나타나는 결과물이 체계 밖으로 나타나 다른 체계에 영향을 미치는 것을 의미한다. 피드백(feedback)은 행동을 취한 체계에게 행동의 결과를 알려주는 것이다. 이는 체계가 자신의 기능을 모니터하고 안정된 상태를 유지하기 위해 필요한 것으로, 피드백을 통해 새로운 행위를 산출하거나 기존의 행위를 조절함으로써 스스로 목적을 향해 나아가도록 하는 과정이다. 체계가 새로운 행위를 받아들여 변화를 수용하게 하는 것은 정적환류, 변화를 받아들이지 않고 원래 상태로 돌아가게 하는 것은 부적환류이다. 사회복지실천에서 클라이언트로부터 서비스 만족도 평가를 받는 것은 모두 환류에 해당된다.

3) 생태체계이론

(1) 생태체계적 관점의 개념

생태체계적 관점은 인간과 환경의 공유영역에서 일어나는 상호작용과 상호관계를 강조함으로써 환경 속의 인간을 강조하는 것으로, 이러한 관점은 사회복지실천에서 1980년대에 주목을 받았다.

생태학이론은 브론펜브레너(Bronfenbrenner, 1979)가 제시한 것으로, 인간발달에 대해 생태적 접근을 하면서 체계이론을 확대한 이론이다. 브론펜브레너는 인간발달 과정을 분석하는 가운데 '생태적 체계'라는 용어를 사용하였고, 인간을 둘러싸고 있는 생태학적 환경을 가장 가까운 것에서부터 가장 먼 것에 이르기까지 네 개의 구조체계로 구분하고, 이후 시간체계를 추가하였다. 이후 사회복지실무에 적용하고 체계화시킨 사람은 저메인과 기터만(Germain & Gitterman, 1980)이 생활모델이라는 사회복지실천 모델을 제시하면서 적용하게 되었다.

생태체계적 관점의 특성은 클라이언트와 환경체계 둘 다의 변화와 유지를 위하여 인간행동에 관한 지식을 적용하는 것이다. 생태체계적 관점은 통합적인 특성 때문에 복잡한 인간행동을 설명하기 위해 많은 유용한 이론들의 강점을 활용한다. 그리고 개인, 가족, 집단, 조직, 지역사회 및 그들의 상호관계성의 행동들을 고려하기 때문에 일반사회복지 실천을 지원할 수 있는 이상적인 관점을 제공한다.

생태체계적 관점에서는 체계를 미시체계, 중간체계, 외부체계, 거시체계, 시간체계 등으로 구분하고 있으며, 각 체계의 내용은 다음과 같다.

① 미시체계

미시체계(micro system)는 가장 인접한 수준의 환경, 즉 가족과 같은 직접적 환경 내에서 이루어지는 활동으로 개인의 일상생활에 존재하는 실제적인 환경에서 직접적이고 대면적 인간관계의 유형을 말한다. 개인의 특성과 성장시기에 따라 미시체계가 달라진다.

예 아동 입장에서 부모, 친구, 학교 등

② 중간체계

중간체계(mezzo system)는 두 가지 이상의 미시체계들 간의 관계 혹은 특정한 시점에서 미시체계들 간의 상호작용을 의미한다. 중간체계는 중간의 여러 미시체계를 의미하며, 가정과 학교, 학교와 직장 간의 관계와 같이 두 가지 이상의 환경에서 일어나는 과정과 연결성을 말한다.

예 아동의 입장에서 학교(교사)와 가정(부모) 간의 관계, 가정과 또래집단 간의 관계 등

③ 외부체계

외부체계(exo system)는 개인과 직접 상호작용하지는 않으나 미시체계의 영향을 주는 사회적 환경체계들을 말한다. 즉, 개인이 직접 참여하고 있지는 않지만, 그 개인의 발달에 영향을 주는 환경체계로 두 가지 이상의 환경 사이에서 일어나는 현상이다. 이때 최소한 한 가지 체계는 개인을 직접 둘러싸고 있지 않은 체계이어야 한다.

예 아동의 입장에서 아버지의 실직 여부, 어머니의 취업 여부 등

④ 거시체계

거시체계(macro system)는 개인이 속한 사회의 이념이나 제도의 일반적인 형태 혹은 개인에게 영향을 미치는 환경요소를 말한다. 미시체계, 중간체계, 외부체계에 포함된 모든 요소뿐만 아니라 개인이 살고 있는 문화적 환경까지 포함한다. 일반적 문화, 사회, 법, 종교, 경계, 정책과 같은 광범위한 사회적 맥락을 의미하며, 개인에게 직접 영향을 미치지는 않지만, 사회구조적 맥락 안에서 개인에게 간접적으로 영향을 미친다.

예 우리 사회의 정치, 경제, 사회, 법, 문화, 관습 등

⑤ 시간체계

브론펜브레너(Bronfenbrenner)가 처음 발표한 생대학적 모델에는 포함되어 있지 않으나 생태학적 관점에서 아동을 설명하는 데 필요한 체계로 간주되어 후에 새롭게 포함되었다. 시간체계는 개인의 전 생애에 걸쳐 일어나는 변화와 역사적인 환경을 포함한다. 어떤 시대에 출생하여 성장하였는지에 따라서 개인의 발달과 삶의 큰 영향을 받는다는 측면에서 이해할 수 있다.

예 가족의 부모부양의식 변화, 결혼관의 변화 등

생태체계적 관점은 인간과 그들의 물리적·사회적 환경 사이의 상호교류를 강조하고, 클라이언트의 하나의 상황이나 한 체계, 한 가지 특징에만 관심을 두지 않는다. 생태체계적 관점은 환경의 변화과정과 인간발달영역, 인간의 다양성, 그리고 사회체계이론을 포함한다. 생태체계적 관점은 사회복지실천에서 사정을 위한 모델로서 통합된 관점으로 환경이 인간에게 영향을 미치는 방식과 인간이 환경에 영향을 미치는 방식들을 보는 준거 틀을 제공한다(전재일 외, 2004).

(2) 생태체계적 관점의 특징

생태체계적 관점은 환경과 상호작용하고 다른 사람과 관계를 맺는 인간의 능력은 타고난 것으로 보았다. 유전적 및 생물학적 요인은 다른 환경과 상호작용한 결과로 다양한 방식으로 표출되는 것이기 때문에 개인과 환경은 호혜적 관계를 형성한다. 따라서 자연환경과 상황 속에서 개인을 이해해야 한다. 따라서 생태체계 관점의 특징을 살펴보면 다음과 같다.

① 개인과 환경은 어떠한 상황에 놓여도 지속적으로 영향을 주고받는다는 관계를 강조하기 때문에 개인의 가족에서 더 넓은 사회적 환경에 이르기까지 환경의 다양한 측면이 인간의 발달에 어떤 영향을 미치는지를 설명한다.

② 개인과 환경 간의 적합성과 상호교류, 적응을 지지하거나 방해하는 요소를 중시한다.

③ 개인이 환경에 대해 가지는 주관적 의미가 발달에 중요한 영향을 미친다고 본다.

④ 역기능을 적응적인 것이나 합리적인 것으로 개념화한다. 또한 클라이언트의 문제를 체계 내의 개인적 부적응 또는 역기능으로 파악하지 않고, 개인과 환경 간의 적합성이 낮은 것으로 파악한다.

⑤ 이론에 개방적이다. 즉, 특정한 개입방법에 제한을 두지 않고 다양한 이론과 개입방법을 절충한다.

⑥ 개인뿐만 아니라 가족, 집단, 지역사회 등 다양한 체계에 개입하는 다체계적 접근을 한다.

⑦ 인간과 환경 간의 균형을 강조하며, 문제에 대한 포괄적인 이해의 틀을 제공한다.
⑧ 인간이 처해 있는 상황과 환경을 고려하는 맥락적 사고를 한다.
⑨ 클라이언트 체계의 강점을 강조한다.

그러나 생태체계적 관점은 이와 같은 많은 장점에도 불구하고 다음과 같은 한계점을 가지고 있다(Mattaini, Lowery, & Meyer, 1998).

① 생태체계적 관점은 문제의 원인에 대해 설명해 줄 수 없어 실증적 검증이 어렵다.
② 생태체계적 관점은 사정과 평가를 위한 관점과 이론적 틀을 제공하였지만, 사회복지실천현장에 적용할 수 있는 개입방법이나 실천기술은 제시하지 못하였다.

03 통합적 접근의 실천모델

통합적 접근의 사회복지실천 모델은 대표적으로 핀커스와 미나한(Pincus & Minahan, 1973)의 4체계 모델 및 콤튼과 갤러웨이(Compton & Galaway, 1975)의 6체계 모델, 펄만(Perlman, 1957)의 문제해결 모델, 저메인과 기터만(Germain & Gitterman, 1974)의 생활 모델, 그리고 골드스타인(Goldstein, 1973)의 단일화 모델 등이 있다.

1) 4체계 모델

핀커스와 미나한(Pincus & Minahan, 1973)은 일반체계이론을 사회복지실천에 응용한 4체계 모델을 소개하였다. 포괄적인 관점에서에서 클라이언트체계를 사정할 수 있는 기초를 제공하고, 사회복지사로 하여금 인간과 그의 공식적·비공식적 자원체계 간의 연결에 초점을 두게 된다. 또한 이 모델은 복잡한 여러 수준의 체계들과 연결되어 있는 상태로서의 사람들과 일한다는 점을 강조하고 있다(김융일·조흥식·김연옥·황숙연, 2000; 박주현 외, 2014).

기존의 이분법적 사고를 뛰어넘어 사회복지사는 여러 수준의 다양한 체계들과 연결되어 일한다는 점을 강조한다. 핀커스와 미나한이 연구한 기본 4체계는 변화매개체계, 클라이언트체계, 표적체계, 행동체계 등이며, 이에 대해 간략하게 살펴보면 다음과 같다.

(1) 변화매개체계

사회복지사와 사회복지사를 고용하고 있는 기관 및 조직을 의미한다. 여기서 변화매개인이란 계획적 변화를 목적으로 특수하게 고용된 '도움을 주는 사람' 또는 '돕는 사람', 즉 사회복지사이다. 변화매개체계란 사회복지사와 이들이 소속되어 일하는 조직이나 기관을 말한다. 사회복지기관은 그 기관 자체의 일반적인 서비스 초점을 개발하며, 기관의 결과목표는 기관의 정책으로 해석되기도 하는데 사회복지사에게 영향을 미친다. 사회복지사 자신도 그가 달성하고자 하는 특정한 결과 목표를 가질 수 있으나 클라이언트의 목표에 우선해서는 안 된다.

(2) 클라이언트체계

클라이언트체계란 서비스나 도움이 필요한 사람들이다. 도움을 요청하여 변화매개인(사회복지사)이 서비스를 제공받는 개인, 가족, 집단, 기관이나 지역사회와 계약이 이루어졌을 때 클라이언트체계가 된다. 사회복지사는 클라이언트체계와 결과목표에 대한 합의에 이르지 못하고서는 목적을 명확히 할 수 없다. 이 목표는 사회복지사와 클라이언트 사이의 계약으로 구체화될 수 있으며 변화할 수 있다.

(3) 표적체계

표적체계란 변화매개인(사회복지사)이 목표를 달성하기 위해 영향을 주거나 변화시킬 필요가 있는 사람들이다. 변화되어야 할 대상이 클라이언트이거나 클라이언트의 내부체계일 때 표적체계와 클라이언트체계는 중복될 수도 있다. 표적체계는 클라이언트체계 외부에 있을 때 클라이언트체계의 목표에 동조적이거나 적대적일 수 있다.

(4) 행동체계

행동체계란 변화매개인(사회복지사)이 변화 노력을 달성하기 위해 상호작용하는 사람을 말하는데 이웃, 가족, 전문가 등이 포함된다. 계획적 변화 노력에서 사회복지사가 함께 일하는 사람들로 구성된 행동체계가 클라이언트 이외의 사람을 포함할 때 그들의 결과 목표 또한 고려되어야 한다. 행동체계의 구성원들이 클라이언트체계의 결과 목표에 찬성한다면 그들의 협력은 좀 더 쉽고 확고해질 수 있지만, 그들은 또한 그들 나름대로의 개인적 이익을 위해 변화 노력에 참여할 수 있다.

2) 6체계 모델

콤튼과 갤러웨이(Compton & Galaway)는 사회복지실천을 구성하는 사회적 체계를 6가지로 나누었는데 이는 핀커스와 미나한(Pincus & Minahan)이 제시한 변화매개체계, 클라이언트체계, 표적체계, 행동체계에 전문체계와 의뢰-응답체계를 첨가한 것이다. 그러나 1999년 이후 출간한 개정판 저서에서는 의뢰-응답체계를 제외하여 5체계 모델로 수정하였다. 법원이나 경찰이 강제로 사회복지 기관에 의뢰한 경우 의뢰-응답체계로 보았으나, 이는 결과적으로 서비스를 요청한 체계이기 때문에 클라이언트 체계로 보아도 된다고 해서 의뢰-응답체계를 뺀 것이다.

4체계 모델에서 추가되는 2가지 전문가 체계와 응답-의뢰체계를 살펴보면 다음과 같다.

(1) 전문(가)체계

전문가 단체, 전문가를 육성하는 교육체계, 전문적 실천의 가치, 사회복지사 윤리강령, 사회복지사협회나 시설협회 등으로 구성된 체계이다. 전문가체계의 가치와 문화는 변화매개체계인 사회복지사의 행동과 사고에 영향을 준다. 사회복지사는 기관변화, 사회변화를 위한 옹호자 또는 대변가로서 역할을 수행할 때 전문체계를 이용하는 경우가 많다.

(2) 의뢰-응답체계

의뢰-응답체계는 클라이언트가 다른 사람의 요청이나 법원, 경찰 등에 의해 강제로 사회복지기관에 오는 경우, 일반 클라이언트체계와 구별하기 위해 사용된다. 문제인식체계라고도 하며, 잠재적 클라이언트를 사회복지사의 관심 영역으로 끌어들이기 위해 행동하는 체계이다. 의뢰-응답체계는 클라이언트가 다른 사람의 요청이나 법원 혹은 경찰 등에 의해 강제로 사회복지기관에 오게 된 경우를 말한다.

의뢰체계는 서비스를 요청한 사람이며, 응답체계는 법원이나 경찰, 외부 전문가 등의 요청에 의해 서비스 기관으로 오게 된 사람이다. 이 용어는 자발적으로 사회복지기관에 온 클라이언트와 구별하기 위해 사용된다.

3) 문제해결 모델

문제해결 모델은 심리역동적인 면을 강조하는 진단주의와 클라이언트의 창조적 자아능력을 강조하는 기능주의를 받아들인 절충주의 방식이다. 이 모델의 등장배경은 1929년의 세계 대공황 발생, 1939년의 제2차 세계대전, 전쟁 후의 실업자와 빈곤이라는 사회적 문제로 말미암은 민간단체의 경제부조기능은 약화되고, 공공기관의 책임성이 강조되면서 진단주의와 기능주의를 절충하여 만든 모델로, 미국 시카고 대학 교수인 펄만(Perlman, 1957)이 개발하였다.

통합적 방법 모델로서 가장 많이 논의되는 문제해결 모델은 인간의 삶 그 자체가 끊임없는 문제해결과정이라는 가정 아래 최초로 '문제'를 사회복지실천의 변화표적으로 제시한 모델이다.

펄만은 1957년 『문제해결과정(*A Problem-solving Process*)』과 『케이스워크(*Social Casework*)』라는 책을 발간하면서 문제해결 모델을 사회복지 분야에 소개하였으며, 개별사회사업의 목적은 '치료'가 아니라 현재의 '문제'에 대처하는 '개인의 능력향상'이라고 하였다. 펄만은 개인이 문제해결에 실패하는 이유는 개인의 정신적인 결함이나 병리 때문이 아니라 문제를 해결해 나가는 태도가 잘못되었기 때문이라고 본다. 즉, 클라이언트가 가진 어려움은 특정 문제가 아니라 클라이언트가 문제를 다루고

해결하는 태도에 있다는 것이다. 따라서 문제 해결모델의 개입목표는 클라이언트의 문제해결 능력을 회복하는 것이다.

펄만은 문제해결 모델에서 문제는 그것을 갖고 있는 사람에 의해서 명확화되어야 하고, 문제의 원인과 결과에 대한 사실과 그 사람의 생활공간에 타인이 어떠한 영향력을 행사하고 있는지를 명확히 해야 하며, 어떠한 선택이나 결정을 내릴 경우 그 행동이나 물질적 수단이 개인의 문제나 그 문제와 사람과의 관계에 미치는 영향을 숙고해야 하고, 클라이언트는 자신이 문제해결자(problem solver)이어야 한다고 하였다. 펄만은 문제해결과정을 4P(Problem: 문제, Person: 사람, Place: 장소, Process: 과정)로 표현하였다.

〈표 6-1〉 펄만의 4P이론의 구성요소와 내용

구성요소	내용
사람(Person)	장애아동 양육을 위한 부모상담, 클라이언트가 필요로 하는 정보 제공, 가족 치료, 기술 교육 제공, 상담
문제(Problem)	클라이언트와 사회환경 사이에 조정이 필요한 부적응 상태를 말한다. 클라이언트의 문제
장소(Place)	사회복지서비스가 제공되는 물리적 공간이다. 사회복지기관
과정(Process)	문제해결에 도움을 주는 과정이다. 사회복지실천과정

이 모델은 사회복지사가 변화를 위해 클라이언트의 동기를 개발시키고, 활력을 주며 방향성을 제시하는 역할을 한다. 또한 문제를 경감시키고 문제해결에 필요한 자원을 클라이언트가 이용할 수 있도록 원조한다. 그리고 사회복지사는 클라이언트의 성장과정에 참여하여 클라이언트를 도우며 삶을 효과적으로 대처해 나갈 수 있도록 클라이언트의 능력을 회복·강화시킬 것을 강조한다(Compton & Galaway, 1986).

4) 생활 모델

생활 모델(life model)은 생태학적 관점에서 나온 실천 모델로서 사람과 환경을 통합적으로 보고 개인과 환경 모두를 변화시켜야 한다는 견해를 가진다. 생활 모델은 1970년대 초 저메인과 기터만(Germain & Gitterman)이 생태체계적 관점을 이론적 준거틀로 도입하여 개발하였다. 생활 모델은 인간과 환경의 상호작용에 초점을 두고 개인, 집단, 지역사회 등의 제반 체계에 개입할 수 있는 실천원칙과 기술을 통합한 것이다.

생활모델의 핵심은 개인이 환경과 상호작용하는 관계 속에서 지속해서 적응해 나간다는 것이다. 그러나 환경과 적응하며 성장하는 개인이 있는 반면, 삶의 상황에서 지나친 스트레스로 말미암아 문제가 발생하는 개인도 있다. 따라서 생활모델에서는 개인의 욕구 및 능력과 환경적 자원 간의 불일치가 발생할 때, 심리사회적 스트레스를 경험하며, 이때 개인의 생활문제가 발생한다고 본다. 결국 개인의 연관성, 자신감, 삶의 만족 등은 환경에 대한 적응과 깊은 관계가 있다.

이 방법은 한 개인의 결점에 초점을 맞추지 않고 오히려 클라이언트의 장점과 삶의 과정상 나타나는 실천상의 관계에 초점을 맞추어 상호작용하도록 만들어진 모델이라는 점에서 기존의 실천접근법과 상당히 다르다. 생활 모델의 목표는 치료를 제공하는 것이 아니라 생활 과정상에서의 개인과 집단은 모두 강점이 있음을 강조한다. 사람의 강점, 지속적 성장 그리고 개인의 잠재성을 표현하도록 격려하고, 성장과 행복을 조정하고, 지속시킬 수 있는 환경을 만들어 내고, 개인을 그 환경에 적합하게 되도록 변화시키는 것이다(Germain & Gitterman, 1996).

생활 모델은 문제를 생태체계요소들 간 상호작용의 결과로 본다. 문제는 성격장애가 아니라 스트레스를 만들어 내는 생활상의 문제로 정의된다. 개인에게 있어 환경과의 적응적 교류와 균형이 깨어지면 긴장(stress)이 초래된다. 긴장은 세 가지 상호 관련된 생활영역에서 나타나는데 그것은 생활변천(생활주기상의 변화), 환경의 압박, 대인관계상의 문제들이다.

① 생활주기상의 변화: 사춘기처럼 발달상의 변화, 부모가 되는 것처럼 지위와 역할의 변화, 사랑하는 사람을 잃은 경우처럼 위기에 의한 변화가 속한다.

② 환경의 압력: 사회적 환경, 물리적 환경이 서로 영향을 주고받는 통합적 체계에서 오는 문제이다. 사회의 기회구조가 성, 인종, 계급 등에 의해 차별적으로 구성되어 있거나, 물리적 장소가 인간에게 적합하지 않은 경우 등이 이에 속한다.

③ 대인관계의 과정: 가족과 집단이 의사소통과 대인관계에서 비롯되는 장애에 부딪칠 수 있다.

따라서 생활 모델은 생활 그 자체를 모델로 삼고 그것이 지닌 성장과 발달 및 문제해결의 힘을 동원·촉진하기 위하여 넓은 범주의 접근을 모색하고자 하는 데 그 특징이 있다. 생활 모델은 개인과 환경에의 동시적 초점을 제공할 수 있는 개념들과 조직적 지역사회, 그리고 문화적 상황 안에서 개인, 가족, 집단과 같이 활동할 수 있는 실천원칙과 기술을 통합하는 실천방법을 개발하려고 시도한다(Turner, 1986; 양정남·최선령, 2007).

5) 단일화 모델

단일화 모델은 골드스테인(Goldstein)이 체계화한 모델로, 유기체로서의 개인과 역동적인 사회관계 및 양자 간의 상호작용에 초점을 둔다. 단일화 모델(unitary model)은 통합적 이론의 대표적 모델로서 사회체계 모델, 사회학습 혹은 문제해결 모델, 과정 모델 등을 준거틀로 하여 결합한 모델로서 이 중에서도 특히 과정 모델의 내용을 강조한다. 과정 모델을 조사와 평가, 의뢰와 중재 및 평가적 전략이라 하여 사회복지실천과정의 여러 가지 단계들을 연계시켰다. 즉, 사회복지실천과정을 역할유도 단계, 핵심 단계 및 종결 단계로 설정하고 이들 단계가 반복적으로 일어나는 것으로 설명하려고 시도하였다.

4체계 모델은 클라이언트체계와 자원체계, 사회복지사와의 상호 기능을 중시하지만, 단일화 모델은 사회학습에 관한 사회복지사의 기능에 더 많은 관심을 집중한다. 따라서 사회복지사의 자원을 확보하고 활용하는 능력으로 사회변화가 가능함을 강조한다. 사회학습을 매우 광범위한 일반적 의미로 제시하여 중요한 변화목표로서 개인이나 소집단체계에 국한시키지 않고, 사회학습과정을 통해 좀 더 큰 체계(조직, 지역사회 등)로 변화될 수 있음을 강조한다. 단일화 모델은 사회복지사가 자원을 확보하고 활용하는 능력으로 사회가 변할 수 있음을 강조한다(Goldstein, 1973).

함께 풀어 봅시다!

정답 및 해설

1 핀커스와 미나한(Pincus & Minahan)의 4체계 모델에 관한 설명으로 옳은 것은?

① 이웃이나 가족 등은 변화매개체계에 해당된다.
② 문제해결을 위해 사회복지사와 상호작용하는 사람들은 행동체계이다.
③ 비자발적인 클라이언트는 의뢰-응답체계에 해당된다.
④ 목표달성을 위해 변화가 필요한 사람들은 변화매개체계에 해당된다.
⑤ 전문가 육성 교육체계도 전문체계에 해당한다.

❷

▶▶ 행동체계는 변화 매개인의 변화 노력을 달성하기 위해 상호작용하는 사람들로 이웃, 가족, 전문가들이 해당된다. ① 행동체계, ③ ⑤는 콤튼과 갤러웨이가 제안한 6체계 모델이 속한다. ④ 목표달성을 위해 변화가 필요한 체계는 클라이언트체계 혹은 표적체계가 되기도 한다.

2 음주상태에서 아내에게 폭력을 가하던 남편이 이웃주민의 신고로 경찰을 통해 중독관리 통합지원센터에 의뢰되었다. 핀커스와 미나한(Pincus & Minahan)의 4체계 모델에서의 변화매개체계는?

① 남편　② 아내
③ 경찰　④ 이웃주민
⑤ 중독치료 전문가

❺

▶▶ 변화매개체계는 사회복지사나 사회복지를 고용하고 있는 기관 및 조직이므로 중독치료 전문가가 변화매개체계이다.

3 문제해결 모델에 대한 설명으로 옳지 않은 것은?

① 클라이언트의 근본적인 어려움은 문제를 해결하는 태도에 있다.
② 기능주의와 진단주의를 절충한 모델이다.
③ 문제해결에 있어 자아의 역할을 중요시한다.
④ 통합적 방법 모델 가운데 하나이다.
⑤ 콤튼과 갤러웨이가 사회체계를 6가지 유형으로 분류하여 정의하였다.

❺
▶▶ ⑤는 6체계 모델에 관한 설명이다.

4 사회복지실천에서 통합적 방법에 대한 설명으로 옳은 것은?

① 사례관리가 실천현장에서 일반화된 이후 등장하였다.
② 다양한 클라이언트 체계와 수준에 접근할 수 있다.
③ 고도의 전문화를 통해 해당 실천영역 고유의 문제에 집중한다.
④ 전통적 방법에 비하여 다양하고 복잡한 문제 상황에 개입하기에 적합하지 않다.
⑤ 다양한 유형의 클라이언트를 통합한다는 의미를 가진다.

❷
▶▶ 통합적 방법은 개인, 가족, 집단, 지역사회 등 규모가 다른 체계에 접근한다. 사회복지사는 생태체계관점을 취하여 미시, 중범위, 거시 수준 등 다양한 수준에서 개입한다.

5 체계이론의 주요 개념에 관한 설명으로 옳은 것은?

① 외부의 투입이 없으면 부적 엔트로피 또는 네겐트로피 상태가 된다.
② 항상성으로 인해 체계는 행동방식의 규칙성을 갖게 된다.
③ 산출은 체계의 변화방향을 설정하고 조정하는 핵심과정이다.
④ 다중귀결성은 동일한 목적을 달성하는 방법이 다양함을 의미한다.
⑤ 폐쇄체계는 체계의 정체성이 불분명하고 상호작용을 예측하기 어렵다.

❷
▶▶ 항상성은 체계가 안정된 상태로 되돌아가려고 하는 경향을 의미한다. 항상성으로 인해 체계는 행동방식의 규칙성을 갖게 된다. 항상성 상태에서는 구조가 크게 달라지지는 않는다.

Chapter

07

사례관리

01 사례관리의 개요

1) 사례관리의 등장배경

19세기 후반부터 발달한 미국에서의 사례관리는 주로 정신보건, 발달장애, 재활, 아동복지, 재가복지, 노인복지 등의 휴먼서비스 영역에서 서비스 조정과 책임성을 강조하는 과정으로 이용되어 왔다.

역사적으로 볼 때 사례관리는 질 좋은 서비스 제공을 위해 서비스 조정을 하는 동시에 효율적이면서도 비용을 절감하는 방법으로서 사회복지서비스(휴먼서비스)를 전달하려는 두 가지 목표를 염두에 둔 것이다. 이러한 사례관리는 특히 휴먼서비스 영역에서 사회복지실천의 주요한 전략으로 급속히 드러나고 있다(Miley et al., 2007).

사례관리는 실제로 1990년대 들어서면서 주목받고 있는 사회복지실천 서비스 중 하나이다. 사례관리는 클라이언트에 대한 치료와 더불어 조정이라는 부분에 더 관심을 가진다. 사례관리가 이전부터 의미 있는 수단이 되었다 할지라도 실제 1990년대 중반까지는 사회복지 분야에서 그리 많은 기초적 과업은 아니었다. 그러나 비교적 짧은 시간 내에 사례관리로 전환되었다. 이렇게 빠르게 사례관리에 관심을 보인 것은 비용의 억제와 보호체계의 관리 필요성, 그리고 전통적인 접근방법이 너무 오랜 시간이 소요된다는 인식이 증대하면서부터이다.

그렇다면 오늘날 어떤 배경에 의해 이처럼 사례관리가 활성화되었을까? 사례관리 활성화의 배경 몇 가지를 소개하면 다음과 같다.

① 탈시설화 영향

탈시설화란 사례관리의 필요성이 강조된 가장 중요한 배경으로서 클라이언트가 가족과 지역사회와는 분리되어 대규모의 수용시설이나 병원의 입원시설을 이용하던 시설보호의 방식에서 벗어나 다시 가족과 지역사회로 돌아오는 것을 말한다. 클라이언트를 탈시설화로 가정과 지역사회 내에서 보호, 관리할 수 있는 방법으로 대두된 실천 모델이 바로 사례관리이다. 따라서 지역사회에 흩어져 있는 서비스를 통합적으로 제공하는 서비스관리체계가 필요하게 되었다.

② 복잡하고 분산된 서비스체계

서비스전달체계가 공공부문에서 민간부문으로 이양되면서 지역사회는 서비스 간 통합을 위한 장치나 서비스 사이의 조정을 위한 장치를 거의 갖추지 못한 채 이러한 변화를 맞이하게 되었다. 따라서 서비스 중복을 막기 위해 조정하고 연계하는 기능이 필요하게 되었다. 클라이언트에게 제공되는 분산되고 단편화된 서비스를 조직화하고 통합하여 클라이언트 욕구를 충족시킴으로써 지방분권화에 따른 부정적 측면을 해소하기 위해 사례관리가 등장하게 되었다.

③ 다양한 문제와 욕구를 가진 클라이언트의 증가

다양한 사회문제의 발생, 인구사회학적인 변화 등으로 인해 복합적 문제와 욕구를 가진 클라이언트가 증가하였다. 대표적으로 노인과 장애인을 들 수 있다. 지역사회에 거주하는 신체 및 정신장애인 등 복합적인 문제와 욕구를 가진 클라이언트가 증가하면서, 지역사회에 적응하는 데 필요한 서비스를 조직하고, 욕구를 충족시킬 수 있는 활동이 필요하게 된 것이다. 그러나 기존의 서비스는 특정 서비스를 한정된 범위에서 특정 클라이언트에게만 제공하였기 때문에, 서비스가 단편적이고 세분화되어 있어 복합적인 문제와 욕구를 가진 클라이언트의 욕구를 충족시키기 어려웠다.

이러한 사람들이 지역사회에서 살아가는 데 필요한 서비스를 조직하고 연계하여 그 욕구를 충족시킬 수 있도록 하기 위한 활동이 필요하게 되면서 사례관리가 등장하였다.

④ 클라이언트와 가족에게 과도한 책임 부과

탈시설화로 인해 다수의 클라이언트가 지역사회로 돌아왔다. 그리고 인구사회학적 변화로 복합적 욕구와 문제를 가진 클라이언트들이 증가하고 있다. 그러나 이들이 지역사회 내에서 이용할 수 있는 자원은 매우 부족하였고 이들을 보호해야 하는 가족의 부담과 책임은 더욱 커졌다. 현대사회에서는 비공식적이지만 중요한 도움체계였던 이웃과 친지 등이 물리적·심리적으로 거리가 생기면서 클라이언트와 그 가족은 지역사회 내의 적절한 자원의 부족으로 더 많은 책임을 떠맡게 되었다. 따라서 클라이언트와 그 가족을 위하여 자원을 개발하고 연결할 수 있도록 돕는 서비스 기능이 필요하게 되면서 사례관리가 등장하게 되었다.

⑤ 서비스 비용 억제의 필요성이 증대

사회복지서비스에 대한 정부의 개입 역할이 점차 지방자치단체와 민간 기관으로 옮겨 가면서 혼합곡지가 이루어지게 되었다. 대규모 사회복지시설은 서비스를 제공하기 위해 많은 비용이 지출되므로 정부 입장에서는 불필요한 시설 입소를 줄이고, 상대적으로 비용이 저렴한 서비스를 지역사회에서 받을 수 있도록 하는 재가 서비스를 확대하게 되었다. 정부는 가능하면 적은 비용으로 한정된 자원을 효율적으로 사용하기 위해 서비스 간 중복을 피하고 비용효과를 높이는 전문기술이 필요했다. 사례관리는 이러한 상황에서 클라이언트에 대해 서비스를 조정하고 관리하는 등 비용을 억제하는 수단으로 적합하다고 평가받게 되었다.

⑥ 기존 서비스의 단편성 극복

그동안의 서비스는 중복될 뿐만 아니라 필요한 서비스 간의 연계성이 이루어지지 않았다. 이것은 서비스의 단편화를 가져왔고, 클라이언트는 각기 다른 기관을 방문해야 하는 문제가 생겼다. 결국 클라이언트에게 제공되어지는 복잡하고 분산된 서비스 체계에서 서비스의 연계성을 확보하여 클라이언트의 생활 전반을 다룰 수 있는 서비스 기능의 필요성이 대두되면서 사례관리가 등장하였다.

⑦ 사회적 지원체계와 지원망의 중요성에 대한 인식 증가

대인서비스에서 클라이언트의 삶의 질을 높이기 위한 사회적 지원체계와 지원망의 영향이 매우 중요하다는 인식이 확산되었다. 정부 중심의 공적인 기관이 제공하는 서비스와 비공식적인 사회적 지원체계가 공급하는 서비스에는 양적 혹은 질적인 차이가 존재한다는 것을 알게 되었다. 따라서 사례관리는 공식적이고 전문적인 서비스와 비공식적인 지원체계와 지원망을 조정하고 통합하는 과정이 필요하게 되면서 등장하였다.

2) 사례관리의 개념

(1) 사례관리의 정의

사례관리(case management)를 한마디로 정의하기는 어렵다. 많은 학자와 사회복지실천가가 사례관리에 대한 정의를 내리면서 사례관리가 무엇인지 설명하고 있다.

사례관리는 복합적인 문제를 가진 클라이언트를 대상으로 그들의 문제를 해결하기 위해 포괄적인 서비스 계획을 개발하고, 각종 서비스에 대한 클라이언트의 접근을 용이하게 하는 옹호활동을 하며, 적절하고 효과적인 서비스가 전달되고 있는지 점검하고 평가하는 활동을 하며, 지역사회의 다양한 자원을 활용하여 지속적이고 효과적인 사회복지서비스를 제공하는 통합적인 실천방법이다.

사례관리는 복합적인 욕구를 가진 사람들의 기능화와 복지를 위해 공식적·비공식적 자원과 활동의 네트워크를 조직·조정·유지하는 활동이다.

사례관리란 복합적이고 장기적인 욕구가 있는 클라이언트와 가족의 사회적 기능 회복을 위해 서비스 운영체계를 확립하고, 이를 기반으로 체계적 사정과 지역사회의 다양한 자원을 활용하여 지속적이고 효과적인 사회복지서비스를 제공하는 통합적

실천방법이다.

사례관리가 무엇인지 많은 학자들이 정의를 내렸지만 가장 고전적인 정의는 목슬레이(Moxley, 1986)의 정의이다. "사례관리란 복합적인 욕구를 가진 사람들의 기능화와 복지를 위해 공식적, 비공식적 자원과 활동의 네트워크를 조직·조정·유지하고, 이러한 활동을 통해서 클라이언트의 생활기술을 향상시키고, 사회적 망과 관련된 대인 복지서비스 제공자들의 능력을 발전시키며, 제공되는 서비스의 효율성과 효과성을 높이는 것"이라고 정의하였다. 이처럼 사례관리 특징에서 공통적인 내용은 복합적인 욕구를 지닌 클라이언트의 기능향상을 위해 공식적 자원과 비공식적 자원을 통합하는 실천방법이라는 것이다. 이러한 관점에서 사례관리는 기존의 공급자 중심 복지서비스에서 수요자 중심 복지서비스로의 전환을 의미한다. 사례관리는 사회복지서비스 공급자(국가나 복지단체) 측면에서는 서비스의 중복을 방지한다는 면이 있고, 수요자(개인, 가족 등) 측면에서는 복합적인 문제를 포괄적이고, 지속적으로 서비스를 받을 수 있다는 장점이 있다.

(2) 사례관리의 목적

사례관리의 목적은 다양한데 일반적으로 다음과 같은 내용이 제시되고 있다. 이는 사례관리의 목적으로 분류되기도 하며, 사례관리의 특징으로 분류되기도 한다. 이러한 목적을 갖는 것 자체가 기존의 사회복지실천과는 조금 다른 측면이 있기 때문에 사례관리의 특징이 되는 것이다.

① 클라이언트의 역량강화

사례관리를 하는 궁극적인 목적은 클라이언트가 자신의 삶을 스스로 살아갈 수 있는 역량을 갖추게 하는 것이다. 클라이언트의 역량강화는 클라이언트가 자신이 원하는 자원을 얻을 수 있는 힘을 갖추는 과정인데 사례관리를 통해 클라이언트가 역량을 기를 수 있도록 지원한다.

② 보호의 연속성 보장

클라이언트의 욕구가 충족되도록 하기 위해서는 일정한 기간 동안 서비스를 지속적으로 제공해야 한다. 이를 위해 사례관리를 통해 보호의 연속성을 보장한다.

③ 서비스의 통합성 증진

다양한 기관이 서비스를 제공하지만 이 서비스와 자원이 서로 연계되고 조정될 수 있도록 통합적으로 관리가 이루어져야 한다. 사례관리는 파편화되거나 중복되는 서비스 간 조정을 통해 통합성을 증진시키는 것이다.

④ 서비스의 접근성 증진

일반적으로 클라이언트는 자원과 서비스에 대한 정보의 부족이나 서비스 제공의 복잡성 때문에 서비스에 대한 접근성이 좋지 않은 경우가 많다. 서비스의 접근성을 증진시키는 것은 서비스 이용자의 자격, 규정, 절차 등에 관련된 장애요인을 없애서 서비스에 쉽게 접근할 수 있도록 하는 것이다. 사례관리는 이를 위해 찾아가서는 서비스 혹은 정보제공과 의뢰와 같은 방법을 통해 클라이언트의 서비스 접근성을 높인다.

⑤ 사회적 책임의 증진

사례관리는 한정된 자원으로 많은 효과를 거둘 수 있도록 효율적인 서비스를 제공해야 할 사회적 책임이 있다. 전문성을 높이고, 높은 수준의 보호를 제공하고, 지속적 개선 등을 통해 효과적이고 효율적으로 서비스를 제공하는 것이 사례관리의 중요한 목적이다.

⑥ 성과관리

서비스의 효과성과 효율성을 중요시하는 사례관리는 성과관리를 중요한 목적으로 삼는다. 사례관리의 전 과정을 통해 평가가 중요시되는데, 클라이언트에게 적절하게 서비스가 제공되고 있는지, 서비스 제공 과정에 문제가 없는지, 서비스가 클라이언트의 삶에 변화를 가져왔는지 등 과정과 결과 모두 평가의 대상이 된다.

(3) 사례관리의 특징

① 클라이언트 욕구에 초점을 두고 기관 내 서비스로 한정하지 않는다.

사례관리가 기존의 전통적 개별 사회복지실천과 다른 점은 기관의 서비스와 프로그램에 기초하여 서비스를 제공하지 않기 때문이다. 클라이언트의 다양한 욕구에 초점을 두고 기관의 범위를 넘어 지역사회 차원에서 좀 더 적극적인 서비스를 제공한다. 지역 내 다른 기관을 통해서도 클라이언트에게 필요한 서비스를 받을 수 있도록 연결한다.

② 단편화되고 파편화된 서비스를 통합적으로 관리한다.

클라이언트를 위한 원조활동의 조정 절차는 기관 내의 많은 사회복지사로 하여금 전문적인 팀워크를 통하여 클라이언트에게 제공하려는 서비스를 조정하고, 필요한 서비스의 범위를 선택할 수 있도록 넓혀준다. 따라서 공식적인 측면뿐만아니라 비공식적 자원을 연계하여 조정하여 연결하는 활동을 한다.

③ 서비스의 접근성을 향상시킨다.

기존에 다양한 욕구를 가진 클라이언트가 서비스를 이용하는데 있어서 자격조건이나 프로그램 내용이 복잡하여 접근하는데 어려움이 있어 서비스를 받지 못하는 경우가 많았다. 그러나 사례관리를 통하여 이러한 문제를 해결할 수 있다. 즉, 사례관리자는 서비스 제공자와 접촉하여 중개역할을 하면서 클라이언트가 자원이나 서비스에 접근하기 쉽도록 서비스의 접근성을 향상시킨다.

④ 투입과 과정에 대한 평가를 한다.

사례관리는 사례를 발견하고, 종합적이고 다차원적으로 평가한다. 특히 서비스 제공 계획이 계획대로 잘 이루어지고 있는지, 서비스의 이행과 전달에 대해서도 지속적으로 감독하고 평가한다. 클라이언트의 욕구를 사정한 후 서비스를 제공하고, 클라이언트의 문제가 어떻게 변화를 보이는지를 지속적으로 평가한다. 따라서 사례관리자는 클라이언트와 서비스 제공자들을 직접 접촉하면서 이러한 과정에 대한 점검과 진행 과정을 논의하여 더 나은 서비스를 제공하고자 노력한다.

⑤ 복합적인 문제를 가진 개인의 자원 획득이나 자원 활용 능력을 강화한다.

사례관리는 클라이언트 자신의 생활기술을 증진시킴으로써 서비스와 자원을 이용할 수 있는 능력을 강화한다. 이는 사례관리의 목적과도 연관되는 것이다. 클라이언트의 사회적 기능을 향상시키기 위해 사회적 망과 관련된 대인 복지서비스 제공자들의 능력을 발전시키도록 한다.

⑥ 서비스의 중복 가능성을 낮춰 자원을 효율적으로 사용한다.

지역사회 내에는 비슷한 서비스가 다양한 기관에서 제공되고 있다. 그러므로 사례관리를 통해서 클라이언트에게 제공되는 서비스의 중복제공을 낮추고 한정된 자원을 효율적으로 사용한다.

⑦ 임상적 욕구를 가진 클라이언트에게는 치료적 상담을 실시한다.

사례관리의 중요한 기능 중 하나는 임상 실천적 기능이다. 이는 클라이언트에 대한 교육, 지지, 위기상황에 대한 개입, 상담 등 직접적 서비스를 제공하는 것이다. 따라서 치료, 교육 등 직접적인 서비스 제공을 원하는 클라이언트에게 치료적 상담을 실시한다.

⑧ 클라이언트의 가족과 일차집단의 클라이언트에 대한 보호 능력을 확대시킨다.

사례관리가 등장한 이유 중에 사회복지서비스의 비용에 대한 국가 및 정부의 부담이 크다는 점을 들 수 있다. 이러한 부담을 완화시키기 위해 가족을 지역사회 내에 가족 및 친지와 같은 일차집단이 제공하는 사회적 지지 등을 활용하고자 하였다. 따라서 사례관리를 통하여 클라이언트 가족과 일차 집단이 함께 클라이언트에 대한 보호 능력을 확대시키려고 한다(Moxley, 1989; 김동훈, 2021).

3) 사례관리의 개입원칙 및 범위

(1) 사례관리의 개입원칙

① 서비스의 개별화

서비스의 개별화는 클라이언트의 개별적인 욕구와 상황에 맞는 맞춤형 서비스를 제공한다는 것이다. 즉, 클라이언트 개개인과 그가 갖고 있는 욕구를 적절하게 개발하여 서비스를 제공한다는 원칙이다. 유사한 문제를 안고 있더라도 그 문제를 받아들이는 클라이언트의 수용능력과 성향은 각기 다 다르다. 따라서 클라이언트 문제를 개별적으로 이해하고, 클라이언트에게 잘 맞는 개별화된 구체적인 서비스를 제공해야 한다.

② 서비스 제공의 포괄성

포괄성은 클라이언트의 다양한 욕구에 맞추어 클라이언트의 생활 전반에 걸쳐 제공되어야 한다. 클라이언트의 삶의 질을 향상시키고 유지하기 위해서는 다각적인 서비스가 제공되어야 한다. 즉, 의식주는 물론 보건의료, 교육, 경제와 사회적 서비스 등 전반적인 복지욕구에 대응해야 한다.

③ 클라이언트의 자율성 극대화

클라이언트가 선택할 자유를 최대화하고, 지나치게 보호하지 않으며, 클라이언트의 자기결정권을 보장한다는 것이다. 클라이언트가 가능한 범위 내에서 스스로를 자립할 수 있도록 지원한다. 결국, 클라이언트 스스로 자신의 서비스와 관련한 판단을 하는 데 있어서 자기결정능력을 최대화하도록 한다.

④ 서비스의 지속성(연속성)

사례관리를 받아야 하는 클라이언트는 만성적 질환이나 장기적으로 해결해야 하는 문제를 갖는 요보호집단인 경우가 많다. 따라서 서비스의 지속성이라는 것은 클라이언트의 욕구를 점검하여 일회적이거나 단편적인 서비스가 제공되지 않고, 지속적으로 서비스가 제공되게 하는 것을 말한다. 즉, 시간의 경과에 따라 변화하는 개인의 욕구에 반응하는 서비스를 계속해서 제공해 주어야 한다.

⑤ 서비스의 연계성

서비스의 연계성은 복잡하고 분리되어 있는 서비스 전달체계를 연결하는 것이다. 클라이언트에게 서비스를 전달하는 의료, 주택, 행정 등의 다양한 서비스 체계를 클라이언트 중심으로 연결시켜야 하는 것을 뜻한다. 사회복지사는 사례관리에서 지역사회에 분산되어 있는 서비스 정보를 제공하고 서비스들을 서로 연결하여 서비스의 효과성을 높일 수 있다.

⑥ 서비스의 접근성

서비스의 접근성은 클라이언트가 해당되는 서비스에 접근할 때 부딪히는 자격기준, 절차 등의 장애물을 제거하거나 조정하여 더 쉽게 필요한 서비스에 접근할 수 있도록 돕는 것을 뜻한다. 클라이언트가 서비스를 이용하는 데 있어 장애가 되는 심리적 조건이나 물리적 요소 혹은 사회 문화적·경제적 요소들이 존재하는지 살피며, 이를 최소화하여 서비스에 대한 접근성을 높인다.

특히, 사회복지사는 다양한 서비스 체계와 협상하고, 클라이언트를 옹호하는 등의 역할을 통하여 클라이언트의 서비스 접근성을 높여 주어야 한다.

⑦ 서비스의 체계성

서비스 간 중복을 줄이고 서비스의 비용을 효과적으로 관리하기 위해 서비스와 자원들 간에 조정을 한다. 사례관리자는 서비스를 제공하는 공식적 지원체세 간 조정뿐만 아니라 가족이나 친구, 혹은 친지 같은 비공식적 지원체계를 통합하고 기능적으로 연결하여 다양하고 체계적인 지지망을 구축한다.

(2) 사례관리 서비스의 범위

전미사회복지사협회는 사례관리 서비스 범위를 다음과 같이 진단, 개입, 치료계획을 포함한 심리사회적 사정으로 정리해 놓았다.

① 재정과 관련된 사정, 계획 및 개입
② 사례 간소화
③ 클라이언트와 가족상담
④ 위기개입
⑤ 서비스의 질적 개선
⑥ 자원의 연계, 의뢰 및 개발
⑦ 보호 서비스의 지속성
⑧ 서비스체계의 통합
⑨ 결과/실천 평가
⑩ 팀워크/협력
⑪ 클라이언트 및 가족교육
⑫ 클라이언트 및 가족옹호

이와 같이 전미사회복지사협회가 명시한 서비스의 범위 이외에도 사례관리의 서비스 범위가 앞으로 정시보건사회복지, 의료사회사업복지, 노인 및 아동복지, 학교사회사업, 교정복지 등과 같은 사회복지실천 영역 등으로 확대해 나가야 할 것이다. 이는 다양한 사회복지실천분야에서 사례관리가 클라이언트의 문제를 해결하고 삶의 질을 높이기 위한 공통적이며 이론적 접근방법이기 때문이다.

02 사례관리의 기본 과정

사례관리 과정은 사회복지실천 과정과 크게 다르지 않다. 다만, 접수와 정보수집이 생략되었는데 이 단계를 거치지 않는 것이 아니라, 기본적으로 수행하기 때문에 표현에서 생략된 것으로 이해하면 된다.

사례관리가 어떤 과정으로 이루어지는지는 다양한 견해가 존재한다. 그러나 사정 단계 전에 '아웃리치'가 있지만 일반적으로 다음과 같이 5단계로 나누어 설명할 수 있다.

1) 사정 단계

사정은 클라이언트의 복합적인 욕구와 문제, 기능, 강점과 잠재력, 공식적 및 비공식적 지원 체계 등에 대해 자료를 수집하고 종합적으로 분석하는 과정이다.

사정내용으로는 클라이언트의 욕구 및 문제를 파악하고, 클라이언트가 문제를 해결하는 데 유용하게 활용할 수 있는 자원이 무엇인지, 자원을 활용하는데 있어 장애물은 무엇인지, 비공식적 체계와 공식적 체계의 능력 등을 파악한다.

사정을 통해서 클라이언트 주위 환경을 포함한 클라이언트의 상황을 이해하는 집중적이고 체계적인 과정이다. 욕구와 문제를 사정하는 것, 자원을 사정하는 것, 그리고 장애물 사정 등이 구체적으로 이루어져야 한다.

① 욕구와 문제 사정

클라이언트와 함께 욕구와 문제에 대한 목록을 만들고 개입 우선순위를 정한다.

② 자원 사정

문제를 해결하는 데 도움이 되는 공식적·비공식적 자원을 클라이언트와 함께 사정한다. 이때 자원을 구체화하는 것이 중요하며 이용성, 적정성, 수용성, 접근성을 고려해 만든 자원목록을 활용하는 것이 도움이 된다.

③ 장애물 사정

- 외부장애물: 클라이언트가 처한 환경에 포함된 자원과 관련된 장애물을 말한다.
- 선천적 무능력: 클라이언트가 통제할 수 없는 것으로 사회복지실천에서 클라이언트와 효과적으로 의사소통을 하거나 적극적으로 참여하는 데 장애가 될 수 있다.

〈표 7-1〉 지역아동센터 초기상담지(양식)

[서식 10호] 아동카드(「아동복지법」 시행규칙 별지 제4호 서식 참조)

아동카드

<table>
<tr><td rowspan="4">아동</td><td>성명</td><td></td><td>주민등록번호</td><td></td></tr>
<tr><td rowspan="2">전화
(핸드폰)</td><td rowspan="2">(○○○-○○○-○○○)</td><td>학교명 및 학년</td><td>○○초등학교 5학년</td></tr>
<tr><td>이메일</td><td></td></tr>
<tr><td>주소</td><td colspan="3">○○도 ○○시 ○구 ○○동</td></tr>
<tr><td rowspan="3">보호자</td><td>관계</td><td>성명</td><td>생년월일</td><td>학력 및 직업</td></tr>
<tr><td colspan="2">주소</td><td colspan="2">전화번호(휴대전화번호)</td></tr>
<tr><td>월수입
원</td><td colspan="2">생활수준
[ ]상 [ ]중 [ ]하 [ ]수급자</td><td>주거
[ ]자가 [ ]전세 [ ]월세</td></tr>
<tr><td rowspan="3">가족
관계</td><td>관계</td><td>성명</td><td>생년월일
년 월 일(세)</td><td>직업</td></tr>
<tr><td>관계</td><td>성명</td><td>생년월일
년 월 일(세)</td><td>직업</td></tr>
<tr><td>관계</td><td>성명</td><td>생년월일
년 월 일(세)</td><td>직업</td></tr>
<tr><td rowspan="5">신체
및
외적
사항</td><td>키 cm</td><td colspan="2">몸무게 kg</td><td>혈액형 형</td></tr>
<tr><td>얼굴형</td><td colspan="3">[ ]둥근형 [ ]긴형 [ ]삼각형 [ ]역삼각형 [ ]네모형</td></tr>
<tr><td>체격</td><td colspan="3">[ ]야윔 [ ]보통 [ ]비대</td></tr>
<tr><td>머리 모양</td><td colspan="3">[ ]장발 [ ]단발 [ ]삭발 / [ ]곱슬 [ ]파마 [ ]커트</td></tr>
<tr><td>그 밖의 특징</td><td colspan="3"></td></tr>
<tr><td colspan="5">아동의 가정환경(성장과정)

상담자 의견

지도 계획

비고사항</td></tr>
<tr><td rowspan="2">시설명</td><td rowspan="2">상담자 직명</td><td>작성일</td><td colspan="2">년 월 일</td></tr>
<tr><td>성명</td><td colspan="2">(서명 또는 인)</td></tr>
</table>

출처: 보건복지부(2020d), p.209

- 내부장애물: 클라이언트에게 있는 잘못된 신념, 태도, 가치 등을 말한다.

2) 계획 단계

계획은 사정에서 수집한 정보를 클라이언트에게 도움이 되는 활동으로 전환하는 과정으로 클라이언트의 욕구 충족 및 문제해결을 위해 서비스를 구체화하는 과정이다. 따라서 클라이언트의 욕구와 자원에 대한 사정이 이루어지면, 사정결과를 바탕으로 클라이언트에게 어떤 서비스를 제공해야 하는지 계획을 수립한다. 계획 과정에서는 클라이언트의 참여를 최대화하며 클라이언트의 가족과 같은 사회적 관계망을 포함시킨다.

계획은 클라이언트의 확인된 욕구, 목표달성을 위해 필요한 자원과 서비스, 클라이언트의 사회적 지지망, 관련 전문가 등과 합의를 발전시켜 나가는 과정이라고 할 수 있다.

목슬리(Moxley, 1989)에 의하면, 사례관리는 복합적인 욕구를 가진 사람들의 기능향상과 복지를 위해 총체적이고 통합적인 서비스를 제공하는 것으로, 공식적·비공식적 자원과 활동의 네트워크를 조직하고 조정하여 유지하는 기능을 한다고 하였다. 따라서 목슬리는 계획 단계에서 다음의 6가지 사항이 이루어져야 한다고 주장하였다.

① 욕구영역을 우선순위화한다.

② 클라이언트의 목표를 명확히 한다.

③ 목표를 달성하기 위해 클라이언트에게 필요한 서비스와 자원을 연결한다.

④ 목표에 따른 서비스 지원에 참여할 전문가와 사회적 지지망의 구성원들을 결정하고 역할과 행동을 구체화한다.

⑤ 각각의 목표와 관련한 시간 배분을 한다.

⑥ 일련의 활동 속에서 클라이언트의 삶과 변화를 파악하고 기대되는 변화를 계획 속에 포함한다.

개입계획을 수립하는 과정에서는 클라이언트가 가능한 한 폭넓게 관여하면서 자신의 욕구를 정확히 밝히고 좀 더 효율적 개입계획 수립을 가능케 하며, 궁극적으로 사례관리의 목적을 달성할 수 있는 서비스 결과가 나오도록 해야 한다.

3) 개입 단계

개입 단계는 계획된 서비스를 실행하는 단계로서 클라이언트에게 필요하고 유용한 서비스를 연결하고, 직접 개입을 통하여 서비스를 제공하는 단계이다. 일반적으로 클라이언트의 욕구를 사정하고 계획을 수립한 다음에는 직접적 개입과 간접적 개입으로 구분하여 실행한다. 직접적 서비스 기능은 클라이언트의 임파워먼트를 강화하는 데 초점을 맞추고, 간접적 서비스 기능은 클라이언트를 대신하여 서비스나 자원체계 및 연계 공급체계를 변화시키거나, 클라이언트를 필요한 자원체계와 연계 혹은 중개하거나 옹호하는 활동이다.

(1) 직접적 서비스 개입

직접 개입은 개인, 가족, 소집단 등 클라이언트 체계 자체를 변화시킴으로써 클라이언트의 문제가 해결될 수 있도록 원조하는 개입방법이다. 사례관리 개입 과정에서 직접 개입하는 방법은 클라이언트와 상담을 하거나, 클라이언트에게 정보를 제공하거나 교육을 수행하는 것 등이다.

사례관리자는 실천현장에서 무기력하고, 스스로 자신의 능력을 평가절하(平價切下)하는 클라이언트를 자주 만나게 된다. 이들은 사회복지서비스에 대해 쉽지 않은 접근을 경험했거나 잘못된 처우를 받았던 사람들로 이러한 경험은 자칫 무력감을 학습하게 한다. 따라서 사회복지사는 클라이언트가 갖는 약점과 무기력, 한계 등에 초점을 두지 않고 클라이언트의 강점, 잠재적인 힘(능력)에 관심을 둔다. 즉, 클라이언트의 제한성에 초점을 두는 것이 아니라 클라이언트에게 잠재적으로 내재하고 있는 역량과 임파워링을 강화하는 것에 초점을 두어야 한다. 이때 사례관리자는 상담가, 교육자, 훈련가 등의 역할을 수행한다.

(2) 간접적 서비스 개입

간접 개입은 클라이언트 주변 체계의 변화를 유도함으로써 클라이언트의 문제를 해결할 수 있도록 원조하는 개입방법이다. 따라서 사례관리자가 클라이언트와 직접 접촉하기보다는 문제해결을 위해 자원을 중개하거나 의뢰하는 것, 외부서비스 제공자와 클라이언트를 연결하는 것, 서비스의 중복과 누락을 방지하기 위해 조정하는 것, 클라이언트를 옹호하는 것 등의 활동이 간접 개입방법이다. 간접 개입에서 사례관리자는 중개자, 연결자, 옹호자의 역할을 한다.

4) 점검과 재사정

점검(monitoring)은 서비스와 지원이 잘 이루어지고 있는가를 확인하는 것으로 사례관리의 여러 가지 기능 중에서도 매우 중요하다. 점검은 서비스의 진행 정도와, 서비스가 제대로 클라이언트에게 전달되고 있는지, 클라이언트에게 변화가 일어나고 있는지를 검토하는 것이다. 또한 클라이언트가 서비스를 받는 중간에 새로운 욕구가 생겼다면 계획의 수정 여부를 검토하고, 필요시 문제해결 전략을 수정해서 변화가 이루어졌는가도 검토한다. 사례관리는 단순히 클라이언트가 요구한 정신적·물리적 욕구를 충족하도록 사회자원과 연결시키는 것에 그치지 않고 한걸음 더 나아가 서비스 계획이 클라이언트의 욕구에 따라 적절히 제공되고 있느냐 하는 측면을 지속해서 점검해 나가야 한다.

재사정(reassessment)이란 클라이언트의 욕구 변화를 다시 사정하는 것이다. 클라이언트의 사회활동상 욕구가 충족되지 않아서 생활상의 곤란이 생겼을 때, 자원체계상에 부적절성이 보일 때 다시 목표의 설정과 계획으로 돌아가 사례관리 과정을 순환적으로 반복하는 재사정을 해야 한다.

5) 평가

평가란 사례관리자에 의해 형성되고 조정되는 서비스 계획, 구성요소, 활동 등이 클라이언트 삶에 어떤 영향을 미치는지를 측정하는 활동이다. 사례관리자는 서비스를 제공하므로 클라이언트에게 어떠한 변화가 일어났는지, 개입의 목표가 달성되었는지 등을 평가하는 것이다.

평가는, ① 클라이언트에 관한 서비스와 개입계획에 관한 평가, ② 목표 달성에 관한 평가, ③ 전반적인 사례관리 서비스 효과에 대한 평가, ④ 클라이언트의 만족도에 관한 평가가 있다.

03 사례관리자의 역할

사례관리자는 일반적으로 클라이언트의 욕구를 확인한 후 관계를 수립하고, 클라이언트의 욕구를 사정하고, 적절한 서비스를 계획하거나 배치하고, 클라이언트를 여러 자원에 연결하며, 목표를 성취하기 위한 과정을 감독하는 등의 활동을 수행한다.

또한 사례관리와 관련된 서비스 제공자로서의 역할과 자신의 활동내용을 조정할 수 있어야 한다. 즉, 클라이언트에게 필요한 원조형태를 구체화하고, 사회적 지지체계의 장애물을 확인하고 극복함으로써 직접적인 서비스 제공과 함께 잠재적인 원조자와 연결하고 문제가 해결될 때까지 연결망이 유지되도록 간접적인 조정 서비스를 제공한다. 사례관리자는 지역사회 실천기술을 필요로 한다. 또한 클라이언트 욕구 파악과 서비스 제공에 관해 명백한 인식을 가져야 하고 사례관리 시 필요한 다른 집단과 협력해야 한다.

사례관리자의 역할을 구체적으로 살펴보면 다음과 같다(엄명용 외, 2009).

1) 사정자로서의 역할

사례관리는 클라이언트의 문제나 약점, 역기능, 질병, 증상과 같은 부정적 요소보다는 강점, 능력, 가능성, 자원, 잠재력과 같은 긍정적 요소에 초점을 두고 클라이언트의 욕구를 수립하고 분석하며 종합하는 활동이다. 즉, 부정적인 요소보다는 긍정적인 요소에 중점을 두고 클라이언트의 욕구를 수집하고 분석하며 종합한다. 이를 위해서 사례관리자는 사정할 수 있는 능력을 갖추기 위한 풍부한 경험과 근무경력이 요구된다.

2) 계획자로서의 역할

클라이언트를 위한 프로그램이나 서비스, 정책 등을 기획하는 역할을 말한다. 클라이언트의 욕구를 충족시키기 위해 사례 계획, 치료, 서비스 통합, 기관의 협력 및 서비스 네트워크 등을 설계한다.

3) 상담자로서의 역할

사례관리자는 클라이언트가 새로운 지식이나 기술이 필요하고 문제해결능력 및 대처능력 향상이 필요할 때 이를 획득할 수 있도록 가르치고 기능 향상을 위해 원조한다. 클라이언트 본인 스스로 사회지지체계를 개발 및 유지하는 방법을 알 필요가 있음을 가르친다. 또한 사례관리자는 다양하고 복잡한 욕구가 있는 클라이언트에 대한 이해를 위해 전반적인 지식을 갖고 있어야 한다.

4) 중개자로서의 역할

클라이언트가 필요로 하는 자원을 사회기관으로부터 제공받지 못하거나 지식이나 능력이 부족하여 유용한 자원을 활용하지 못할 때 사례관리자는 자원과 클라이언트를 연결한다. 이를 위해서 사례관리자는 지역사회 내 다양한 기관과 자원에 대한 최근 정보를 많이 알고 있어야 한다.

5) 조정자로서의 역할

조정가는 지역사회에 흩어져 있는 다양한 서비스가 중복되거나 누락되지 않도록 정리하는 역할을 말한다. 조정자로서 사례관리자는 한 사례를 담당하여 그 사례가 종결될 때까지 제공하는 서비스를 총괄하면서 서비스가 중복되거나 누락되지 않도록 서비스를 조정한다.

6) 평가자로서의 역할

사례관리자는 클라이언트에게 제공된 프로그램에 대하여 프로그램의 효과성, 효율성 및 비용효과성을 검토하기 위해 자료와 정보를 수집하고 분석한다. 즉, 사례관리과정 전반에 대한 정보를 수집하고 분석하여 보다 나은 서비스가 클라이언트에게 제공될 수 있도록 한다.

7) 옹호자로서의 역할

사례관리자는 자기 자신에 대한 옹호와 대변능력이 부족한 클라이언트를 대변하여 클라이언트의 요구사항을 구체화시키고 가능한 한 자원이 클라이언트에게 적절히 공급될 수 있도록 원조한다. 서비스 및 자원으로부터 부당하게 배제되는 경우도 있으므로 사례관리자는 클라이언트를 옹호하고 대변함으로써 클라이언트 자신이 스스로의 권리를 찾고 정부와 지역사회의 자원을 이용할 수 있도록 해야 한다.

함께 풀어 봅시다!

정답 및 해설

1 사례관리의 특성에 대한 설명으로 옳지 않은 것은?

① 다양한 사회복지실천기술을 통합한 접근방법이다.
② 클라이언트에 대한 적극적인 접근을 강조한다.
③ 보호의 연속성과 책임성을 보장한다.
④ 클라이언트에 대한 치료적인 접근을 주로 강조한다.
⑤ 다양하고 복합적인 욕구를 가진 클라이언트를 대상으로 한다.

❹
▶▶ 사례관리는 클라이언트에 대한 치료적 접근보다는 서비스 조정과 연결을 더욱 강조한다. 다만 사례관리의 영역에 치료 및 상담 등 직접적 개입이 포함되기도 한다.

2 사례관리의 등장배경으로 옳은 것을 모두 고른 것은?

ㄱ. 지역사회보호 필요성 증가
ㄴ. 분산된 서비스의 조정기능 부재
ㄷ. 사회적 지원망의 중요성 강조
ㄹ. 만성적이고 복합적인 문제를 가진 클라이언트의 증가

① ㄱ, ㄴ, ㄷ
② ㄱ, ㄷ
③ ㄴ, ㄹ
④ ㄹ
⑤ ㄱ, ㄴ, ㄷ, ㄹ

❺
▶▶ 사례관리의 등장배경에 관한 설명으로 모두 해당된다. 이 밖에도 탈시설화의 영향, 클라이언트와 그 가족에게 부과되는 과도한 책임, 비용효과성에 대한 인식 증가(서비스 비용 억제), 기존 서비스의 단편성 등이 있다.

3 다음 사례관리에 관한 내용으로 옳지 않은 것은?

① 중복서비스를 제공하는 전문기관의 확대로 등장
② 계획-사정-연계·조정-점검의 순으로 진행
③ 클라이언트의 자율성 극대화 및 역량강화
④ 주로 복합적인 욕구나 문제를 가진 사람이 대상
⑤ 다양한 욕구충족을 위해 포괄적인 서비스 제공

❷
▶▶ 사례관리과정은 아웃리치를 통해 사례를 발견하거나 접수받은 이후 '사정-계획-개입(연계·조정)-점검-평가'의 순서로 진행된다.

4 사례관리의 목적으로 바르지 않은 것은?

① 클라이언트가 일정한 장소나 기간 내에서 받을 수 있는 서비스의 연속성을 보장한다.
② 클라이언트의 욕구에 적합하고, 시간과 방식을 고려한 적절한 서비스가 제공되도록 돕는다.
③ 클라이언트의 가족과 일차집단의 보호능력을 확대시킨다.
④ 일차적 자원들과 공적 체계들을 분리하여 관리한다.
⑤ 클라이언트의 생활기술을 증진시킨다.

❹
▶▶ 사례관리에서는 일차적 보호 차원들과 공적 체계들을 통합시키는 것이 목적이다.

5 사례관리의 개입원칙 중 다음에서 설명하는 원칙은 무엇인가?

장애가 되는 물리적 요소, 심리적 요소 등을 살피고 이를 최소화하여 서비스를 받기 용이하게 하는 것

① 서비스의 지속성　② 서비스의 연계성
③ 서비스의 접근성　④ 서비스 제공의 포괄성
⑤ 서비스의 개별화

❸
▶▶ 장애가 되는 물리적 요소, 심리적 요소, 사회문화적 요소, 경제적 요소들을 살피고, 이를 최소화하여 서비스에 대한 접근성을 높이는 것은 서비스의 접근성에 대한 설명이다.

Chapter 08

관계형성에 대한 이해

01 관계형성의 개요

1) 관계의 개념

'관계'란 상호작용, 상호 간의 정서적인 교환 및 태도, 역동적으로 상호작용하는 것, 두 사람을 연결하는 것, 전문적인 만남, 상호 간의 과정을 의미한다.

사회복지실천에서 관계의 개념에 대한 학자들의 정의를 살펴보면 다음과 같다.

펄먼(Perlman, 1957)은 관계란 "공통된 이해관계를 지닌 두 사람 간에 정기적 또는 한시적으로 감정의 상호작용이 일어나는 조건"이라고 했는데, 사회복지실천에서는 인간 상호작용의 중요성을 인식하고 관계의 개념을 의식적이고 의도적으로 사용하려고 시도해 왔다.

비에스텍(Biestek, 1957)은 관계를 "사회복지사와 클라이언트 사이에 일어나는 태도 및 감정의 역동적 상호작용"으로 정의하고, 이때 사회복지사와 클라이언트의 관계는 "클라이언트와 사회복지 간 또는 사회자원들과의 교류를 가능하게 하는 연결 통로"라고 설명하였다.

핀커스와 미나한(Pincus & Minahan, 1973)은 "관계란 사회복지사와 그가 관계하는 다른 체계 간의 정서적 유대로 볼 수 있으며, 이들 관계에는 협력, 협상 또는 갈등의 분위기가 포함될 수 있다."라고 했다.

사회복지실천에서 사회복지사와 클라이언트 간에 형성된 관계는 이후에 펼쳐지는 원조 과정에 지대한 영향을 미친다. 긍정적인 관계가 형성되면 클라이언트는 원조 과정에 적극적으로 참여하게 되고, 그럼으로써 클라이언트에게 긍정적인 변화가 발생하여 사회복지사의 개입이 성공하기 쉽기 때문에 그만큼 사회복지사와 클라이언트의 관계 형성은 중요하다고 할 수 있다.

2) 관계형성의 목적 및 특징

(1) 관계형성의 목적

사회복지실천에서는 좋은 관계를 맺는 것의 중요성을 일찍부터 인식해 왔으며 관계형성기술을 필수요소로 인정해 왔다. 사회복지사와 클라이언트와의 관계는 클라이언트가 가지는 문제를 해결하거나 자원을 연결하려는 목적을 가진 것으로, 의식적이고 의도적으로 전문적 관계를 활용해 나가야 한다.

사회복지실천에서 관계는 특별히 자발적인 클라이언트를 돕는 과정을 촉진하는 매개물이다. 따라서 관계의 질은 사회복지사의 영향, 개입에 대한 클라이언트의 수용 정도, 클라이언트를 돕는 과정이 최종 결과를 결정짓는다. 결국 성공적인 개입을 위해서는 관계가 가장 중요한 요소로 작용되는 것이다. 사회복지사와 클라이언트가 맺은 원조관계는 긍정적일 때 클라이언트로 하여금 자기존중과 자신이 가치 있는 존재라는 느낌을 받기 때문에 긍정적인 변화를 이끌어 낼 수 있다. 과거 지속적인 보살핌 관계를 경험해 보지 못한 클라이언트일수록 사회복지사와의 관계가 지니는 의미는 매우 크다고 할 것이다.

성공적으로 전문적인 관계가 형성되면 다음과 같은 장점이 있다(Miller, 1976).

① 잘 형성된 관계는 문제해결과정에 생기와 활력을 불어넣는다.

② 힘을 가진 느낌과 행동을 취할 능력이 있다는 느낌을 갖게 한다.

③ 자신과 다른 사람에 대한 이해의 폭을 넓힌다.

④ 자신의 가치를 높이 평가하여 자신감과 능력이 향상된다.

⑤ 다른 사람을 접촉하고 관계를 형성하려는 욕구가 이전보다 강해진다.

이처럼 사회복지사와 클라이언트의 관계가 잘 형성되면 클라이언트가 제시하는 문제해결을 위해서 함께 협력하여 노력해 나갈 수 있는 기반이 형성되며, 이러한 전문적 관계는 상호 협력적인 지지를 통해서 문제를 해결해 나가게 하는 필수적인 요소가 된다.

(2) 관계형성의 특징

클라이언트는 사회복지사에게 도움을 요청하고 사회복지사는 전문적 도움을 제공하는 전문적 관계이다. 사회복지실천에서의 관계는 클라이언트와 사회복지사 간의 정서적 교감을 기초로 이루어지는 관계로 전문적 목적성, 시간 제한성, 클라이언트에 대한 사회복지사의 헌신, 권위성, 통제적 관계, 책임성의 특성을 포함하여 일반적인 인간관계와는 차이가 있다.

① 전문적 목적성

사회복지사와 클라이언트와의 관계는 전문적 목적을 달성하기 위해 형성된 것이다. 전문적 관계는 사회복지사와 클라이언트가 서로 합의한 의식적인 목적을 성취하고자 하며, 그 목적은 사회복지사업 전반적인 목적과 가치체계 속에 있다는 점이 일반적인 인간관계와는 다르다. 즉, 클라이언트와 사회복지사가 서로 합의한 목적은 클라이언트의 좀 더 나은 적응 및 문제해결을 위한 원조이기 때문이다.

② 시간 제한성

클라이언트와 구체적으로 한정된 기간을 갖고 관계를 맺는다. 목적이 달성되었거나 달성될 수 없다고 생각될 때 관계는 종결된다.

사회복지실천과정은 시작 단계, 중간 단계, 종결 단계에 이르는 시작과 종결이 요구되는 과정이기 때문에 전문적 관계는 시간제한적이다. 시간제한을 두면 역량이 최대한 효율적으로 발휘되기 때문이다. 목표가 달성되면 특별한 관계는 끝을 맺게 된다. 관계의 활용이 원만히 이루어져야 시간 제한성도 명확해질 수 있다.

③ 클라이언트에 대한 사회복지사의 헌신

사회복지사는 자신의 이익보다 클라이언트의 이익을 위해 자신을 헌신한다. 즉, 클라이언트의 욕구를 중심으로 관계를 맺는다는 뜻이다. 따라서 사회복지사는 타인의 욕구에 민감할 수 있도록 객관성과 자기인식에 기초한 관계를 형성한다. 또한 사회복지사와 클라이언트가 함께 관계의 목적과 조건을 위해, 상호 의존적인 교류관계를 위해 헌신하며, 사회복지사로서의 필수적인 절차상의 조건을 최대한 지켜 나가며 신뢰관계를 형성해야 한다.

④ 권위성

사회복지사는 특화된 지식 및 기술 그리고 전문직 윤리강령에서 비롯되는 권위를 갖는다. 사회복지사는 클라이언트의 권리와 힘을 확인해 주려는 의도에서 사회복지사가 클라이언트보다는 도움이 될 만한 전문적 지식과 경험을 가졌으면서도 그것을 사용하지 않는 경우가 있다. 이것은 오히려 클라이언트에게 도움이 되지 못하는 경우이다. 따라서 사회복지사가 권위(전문가로서의 지식, 기술, 전문적 직업철학 등)를 가질 때, 클라이언트는 안정감을 느끼게 되고 관계도 향상될 것이다.

⑤ 통제된 관계

사회복지사는 객관성을 유지하고 자기 자신의 감정, 반응, 충동을 자각하고 그 책임을 진다는 의미에서 통제적 관계이다. 통제는 클라이언트를 통제한다거나 클라이언트에 의해 통제되는 것이 아니라, 사회복지사가 자신과 원조 방식에 대해 통제함을 의미한다. 효과적이고 효율적으로 원조하기 위해 원조자 자신과 원조의 내용 및 방법에 대해 통제하는 것을 말한다.

⑥ 책임성

전문적 관계는 언제나 클라이언트의 입장에서 출발해야 하며, 사회복지사는 관계의 전반적인 과정에 전문적 책임을 진다는 의미이다.

02 관계형성의 구성요소와 장애물

1) 관계형성의 구성요소

전문적 관계란 클라이언트의 문제해결 및 적응이라는 목적을 달성하기 위해 제한된 시간 동안 이루어지는 특수한 관계를 의미한다. 따라서 전문적 관계는 언제나 클라이언트의 입장에서 출발해야 하며 사회복지사는 관계의 전반적인 과정에 대한 전문적 책임을 지게 된다. 그 내용은 다음과 같다(Compton & Galaway, 1994).

(1) 클라이언트에 대한 관심과 도우려는 의지

클라이언트에 대한 관심은 클라이언트에게 진심 어린 관심을 가지고 그의 감정과 교류할 수 있는 능력이다. 특히 원조관계에서 관심은 책임감, 배려, 존중, 타인에 대한 이해 및 그들의 더 나은 삶에 대한 바램, 클라이언트의 삶과 욕구에 대한 조건 없는 긍정적 인정을 의미한다.

또한 클라이언트를 도우려는 의지는 클라이언트가 자신의 삶을 스스로 선택하고 통제할 수 있는 능력을 가질 수 있도록 도와주려는 자세와 의지를 말한다.

(2) 헌신과 의무

헌신과 의무란 원조과정에서의 책임감을 의미하는 것으로 일관성을 포함하는 개념이다. 전문적 관계에서 관계의 목적을 달성하기 위해서는 사회복지사뿐 아니라 클라이언트도 관계에 대한 헌신과 의무를 가져야 한다.

① 사회복지사의 헌신과 의무: 사회복지사는 관계를 맺을 때 필수적인 절차상의 조건들(시간 약속, 클라이언트의 문제에 초점을 맞추는 것, 성장과 변화를 가져오는 관계를 유지하는 것 등)을 최대한 지켜야 한다.

② 클라이언트의 헌신과 의무: 자신의 문제에 대해서 정직하고 솔직하게 표현하는 것이며, 전문적 관계에서 요구되는 시간약속 등을 지키는 것을 의미한다.

(3) 권위와 권한

권위(authority)란 사회복지사가 전문적 지식과 경험을 갖추고 지위를 얻음으로써 클라이언트에게 영향력을 행사하는 것을 말한다. 권위는 클라이언트와 기관에 의해 사회복지사에게 위임된 권한(power)이다. 사회복지사는 전문적 지식과 경험을 보유하거나 일정한 지위에 있음으로써 영향력을 미칠 수 있는 권한을 가진다. 사회복지사는 그들이 갖는 권위와 권한의 내용, 권위와 권한의 범위 및 사용방법 등을 클라이언트에게 설명해야 한다. 권위와 권한이 잘못 사용될 때 클라이언트가 사회복지사에 대해 반감과 불신을 나타낼 수 있다. 이렇게 되면 관계 자체에 저항을 표출하게 되고 관계형성이 어려워진다.

① 제도적 측면에서의 권위: 사회복지기관 내에서 사회복지사의 위치와 기능으로부터 비롯된 권위다.

② 심리적 측면에서의 권위: 전문가인 사회복지사에게 정보와 조언을 구함으로써 클라이언트가 사회복지사에게 부여하는 권위이다.

(4) 진실성과 일치성

진실성은 사회복지사가 자신의 진실된 반응을 신뢰하고, 그러한 감정 또는 반응을 전달하는 능력이다. 따라서 사회복지사는 클라이언트에 대한 자신의 느낌을 인식해야 한다. 즉, 사회복지사는 자기 인식을 바탕으로 감정과 반응을 있는 그대로 클라이언트에게 전달하는 것이다. 그러나 진실성이 곧 사회복지사의 감정과 생각을 무조건 모두 개방함을 의미하지는 않는다. 사회복지사는 원조 과정에 도움이 된다고 판단할 때에만 자신의 감정이나 경험을 적절히 개방한다.

일치성은 사회복지사가 클라이언트와 관계를 맺을 때, 일관성 있고, 정직한 개방성을 유지하며, 대화의 내용과 행동이 항상 일치하면서도 전문가로서의 자아와 가치체계에 부합하는 것이다.

관계형성에서 진실성과 일치성을 갖기 위해 필요한 요소는 첫째, 사회복지사 자신에 대한 정확한 자기인식이 필요하며, 둘째는 사회복지사와 클라이언트에게 동일한 의미로 작용하는 전문가의 역할, 기관의 절차 및 정책에 대한 인식이 필요하다. 그리고 셋째, 타인에 대한 관심, 수용, 헌신 등 전문적 관계 기본 요소에 대한 내면화가 필요하다.

(5) 구체성과 직접성

구체성(concreteness)이란 클라이언트가 자신의 행동, 사고, 감정을 자신의 독자적인 방법으로 표현할 수 있도록 도와주는 능력이다. 직접성(immediacy)이란 사회복지사와 클라이언트가 현재 일어나고 있는 상호작용 속에서 경험하는 행동, 감정 그리고 사고에 있어서의 현실을 정확하게 묘사하고 명확히 하는 것이다. 또 진지하게 토의하면서 어떠한 상황이나 장면에서 그러한 현실을 직접 수정할 수 있는 능력도 직접성이라고 한다.

(6) 감정이입

감정이입(empathy)이란 다른 사람의 감정을 깊이 느낄 수 있는 능력이며 동시에 그 감정에서 분리되어 객관적 지식을 활용할 수 있는 능력이다. 즉, 사회복지사가 클라이언트에 대한 깊은 이해를 할 수 있으면서도 효과적인 도움을 주기 위해 가장 필요한 능력으로, 자신의 관점을 유지하면서 클라이언트의 감정과 사고를 이해하는 능력을 의미한다. 이는 클라이언트가 인식하는 것을 그의 처지에서 함께 인식하고 이해하는 능력이기도 하다. 이를 위해 사회복지사는 적극적인 경청과 지속적인 주의를 기울이며 비언어적 표현에 대한 민감성을 가질 필요가 있다. 또한 사회복지사는 자신의 객관적이고 전문적인 시각을 잃지 않기 위한 심리적 거리를 유지해야 한다.

(7) 자기노출

자기노출(self disclosure)이란 사회복지사가 원조과정에서 적절하다고 생각되는 자신의 경험을 클라이언트와 함께 나누는 것이다. 이러한 사회복지사의 자기노출은 클라이언트로 하여금 사회복지사에게 정서적 공감을 형성하여 자신을 개방하는 데 있어 동기부여를 제공하며 새로운 시각을 가질 수 있게 된다. 단, 사회복지사가 자기노출을 할 때 유의해야 하는 몇 가지 사항은 다음과 같다.

- 사적인 대화 혹은 역전이가 유발되지 않도록 주의해야 한다.
- 자기노출의 초점을 사회복지사에게 맞추면 안 된다.
- 불안정한 성격, 무능력 등 지나치게 솔직한 자기노출을 피한다.
- 자기노출의 내용과 감정은 일치해야 한다.
- 자기노출의 긍정적인 면과 부정적인 면 모두를 균형 있게 사용한다.
- 클라이언트가 보이는 반응을 고려하면서 자기노출의 양과 형태를 조절한다.

(8) 전문가로서의 사회복지사의 자질

전문가로서 사회복지사의 자질은 성숙함, 창조성, 자아인식, 용기, 민감성으로 나누어 볼 수 있다.

① 성숙함

변화와 성장에 대해 두려움 없이 수용하고, 그 과정에서 자신을 성장시키고 발전하는 모습으로 나아가야 하는 것이다.

② 창조성

클라이언트의 문제 상황에 대한 해결책에 대해 개방성을 유지하여 최선의 해결책을 찾을 수 있도록 자신을 개방하는 것이다. 클라이언트의 상황은 각자 독특하고 개별적이며 항상 변화하기 때문에 사회복지사의 창조성 혹은 창의적 능력은 매우 중요하다.

③ 자아인식

자아인식은 자신과 목표에 관하여 심사숙고하고 자신을 믿고 존중하며, 한발 물러선 입장에서 자신을 원조활동의 중요한 부분으로 관찰할 수 있는 능력이다. 사회복지사가 자아인식을 갖는다는 것은 자신의 신념, 태도, 행동습관을 알고 있으며 어떤 영향을 미칠지도 정확히 인식하고 있다는 것을 의미한다.

④ 용기

실패, 어려운 상황에 휘말리는 일, 통제할 수 없는 상황에 감정적으로 비난 또는 학대받는 일, 예측할 수 없는 상황에 계속적으로 연관되는 일, 신체적으로 위협받는 일 등을 받아들일 수 있는 힘을 말한다.

⑤ 민감성

특정한 단서 없이도 클라이언트의 내면세계를 느끼고 감지할 수 있는 능력으로, 사회복지사가 새로운 상황에 대한 개방성과 변화에 대한 준비자세를 갖추고 있는지 여부와 밀접하게 관련되어 있다.

2) 관계형성의 장애물

사회복지사와 클라이언트의 관계를 단절시키거나 사회복지 개입을 중단시키는, 일반적인 변화를 방해하는 관계에는 여러 가지 요인들이 있다. 관계형성에서 변화를 방해하는 관계요인에 대해 몇 가지 주요 내용을 살펴보도록 하겠다(류종훈, 2007; 박귀영 외, 2010; 이영실 외, 2016).

(1) 사회복지사에 대한 클라이언트의 불신

사회복지사를 클라이언트가 불신하는 것은 대부분 과거 경험의 다른 관계에서 비롯되는 경우가 많다. 사회복지사의 온정, 관심, 공감하는 좋은 의도에도 불구하고, 어떤 클라이언트는 살아온 과정에서 격려와 인정을 받을 기회가 적었기 때문에 사회복지사에게 의지하는 것이 쉽지 않고, 오히려 비난, 거부, 상처받을 것을 미리 예상하여 방어적인 태도를 수주 내지 수개월 동안 철회하지 않는 경우가 있다.

이러한 경우는 클라이언트의 자기 노출이 어려워지고 더 이상의 변화를 기대할 수 없다.

(2) 전이

전이(transference)는 클라이언트가 다른 사람(대개 부모, 부모를 대신하는 사람, 형제·자매)과의 과거 경험에서 비롯되는 소망, 두려움 그리고 여러 가지 다른 감정을 사회복지사에게 보이는 것이다. 이러한 감정은 아주 어린 시절에 그 뿌리를 두고 있거나 과거의 경험했던 일에 대한 것으로 스스로 인식하지 못하는 경우가 많다. 전이반응은 상황에 맞지 않는 비현실적인 왜곡을 낳아 변화에 대한 저항을 일으킨다. 분노, 원망, 증오와 같은 부정적인 전이만이 저항으로 작용하는 것이 아니라, 긍정적인 감정도 마찬가지로 변화를 일으키지 못한다.

(3) 역전이

역전이(counter-transference)는 사회복지사가 클라이언트에게 느끼는 것이다. 즉, 클라이언트를 마치 사회복지사 자신의 과거 어떤 시점의 인물이나 관계로 느끼고 무의식적으로 그렇게 반응하는 것이다. 사회복지사가 과거에 경험한 관계에서 파생된 감정, 소망, 무의식적 방어유형과 관련이 있는 것으로서, 사회복지사의 객관적 인식을 방해하고 클라이언트와의 긍정적인 상호작용을 차단한다. 역전이는 왜곡된 인식과 감추어진 부분, 소망과 치료를 방해하는 감정반응과 행동을 만들어 내면서 관계를 악화시킨다.

예 부모의 이혼으로 할머니 집에서 자란 사회복지사가 아이를 시부모에게 맡기고 이혼하려는 클라이언트를 만났을 때 비난하는 경우가 역전이에 해당된다.

(4) 저항

저항(resistance)은 사회복지사와 클라이언트의 관계에서 변화를 방해하는 힘을 말한다. 저항은 마음을 터놓고 논의하지 않고 고의적이든 아니든 변화 노력을 방해하는 것, 주저하는 것, 중지하는 것 그리고 치료적 작업과정을 방해하는 행동이나 태도 등이 해당된다. 저항의 유형을 살펴보면 다음과 같다.

첫째, 침묵하는 것이다. 침묵은 클라이언트가 갑자기 말을 하지 않거나 할 말이 생각나지 않는다고 하거나, 말하고 싶지 않다고 하여 침묵하는 것 또한 저항이라고 볼 수 있다.

둘째, 주제와 관련이 없는 이야기를 하는 것이다. 클라이언트가 주제와 상관없는 핵심에서 벗어난 이야기를 하거나 쓸데없는 이야기를 하는 경우이다.

셋째, 비관적이고 무력한 태도를 보이는 것이다. 즉 "나는 아무것도 못해요", "해봤자 소용이 없죠"라는 식의 무력감을 나타내는 경우이다.

넷째, 문제를 축소하거나 마술적 해법을 기대하는 것이다. 즉, "다 잘되겠죠"라고 말하면서 문제를 직면하지 않고 회피하는 것이나 변화에 대한 의지를 전혀 보이지 않는 경우가 해당된다.

다섯째, 저항을 행동화하는 경우이다. 이것은 클라이언트가 저항에 대한 표현으로 지각하거나 면담에 오지 않는 경우, 혹은 면담 중에 딴짓을 하면서 산만한 행동을 하는 것 등이 여기에 해당된다.

저항의 근원지는 인간의 양가감정(ambivalence)에서 찾을 수 있는데 인간은 변화를 원하여 도움을 청하면서도 동시에 새로운 것에 대한 두려움으로 변화에 대한 저항을 가지게 된다. 또 다른 저항의 근원지는 서비스 개입에 대한 잘못된 이해를 가지고 있거나 익숙하지 못한 상황에 직면하는 것이 두려워 저항을 보일 수 있다. 따라서 저항 저변에 있는 현재의 감정에 초점을 두고 클라이언트의 두려움을 탐색하고 시범과 역할극을 통해 상황에 익숙해지도록 돕는 것도 하나의 방법이다. 사회복지사는 저항을 부정적인 것으로만 받아들이지 않고 변화의 자연스러운 과정으로 생각하는 것도 중요하다.

03 관계형성의 원칙: 관계의 7대 원칙

비에스텍(Biestek, 1957)은 관계를 '사회복지사와 클라이언트 간의 감정과 태도의 역동적인 상호작용'이라고 정의하였다. 관계의 목적을 심리·사회적 욕구와 문제를 가진 클라이언트를 원조하는 것에 있다고 보았다. 또 클라이언트를 이해하고 전문적인 관계를 형성하기 위해서 요구되는 사회복지사와 클라이언트 간의 전문적 관계에 대한 기본 원리를 포괄적으로 제시하고 있다. 이를 관계형성의 7대 원칙이라고 한다.

1) 개별화

개별화(individualization)란 각 클라이언트의 독특한 자질을 인정하고 이해하는 것이며, 클라이언트가 더 나은 적응을 하도록 원리와 방법을 다르게 적용하여 돕는 것이다. 개별화는 인간은 개별적이며 같은 인간으로서가 아니라 개인차를 가진 인간으로서 취급되어야 한다는 인간의 권리에 기초를 두고 있다. 즉, 모든 클라이언트는 개별적인 욕구를 가진 존재로 개별화해야 한다는 것이다.

사회복지실천은 클라이언트에게 초점을 두고 있으며 개인의 문제에 따라 개별적으로 조정이 이루어지고 목표가 수립된다. 각 클라이언트는 개인이며, 각 문제는 특수한 것으로 일대일의 관계에 의해 접근한다. 이것은 인간의 개별성만을 강조하고 공통성을 배제한다는 것을 의미하는 것이 아니다. 사회복지는 인간의 개별성을 강조하는 한편 인간의 본성과 행동의 공통성이 중요함을 인정하고 있다.

(1) 클라이언트의 권리와 욕구

한 클라이언트가 다른 클라이언트와 서로 다르듯이 클라이언트가 필요로 하는 도움도 어떤 면에서 다르다. 그러므로 사회복지사는 각 클라이언트의 특수한 욕구를 충족시키고 문제를 해결하는 데 클라이언트 자신의 능력과 자원을 활용하도록 각기 다른 방식으로 도와야 한다. 특히 클라이언트가 기관에 도움을 청할 때는 어떤 사례나 유형 또는 범주로서보다는 개인으로서 취급받고자 하는 강한 욕구가 있다.

클라이언트는 아주 민감한 상태에서 기관을 찾아온다. 클라이언트는 그의 최대 관심사, 즉 그의 상황과 요구를 의논하면서 사회복지사의 집중적 관심, 비밀보장과 도움이 있어야 한다. 이럴 때 사회복지사의 태도는 클라이언트가 그 자신의 이야기를 하고, 입장을 존중해 주고, 특히 도움을 받으러 온 그 자체, 그리고 당면한 상황에 관한 자신의 감정을 수용해 주기 때문에 클라이언트는 권리와 욕구를 가진 개인으로서 이해되었다고 생각한다(전재일 외, 2001).

(2) 개별화의 수단

개별화의 수단인 자세한 배려, 약속을 지키는 것, 면접을 위한 준비, 면접의 내밀성, 클라이언트의 참여, 융통성 등에 대해 자세하게 살펴보면 다음과 같다.

① 자세한 배려

사회복지사가 클라이언트의 특수한 입장 또는 상황에 대해 배려하는 것은 클라이언트의 입장이 어느 정도 사회복지사에게 이미 이해되었다는 것을 나타내는 것으로 개별화의 증거가 된다.

② 약속을 지키는 것

약속을 지키는 것은 클라이언트가 사회복지사에게 기대하고 있는 것이며, 약속시간이 그 자신만의 시간이라는 느낌을 주는 것으로 중요하다.

③ 면접을 위한 준비

사회복지사는 이전까지의 사례기록을 검토하여 앞으로 있을 면접의 구체적 목적을 계획할 수 있어야 한다. 이렇게 함으로써 더 효과적으로 클라이언트에게 집중할 수 있게 되는 것이다.

④ 면접의 비밀성

사회복지사가 클라이언트에게 관심을 집중하고 그를 위한 기회를 제공하는 수단으로, 면접장소가 클라이언트에게 비밀이 존중되고 있다는 느낌을 주는 것이 중요하다. 따라서 면접장소는 클라이언트에게 비밀이 유지될 수 있다는 안정감을 줄 수 있는 분위기가 갖추어져야 한다.

⑤ 클라이언트의 참여

클라이언트에게 자신이 개인으로서 취급되고 있다는 느낌을 주기 위해서 사회복지사는 조사, 사정, 치료 등에 있어서 클라이언트를 참여시킨다.

2) 의도적 감정표현

의도적 감정표현(purposive expression of feeling)이란 클라이언트의 감정, 특히 부정적인 감정을 자유롭게 표현하도록 도와주는 것을 의미한다. 이는 클라이언트가 자신이 비난받게 될지 모르는 감정을 자유롭게 표현하도록 돕는 것이다. 따라서 사회복지사는 이러한 감정의 표현을 조정하거나 저지하지 않고, 때로는 사회복지서비스의 일부로서 클라이언트의 감정을 적극적으로 자극 또는 격려하고 촉진시킨다.

클라이언트의 감정표현은 어떠한 목적을 위해서 표현하는 것으로, 다음과 같은 욕구와 목적에 직접적인 관련이 있다.

① 수용을 받으려는 욕구

② 개인으로서 취급받으려는 욕구

③ 클라이언트가 사회복지기관으로부터 도움을 받고자 하는 욕구

④ 클라이언트 자신의 문제해결에 참여하려는 욕구

⑤ 클라이언트와 사회복지사 간의 관계수립을 위한 목적

(1) 의도적 감정표현에 대한 사회복지사의 역할

① 클라이언트가 자신의 감정을 자유롭고 안전한 분위기에서 표현할 수 있도록 물리적인 환경 등에 신경을 써서 편안한 분위기를 만들어야 한다. 즉, 클라이언트가 부정적인 감정을 가질 수 있다는 것과 그러한 감정을 표현해도 좋다는 것을 알려준다.

② 클라이언트를 스트레스나 긴장에서 편안하게 해주며, 문제를 분명하고 객관적으로 보게 한다.

③ 클라이언트의 감정표현을 진지하게 경청하는 것 자체가 클라이언트에게 심리

적 지지가 된다.

④ 외부 문제보다 문제를 둘러싼 감정 자체가 클라이언트의 진정한 어려움일 수 있으며 특히 부정적인 느낌이 진정한 문제일 수 있다.

⑤ 양가감정의 보편성에 대해 알려주어 클라이언트를 안심시킨다.

(2) 의도적 감정표현의 장애요인

사회복지사가 너무 효과적인 개입을 위해서 간혹 의도적 감정을 표현하며 클라이언트에게 접근할 때가 있다. 사회복지사가 '다 잘될 것이다', '자기만 믿어라'는 식으로 지나치게 혹은 무책임하거나 근거 없이 클라이언트를 안심시키는 것은 비현실적 보장이므로 옳지 않다. 그 밖에도 비현실적 보장, 너무 성급한 초기의 해석, 너무 많은 해석, 클라이언트의 감정표현에 대한 비난 등은 오히려 의도적인 감정표현을 하는 데 있어 장애요인으로 작용한다.

3) 통제된 정서적 관여

통제된 정서적 관여(controlled emotional response)란 사회복지사가 클라이언트의 감정에 대하여 민감성을 가지며, 그 감정의 의미를 이해하고 그 감정에 대해 의도적으로 적절한 반응을 보이는 것이다. 관여는 클라이언트의 감정에 대한 사회복지사의 민감성, 이에 대한 감정이입적 이해, 적절한 반응으로 이루어지며, 원조 목적에 맞게 통제되고 조절되어야 한다.

클라이언트는 자신의 문제에 대해 사회복지사의 공감을 얻고 싶어 하는 욕구가 있는 만큼, 사회복지사는 공감한다는 반응을 보이면 클라이언트가 자신의 감정이 수용된다는 느낌을 받고 심리적으로 안정을 찾게 된다. 따라서 통제된 정서적 관여를 잘하기 위해서는 다음 사항을 잘 적용할 수 있어야 한다.

(1) 클라이언트 감정에 대해 민감성 가지기

클라이언트가 자기의 감정을 직접 말로 표현하지 않더라도 태도에서 드러나는 그의 감정을 잘 파악해야 한다. 민감성을 갖는다는 것은 클라이언트가 무엇을 생각하고 무엇을 하고자 하는지 감각적으로 잘 파악하고 적절하게 대처하는 것을 의미한다. 따라서, 클라이언트의 언어적·비언어적 감정표현을 잘 관찰하고 경청하는 데서부터 비롯된다. 클라이언트가 자기의 감정을 직접 말로써 표현하지 않더라도 그의 태도에서 드러나는 감정을 파악해야 한다.

(2) 클라이언트의 감정이 의미하는 것에 대해 이해하기

문제와 관련하여 클라이언트가 갖는 감정의 의미를 이해하는 것으로 이는 지속적인 과정이다. 당면한 문제와 관련하여 클라이언트의 감정에 내포된 의미를 이해하는 것이다.

(3) 클라이언트의 감정에 대해 의도적이고 적절한 반응 보이기

클라이언트의 태도에 대한 반응은 클라이언트에 따라 개별화해야 하며, 클라이언트의 마음의 변화에 따라 호응해야 하는 대단히 어려운 기능이다. 사회복지사가 클라이언트의 감정내용에 따라 언어적 반응을 할 때에는 목적성과 선택성이 가장 중요하다. 반응은 사례와 면접의 목적, 반응의 직접적인 목적에 맞게 통제하고 조절해야 한다.

4) 수용

수용(acceptance)이란 사회복지사가 클라이언트의 타고난 존엄성과 개인적 가치에 대한 관념을 항상 유지하면서 클라이언트의 장점과 단점, 긍정적·부정적 감정, 건설적·파괴적 태도와 행동을 포함하여 현재 있는 그대로의 클라이언트를 인정하고 존중하는 것이다. 수용은 클라이언트의 일탈 태도나 행동을 허용한다는 것을 의미하지 않으며, 그것에 대해 좋다, 나쁘다 등을 비판하지 않고, 일단 아무런 판단도 하지 않는다는 정도이다. 따라서 사회복지사는 윤리와 법, 전문적 가치에 의거하여 바람직한 것과 수용할 수 있는 것에 대한 기준을 가져야 한다.

수용의 대상은 '좋은 것(good)'이 아니라 '있는 그대로의 것(real)'이다. 수용은 클라이언트가 '가치 있는 인간으로 인정받고 싶어 한다'는 욕구에 대해 반응하는 것이다. 따라서 사회복지사는 클라이언트가 나타내는 그대로의 자신을 바라보도록 안정감을 느끼게 하고, 더욱 현실적인 방법으로 클라이언트의 문제와 자신을 처리할 수 있도록 바람직하지 못한 방어기제에서 벗어나도록 돕는 것이다(Biesteck, 1973).

클라이언트를 수용하는 데 장애가 되는 요인은 다음과 같다.

① 인간의 행동양식에 관한 충분하지 못한 지식
② 사회복지사로서 특정한 면을 받아들이지 못한 태도
③ 사회복지사 자신의 감정을 클라이언트에게 맡겨 버리는 것
④ 편견과 선입견을 가지는 것
⑤ 보장할 수 없으면서 말로만 클라이언트를 안심시키는 것
⑥ 수용과 허용의 혼돈
⑦ 클라이언트에 대한 존경의 결여

5) 비심판적 태도

비심판적 태도(nonjudgemental attitude)란 문제의 원인이 클라이언트의 잘못 때문인지 아닌지, 혹은 클라이언트에게 책임이 있는지 등을 언어 혹은 비언어적인 것으로 표현하지 않고, 클라이언트의 특성 및 가치관을 비난하지 않는 것을 말한다. 비심판적인 태도는 심판받지 않으려는 인간의 욕구를 기반으로 한다.

사회복지사는 클라이언트의 행동이나 태도 혹은 가치관 등을 객관적으로 평가해야 하는데 이는 그를 판단하기 위해서가 아니라 클라이언트를 이해하기 위해서이다.

(1) 클라이언트의 욕구

클라이언트는 자신의 무능, 실패, 부도덕성에 관한 사회복지사의 심판 가능성에 대해서 두려움을 가진다. 클라이언트는 극도의 정서적 민감성과 죄책감 때문에 사회복지사가 말로써 직접 표현하지는 않을지라도 비언어적 심판적인 태도를 느끼게 되

는 것이다. 특히 클라이언트는 대체로 사회복지사의 비판적인 판단을 두려워한다. 특히 죄책감, 열등감, 고독감이 있는 클라이언트는 극도로 민감하므로 사회복지사는 더욱 주의해야 한다. 클라이언트는 사회복지사가 그의 행동을 칭찬하거나 꾸짖는 것과 같은 심판을 하는 데 아무런 흥미나 관심을 가지고 있지 않다는 것을 인식할 때, 자기보호의 욕구를 버리게 된다(Hamilton, 1937).

(2) 비심판적 태도의 장애요인

비심판적 태도를 갖기 위해서는 다음과 같은 몇 가지의 장애요인을 제거하는 것이 필요하다.

① 편견이나 선입관: 편견이나 선입관이 있는 경우 클라이언트를 객관적으로 보기 어렵다.

② 성급한 확신: 클라이언트가 자신에게 심판적인 태도를 보인다고 느낄 수 있다.

③ 다른 사람과의 비교 또는 유형화하려는 태도: 클라이언트는 자신을 범주화한다고 느낀다. 이러한 장애요인은 사회복지사에 대해 클라이언트가 적개심과 같은 부정적인 감정을 표현하게 만든다.

6) 클라이언트의 자기결정

클라이언트의 자기결정(client self-determination)이란 사회복지실천과정에서 클라이언트가 스스로 자기선택과 결정할 자유에 대한 클라이언트의 권리와 욕구를 인정하는 것이다. 클라이언트는 모든 의사결정 과정에서 스스로 참여하여 선택하고 결정하는 자유를 누리게 하는 것이다. 따라서 클라이언트에게가 나갈 방향을 결정하려는 것을 존중하고 그 욕구를 결정하는 잠재적 힘(강점)을 자극하면, 자신의 문제를 해결하기 위해 적극적으로 참여할 것이다. 단, 클라이언트의 자기결정권은 적극적·건설적 결정을 내릴 수 있는 클라이언트의 능력 및 법률이나, 도덕의 테두리 또는 사회기관의 기능에 따른 범위 안에서 제한을 받는다. 이러한 자기결정권을 최대화하기 위해서는 클라이언트의 실수나 한계보다 장점과 능력을 강조해야 한다.

(1) 클라이언트의 자기결정 원칙적용 시 유의사항

① 사회복지사는 문제해결의 주도권을 잡는 것을 피해야 하며, 주요 문제해결자는 클라이언트임을 강조한다.

② 클라이언트의 사회적·정서적 생활에 지나치게 관여하지 않는다.

③ 직·간접적으로 클라이언트를 조종하거나 강제로 설득하지 않는다.

④ 클라이언트의 자기결정에 관한 논의는 각 클라이언트의 상황에 따라 개별화한다.

⑤ 클라이언트에게 모든 결정을 맡기는 것이 아니라 문제를 해결할 수 있는 다양한 방법을 제시하고, 함께 대안을 모색하며 클라이언트가 선택할 수 있도록 돕는다.

(2) 자기결정의 한계

클라이언트의 자기결정권은 자신의 능력, 법적·윤리적 측면, 사회기관의 기능에 따라 제한을 받는다. 클라이언트의 기능이 손상되어 자신의 이익을 위한 행동이 어려운 경우라도 클라이언트의 자기결정권을 가능한 한 최대화시키기 위해 노력하지만 다음의 경우에는 클라이언트의 자기결정을 제한할 수 있다.

① 지적·정신적·신체적 장애로 인해 클라이언트 스스로 결정할 능력이 없는 경우 자기결정권의 기회가 제한될 수 있다.

② 클라이언트의 결정이 법적·도덕적 규범에 어긋날 경우 자기결정의 원리는 제한을 받는다.

③ 사회복지기관의 규정에 위배되는 경우에는 사회기관의 규정에 따라야 한다.

7) 비밀보장

비밀보장(confidentiality)은 클라이언트가 전문적 관계에서 신뢰를 바탕으로 얻은 정보를 사회복지사가 전문적 치료 목적 이외에 클라이언트의 동의 없이 제3자에게 누설하지 않는다는 것을 말한다. 이는 사회복지실천에서 가장 기본적인 원칙이자 사회복지사의 윤리적 의무이다. 비밀 보장이 지켜지지 않으면 전문적 원조관계는 성립될 수 없다(Biesteck, 1973).

원조관계에서 클라이언트는 자신과 관련한 비밀을 보장받고 싶어 한다. 따라서 사회복지사는 클라이언트의 정보를 보호하고, 전문적 치료 목적이 아니면 타인에게 알려서는 안 된다. 비밀보장이 지켜질 때 클라이언트는 자기방어 기제를 사용하여 자신을 왜곡하는 현상을 줄일 수 있으며, 신뢰감을 갖게 되어 사회복지사와 클라이언트 간 의사소통이 활발해진다.

한편 사회복지실천현장에서 일어날 수 있는 비밀보장과 관련된 갈등은 다음과 같다(이영실 외, 2016).

① 클라이언트 자신의 내적 갈등: 클라이언트의 비밀보장의 권리와 다른 권리 및 의무와의 모순 및 충돌이다.

② 타인의 권리와의 충돌: 양쪽의 권리를 비교하여 중요한 권리를 택해야 한다.

③ 사회복지사의 권리와의 충돌: 클라이언트의 비밀을 보호하려면 사회복지사 자신의 권리가 박탈될 경우가 생길 수 있다. 이 경우에도, 양쪽 권리를 비교하여 중대한 편을 선택해야 한다.

④ 사회기관의 권리와의 충돌: 클라이언트의 비밀을 지키기 위해 기관의 사회적 사명과 권한을 넘는 조치를 강요당하는 경우가 있다.

⑤ 사회의 권리와의 충돌: 사익과 공익, 개인의 권리와 공공복지 간에 충돌이 있을 수 있다(민사소송의 경우: 증언거부 가능, 비밀보장 유지/형사소송의 경우: 증언거부 불가능, 비밀보장 예외).

사회복지사가 지금까지 살펴본 7가지 관계의 기본 원리를 지키기 위해서는 관계의 목적이 클라이언트의 원조와 문제해결에 있다는 점을 항상 기억해야 한다. 관계 자체가 목적이 아니라, 관계는 클라이언트의 문제해결과 성장을 위한 노력의 한 도구이고 과정으로서 필요하다는 점이 중요하다(Kadushin, 1983).

함께 풀어 봅시다!

정답 및 해설

1 사회복지실천에서 전문적 관계의 특성에 관한 설명으로 옳지 않은 것은?

① 클라이언트의 욕구와 중심이 된다.
② 시간적인 제한을 둔다.
③ 전문가 자신의 정서를 통제하는 관계이다.
④ 전문가가 설정한 목적 달성을 위해 형성된다.
⑤ 전문가는 전문성에 기반을 둔 권위를 가진다.

❹
▶▶ 전문적 관계의 특징 중 의도적 목적성에 관한 내용이다. 전문적 관계를 형성하는 것은 사회복지사와 클라이언트가 서로 합의한 목적이 있기 때문이다. 따라서 전문가가 설정한 목적달성을 위해 형성되는 것은 아니다.

2 클라이언트를 개별화하기 위해 사회복지사에게 필요한 역량이 아닌 것은?

① 언어적 표현에 대한 경청 능력
② 비언어적 표현에 대한 관찰 능력
③ 질환에 대해 진단할 수 있는 능력
④ 편견과 선입관에 대한 자기인식 능력
⑤ 감정을 민감하게 포착할 수 있는 능력

❸
▶▶ 질병이나 장애 등의 진단은 의료 분야의 전문가가 하는 업무이기 때문에 질환에 대해 진단하는 것은 사회복지사의 역할이 아니다.

3 면담 도중 클라이언트가 갑자기 말을 하지 않고 있다. 침묵을 다루는 사회복지사의 자세로 옳은 것은?

① 면접을 종결한다.
② 다른 주제로 전환한다.
③ 말을 하지 않는 이유가 무엇인지를 말을 할 때까지 되묻는다.
④ 클라이언트가 왜 침묵하는지 헤아려 본다.
⑤ 클라이언트가 말을 할 때까지 같이 침묵한다.

❹
▶▶ 면접 도중에 찾아온 클라이언트의 침묵은 방해물로 여기기 쉬운데, 침묵에는 여러 가지 의미가 있기 때문에 침묵의 의미를 파악하는 것이 필요하다. 짧은 순간의 침묵도 견디기 힘들어 종결하거나 다른 주제로 전환하는 것은 옳지 않으며, 짧은 침묵은 정중한 침묵으로 대응하는 것이 좋다. 그러나 클라이언트가 말을 할 때가지 끝까지 사회복지사도 침묵하는 것은 옳지 않으며, 침묵이 길어질 때에는 그 침묵을 탐색해야 한다.

4 다음 중 관계의 기본 원칙을 바르게 적용한 것은?

① 아동과의 면접일정을 부모가 정하게 했다.
② 노인의 성(性)문제는 중요하지 않기 때문에 다루지 않았다.
③ 피어싱을 한 청소년에게 학생답지 못했다고 했다.
④ 아버지에게 분노감을 느끼는 자녀가 감정을 표현하지 않도록 했다.
⑤ 클라이언트의 상황에 맞추어 면접장소를 정했다.

❺

▶▶ ⑤번이 개별화의 원칙을 가장 적절히 적용하였다.

5 비에스텍(F. Biestek)의 관계의 원칙에 관한 설명으로 옳은 것은?

① 의도적 감정표현: 클라이언트와 라포 형성을 위해 사회복지사의 감정을 주의 깊게 표현하는 것이다.
② 수용: 클라이언트의 행동 변화를 위해 바람직한 가치를 받아들이도록 격려하는 것을 의미한다.
③ 개별화: 클라이언트가 속한 집단적 특성을 탐색하는 과정을 포함한다.
④ 비심판적 태도: 클라이언트의 자기 결정 능력이 부족한 경우에 판단을 유보하는 것이다.
⑤ 통제된 정서적 관여: 클라이언트가 자기 이해를 통해 부정적 감정에 직면하도록 강화할 때 필요하다.

❸

▶▶ 개별화는 클라이언트마다 개별적인, 독특한 특성이 있다는 것을 인정하고 원조하는 것으로서, 개별화의 원칙을 적용하기 위해서 사회복지사는 특정 클라이언트 집단에 대한 편견과 선입관에서 벗어나야 한다. 이를 위해서 클라이언트가 속한 집단적 특색을 탐색하여 정확하게 집단의 특성을 알아야 한다.

Chapter

09

면접의 방법과 기술

01 면접의 개요

1) 면접의 개념

면접 혹은 면담(interview)이란 최소한 두 사람 이상이 특정한 목적을 가지고 함께 이야기를 나누는 것으로서, 언어적·비언어적인 의사소통을 포함한 목적지향적인 대화라고 할 수 있다. 그리고 면접은 의식적으로 서로 수용할 목적을 위하여 이루어지는 대인 간의 상호작용을 포함하고 있으며, 공식적인 구조와 명백하게 정의된 역할의 담당, 그리고 상호작용 과정을 규정하는 일련의 기준을 포함한다. 따라서 사회복지사는 면접을 통하여 의사소통을 촉진하고, 가능케 하고, 문제를 사정하고, 계획을 세우고, 개입하고, 서비스를 제공하게 된다. 사회복지사의 면접기술은 의사소통기술과 함께 클라이언트를 직접 만나 서비스를 제공할 때 이용될 뿐만 아니라, 다른 전문가, 가족구성원, 이웃과 일반 대중에게도 활용된다.

면접은 사회복지사가 사회복지실천현장에서 사용하는 기본 도구다. 면접은 사회복지사와 클라이언트의 전문적 관점에서 일어나는 상호작용을 의미하며, 이를 통해 정보 수집, 과업 수행, 문제해결 등과 같은 목적을 수행하는 시간제한적인 의사소통이라 할 수 있다.

면접은 인지, 정서, 행동의 변화를 목적으로 한 언어적 행동으로서 문제해결을 위한 개입이라고 정의할 수 있다(Kirst-Ashman & Hull, Jr., 1999). 따라서 면접은 치료적 개입의 기초이다. 또한 면접은 목적이 있고 목표 지향적 특성을 지닌 전문적 대화 혹은 의사소통과정이라고 정의할 수 있다. 면접은 전문적 기술이지만, 사회복지사의 창의적 방법이 통합되는 예술이라고 말할 수 있다. 따라서 모든 사회복지사는 자신에게 적절한 스타일의 면접기술을 발달시켜야 한다. 결국, 사회복지실천에 있어서 면접은 클라이언트의 문제 파악 및 실행, 평가의 전반적인 실천과정에 있어 기본적인 수단이며 정보수집의 도구이며, 그 자체가 치료 효과를 내기도 한다.

브라운 등(Brown & Furstenberg, 1992)은 면접에 영향을 미치는 요인을 다음과 같이 제시하였다.

① 사회복지사의 자기인식 정도
② 주고받는 심리에 대한 고유한 역동성을 이해하는 것
③ 원조관계를 발전시킬 수 있는 사회복지사의 능력
④ 클라이언트를 존중하며 클라이언트로 하여금 의사소통과정에 적극 관여하도록 하는 사회복지사의 능력
⑤ 클라이언트에게 기술적으로 말을 하고 질문하는 사회복지사의 능력
⑥ 면접의 목적
⑦ 면접이 행해지는 분위기와 장소
⑧ 비밀보장의 정도
⑨ 전이와 역전이 등과 같은 면접과정에서 유발되는 역동성에 대한 사회복지사의 인식이다.

2) 면접의 특성

사회복지 면접은 특별한 주제를 가지고 사회복지사에 의해 의도적이고 전문적으로 이루어진다는 점이 다르다. 즉, 사회복지 면접은 인간의 행동과 반응에 대한 전문적 지식과 정교한 인간관계 기술을 갖춘 사회복지사가 클라이언트와 그의 문제를

이해하고 원조한다는 목적을 가지고 의도적으로 이끌어가는 전문적 대화라고 할 수 있다. 콤튼과 갤러웨이(Compton & Galaway, 1999)는 사회복지실천 면접의 특성을 다음과 같이 제시하였다.

① 면접을 하기 위한 세팅과 맥락이 있다.

클라이언트에게 서비스를 제공하는 기관이 있고, 면접의 내용은 클라이언트의 문제해결이라는 특정 상황에 한정되어 있다. 따라서 그 상황과 관련 없는 내용은 면접에서 다루지 않는다.

② 면접은 목적과 방향이 있다.

면접의 목적은 클라이언트를 이해하고 돕는 것이다. 따라서 이 목적을 달성하기 위해 수행하는 하나의 과정이기 때문에 면접은 목적 지향적이어야 한다. 즉, 개입 목적에 관련된 내용으로 의사소통이 제한된다는 점을 말한다.

③ 면접은 계약에 의해 수행된다.

면접은 사회복지사와 클라이언트가 전문적인 관계를 맺음으로서 계약에 의한다. 따라서 클라이언트의 문제해결을 위해 함께 활동할 것을 합의한 상태에서 이루어지는 활동이다.

④ 면접은 특정한 역할관계가 있다.

면접에서 사회복지사와 클라이언트는 서로 역할이 다르다. 사회복지사는 면접자로서, 클라이언트는 피면접자로서 특정한 역할관계로 규정되어 있다. 따라서 각자의 역할에 따라서 상호작용이 일어난다.

⑤ 면접은 공식적인 활동이다.

면접은 개인적인 수준에서 이루어지는 것이 아니라, 공식적인 절차를 통해 이루어지는 활동이다.

⑥ 면접의 목적은 단계마다 달라진다.

면접의 목적은 전문적 관계에 바탕을 두고 이루어지는데 정보수집, 과업수행, 클라이언트의 문제나 욕구 해결 등 결국은 클라이언트를 이해하고 돕는 것이다. 면접은 각 단계마다 실시되지만 그 세부 목적이 달라짐을 알고 실시해야 한다. 예를 들어, 초기 단계에서 실시되는 면접은 클라이언트와 신뢰 관계를 형성하는 것이며, 자료수집 단계에서는 유용한 정보를 수집하는 것이며, 사정 단계에서는 목표설정 및 개입계획 수립에 필요한 판단을 하기 위해서이며, 개입 단계에서는 클라이언트의 변화를 유도하는 것이다. 이처럼 면접의 목적은 각 실천 단계에 따라 달라진다.

3) 면접의 목적

사회복지 면접은 대개 문제 상황에 처한 클라이언트에 대한 정보를 수집하고, 도움을 제공하는 것이 목적이다. 즉, 사회복지 면접의 목적은 해결되어야 할 문제를 가지고 고통을 겪고 있는 사람과 그 상황에 대하여 충분히 이해함으로써, 그 문제를 효과적으로 해결하므로 사회복지의 기능에 따라 결정된다.

헵워스 등(Hepworth et al., 2002)은 면접의 목적을 삶의 질적 향상과 성장을 목적으로 문제를 해결하고, 이에 필요한 전략이나 행동을 모색하기 위해 정보를 주고받는 것이라고 했다.

따라서 클라이언트의 문제에 대해 충분히 이해하여 적절한 원조를 제공하야 한다. 면접은 대체로 곤경에 처해 있는 클라이언트와의 관계에서 이루어지므로, 면접 기술을 활용하는 과정에서 사회복지사가 지켜야 할 원칙은 다음과 같다.

① 사회복지사는 자신의 호기심을 해소하기 위해 클라이언트의 개인적인 상황에 초점을 두지 않는다.

② 면접은 클라이언트의 문제 상황에 따라 단계적으로 이루어져야 한다. 클라이언트의 마음이 자연스럽게 완전히 열렸을 때 효과적인 면접이 가능하다. 따라서 사회복지사는 성급히 면접을 이끌어 가지 않고, 클라이언트의 심리·사회적

상태의 흐름에 맞추어 진행해야 한다.

③ 사회복지사는 면접과정에서 클라이언트의 심리 상황에 충분히 공감해야 한다. 사회복지사는 클라이언트를 인간으로서 존중해야 함은 물론 면접의 매 순간 클라이언트의 지각적·인지적·감정적·행동적 상태를 수용하고 함께 나눌 수 있어야 한다(최세영 외, 2017; 최옥채, 2007).

02 면접의 조건과 종류

1) 면접의 조건

면접을 준비하기 위해서는 면접의 계약, 면접의 내용, 클라이언트와 사회복지사의 상호 이해에 대한 노력 등의 과업이 요구된다. 이러한 준비는 클라이언트를 만나기 전에 이루어져야 한다. 먼저, 사회복지사는 면접실의 물리적 환경을 고려해야 하며, 만약 면접이 사무실에서 이루어진다면 상호 협조적 분위기가 되도록 준비한다.

면접을 위한 사회복지사의 적절한 복장은 클라이언트가 사회복지사에 대해 좋은 인상을 갖게 하는 장점으로 작용한다. 면접 시 사회복지사의 복장에 대한 규정은 '약간 보수적'이라고 할 수 있으나, 이는 개인의 해석에 따라 달라질 수 있다. 또한 기관의 성격이나 사회복지 분야에 따라 많은 차이가 있다.

면접의 내용을 준비할 때는 서비스 목적과 목표를 상기하고, 현재 면접의 목표를 설정한다. 사회복지사가 달성해야 할 과업에 대해 정보 수집을 한다면, 지난 회기 면접 기록을 참고할 수 있다. 면접의 구조와 질문내용도 고려한다. 이러한 준비 과정은 면접의 형식과 초점을 분명하게 한다.

면접과정에서 사회복지사는 클라이언트의 감정과 욕구를 배려한다. 그리고 사회복지사 자신의 감정도 관찰하여 효율적 의사소통이 이루어지도록 한다. 면접에 대한 사회복지사의 준비는 클라이언트와 상호 협조적 분위기를 조성하는 데 필수적이고, 효율적인 면접을 가능하게 한다(박주현 외, 2014; 양정남·최선령, 2007).

면접의 물리적 조건은 참여자의 태도, 감정, 반응 등에 중요한 영향을 미친다(Hepworth et al., 2002).

(1) 면접을 실시하기 적절한 장소

면접을 실시하는 장소는 면접의 성공 여부에 영향을 준다. 면접 장소가 너무 시끄러우면 대화를 나누기 불편할 것이다. 따라서 상담실이나 사회복지사의 사무실 같이 주위 조건을 조절할 수 있는 공식적인 장소가 적절하다. 그러나 너무 딱딱하고 경직된 분위기의 권위적 느낌이 드는 곳은 좋지 않다. 클라이언트의 사생활을 보장할 수 있고, 안락하고 조용하여 방음이 되어 다른 사람의 방해를 받지 않는다면 면접실로 적절하다.

(2) 클라이언트의 특성을 고려한 면접 장소

면접 장소는 클라이언트의 선호와 사례의 특성에 따라서 달라질 수 있다. 무조건 기관의 상담실이나 사무실에서 진행해야 한다는 생각은 옳지 않다. 상황에 따라서는 얼마든지 변경가능하다. 예를 들어, 거동이 불편한 클라이언트는 그의 집에서 면접을 진행하는 것이 더욱 좋으며, 입원환자는 병실에서, 학생의 경우 공식적인 장소에 대한 부담감 혹은 거부감이 있는 경우에는 공원이나 운동장 혹은 학원으로 이동하는 시간에 맞추어 장소를 선택할 수도 있다.

(3) 면접 시 고려할 물리적 조건들

① 너무 어둡거나 너무 밝지 않은 채광과 조명, 간접조명

② 춥거나 덥지 않고 안락함을 느끼는 정도의 적당한 온도가 좋다.

③ 답답한 느낌을 주지 않을 정도의 적절하게 넓은 공간

④ 면담에 적절한 가구, 등을 기댈 수 있는 의자, 의자는 마주 보는 배치보다는 90도 각도로 배치

⑤ 비밀이 보장되는 안전하고 독립된 공간으로 외부전화 소리가 들리지 않거나

최소화되어 조용한 곳

⑥ 다른 사람이 갑자기 들어올 수 없는 곳으로 방해받지 않는 공간

(4) 면접 시간

면접시간은 구조화하는 것이 좋다. 즉, 클라이언트에게 면접시간이 얼마나 걸리는지, 몇 회기를 만나게 되는지 등을 미리 알려줄 필요가 있다. 그렇게 되면 제한된 시간 안에서 자신이 하고 싶은 이야기를 사전에 생각해 보고 정리할 수 있기 때문에 면접이 진행되는 시간을 효율적으로 사용할 수 있다.

면접 시간은 면접의 목적에 따라 다를 수 있지만, 면접 시간에 제한을 두면 더 신속하게 진행될 수 있다. 시작시간과 마치는 시간을 미리 정하고 공유하면 목적에 맞고 초점에 집중하여 면접이 이루어질 수 있다. 가장 적당한 면접 시간은 약 40~50분 정도가 적당하다. 보통 50분을 전후로 45분에서 75분인데, 이보다 더 길어지면 지루하고 집중력이 떨어진다. 그러나 클라이언트의 주의집중 능력, 의사소통 능력, 그리고 상황에 따라서 조금씩 달라질 수 있다.

면접을 마친 후 클라이언트가 아주 중요한 문제를 이야기하는 경향이 있는데, 면접자는 그 중요성을 인정하고 다음 면접 때 그 문제에 대해 함께 이야기할 것을 제안한다.

2) 면접의 종류

(1) 구조화 정도에 따른 면접의 종류

면접으로 진행하는 방법은 크게 구조화된 면접, 반구조화된 면접, 비구조화된 면접으로 나누는데 그 내용은 다음과 같다(이영실 외, 2016).

① 구조화된 면접

구조화된 면접(structured interview)은 사전에 준비한 똑같은 순서나 동일한 내용으로 질문지를 이용하여 실시한다. 구조화된 면접은 사전에 이미 질문이나 내용이

매우 구체적으로 짜여 있으며, 흐름에 따라 조사하면 된다. 구조화된 면접은 조사대상의 수가 많은 경우 사용하기 편리하며, 많은 응답자가 똑같은 질문을 받게 된다는 뜻에서 표준화된 면접이라고도 한다.

구조화된 면접이 적절한 경우는 수집한 자료를 비교하는 것이 중요할 때, 한 명 이상의 면접자가 면접을 수행할 때, 면접자의 면접 경험이 부족할 때 사용된다.

구조화된 면접의 단점으로는 논리적인 반응을 하게 되는 경향이 있어 정서적인 내용이 거의 없으며, 피면접자에 따라 특정한 질문이 해당되지 않거나 부적절할 수 있어 면접시간을 낭비할 수 있다는 한계가 있다.

② 반구조화된 면접

반구조화된 면접(semi-structured interview)은 표준화와 비표준화의 중간형태이다. 반구조화된 면접은 개략적인 조사표를 가지고 융통성 있게 면접내용을 조정하는 경우를 말한다. 반표준화된 면접 또는 준구조화된 면접이라고도 한다. 반구조화된 면접은 지침이 있는 면접(guided interview)형식이다. 이 면접 방법은 미리 결정된 질문이나 면담 시 사용해야 하는 주요 단어(key word)가 있다. 하지만 구조화된 면접과는 달리 각각의 이슈에 대하여 특정 관점에서 질문할 수 있고, 피면접자의 반응에 따라 적절한 시점에서 개방형 질문을 할 수 있다. 이 면접 방법은 비구조화된 면접이나 구조화된 면접, 양자의 장점을 둘 다 가지고 있다는 것이 특징이다.

③ 비구조화된 면접

비구조화된 면접(unstructured interview)은 면접 시 질문이나 알아보고자 하는 내용이 미리 짜여 있다기보다는 말 그대로 구조화되지 않은 채, 면접 목적에 따라 개방적으로 진행하는 면접형식이다. 피면접자의 세계에 대해 심층적이며 자세한 묘사와 이해를 얻고자 할 때 가장 적절한 면접 방법이다. 즉, 조사하고자 하는 대상이나 사례가 특수하며, 미리 구조하고 조사표를 작성하기 어려울 때 사용하며, 숙련된 조사원은 최소한의 방향만 제시하는 지침을 가지고 면접 당사자 간의 상황에 따라 문답의 순서에 제한 없이 자유로운 상태에서 진행하는 면접이다.

(2) 목적에 따른 면접의 종류

사회복지 면접의 종류를 재스트로(Zastrow, 1995)는 사회력과 사회조사를 위한 정보 수집 면접, 진단을 위한 사정 면접, 그리고 클라이언트의 변화를 위한 치료적 면접으로 구분하였다. 그러나 이처럼 세 종류로 나눈 면접은 명확히 구별하기가 어렵고, 서로 중복될 수도 있다.

① 정보 수집을 위한 면접

정보 수집을 목적으로 하는 면접을 사회조사라고 하기도 한다. 정보 수집을 위한 면접의 목적은 클라이언트와 그의 상황을 이해하는 데 필요한 정보를 수집하는 것이다. 사회조사는 클라이언트의 개인적·사회적 문제와 관련된 인구 사회학적 배경과 개인의 성장·발달사에 관한 정보를 수집한다.[1] 이것은 클라이언트의 배경을 이해함으로써, 문제를 좀 더 잘 이해하기 위해서이다. 정보 수집 면담은 클라이언트의 유형, 문제영역, 기관의 성격 등에 따라 초점이 달라질 수 있다.

재스트로(Zastrow, 1995)는 정보를 수집할 때 다음과 같은 항목을 파악해야 한다고 하였다. 따라서 면접에 포함되는 일반적인 내용은 다음과 같다.

- 일반적 사항: 나이, 성별, 학력, 결혼상태, 주소 등
- 현재 문제: 현재 문제 상황, 현재 문제와 관련된 과거력 등
- 가족력: 클라이언트 원가족과의 관계, 부모·형제관계, 부부관계, 자녀관계 등
- 개인력: 아동기 성장과정, 발달 단계상의 문제, 학교생활, 교우관계, 직장생활 등
- 사회적·직업적 기능: 클라이언트의 사회적·직업적 기능 정도 등

정보수집을 위한 대상은 클라이언트뿐 아니라 부모, 친구, 친척, 관련 기관 등을 포함하며, 기관의 특성에 따라 사회력에서 요구하는 특정한 정보는 차이가 있다. 사회력에 포함되는 내용은 기관의 특성에 맞게 조정된다. 일반적으로 이름, 나이, 성별,

1) 여기서 인구사회학적 배경은 나이, 성별, 학력, 결혼상태, 경제상태, 거주지 등을 말하고, 개인 성장·발달사는 영유아기, 아동기, 청소년기, 성인기 등을 뜻한다.

직업 등의 조사와 문제의 특성, 아동기의 발달단계, 경험, 가족 배경, 결혼력, 직업력, 접촉했던 사회복지관, 일반적 인상 등이 포함된다.

② 치료를 위한 면접

치료적 면접은 클라이언트를 도와서 그 자신이 변화하거나 클라이언트의 기능 향상을 위한 사회적 환경을 변화시키기 위해 실시하는 면접이다. 면접을 통해 클라이언트에게 자신감과 자기효율성을 강화하고, 필요한 기술을 훈련하며 문제를 해결할 수 있는 능력을 키우는 것이다. 이러한 면에서 면접은 클라이언트의 문제해결을 돕는 치료 효과를 가진다. 우리가 보통 상담을 통해 심리적 문제를 해결하고 도움을 받는 상담과 비슷하다.

치료를 위한 면접의 목적은 클라이언트의 변화를 돕기 위한 것과 클라이언트의 더 나은 사회적응을 위해 환경을 변화시키는 것으로 나누어 볼 수 있다.

① 클라이언트의 변화를 돕는 것은 사회적 환경 속에 있는 힘의 균형을 클라이언트의 이익을 위해 변화시키는 것에 있다. 치료를 위한 면접은 어떠한 방법으로든지 클라이언트 자신의 행동, 태도, 혹은 의견을 교정하려는 데 목적을 둔다.

② 클라이언트의 더 나은 사회환경 변화를 목표로 한다면 클라이언트에게 중요한 다른 사람들과 면접이 이루어진다. 이때 사회복지사는 중재자나 대변자로 관여하여 클라이언트를 대신해서 그들에게 영향을 미쳐야 한다. 클라이언트의 권익과 이익을 옹호 및 대변하기 위하여 사회복지기관, 지역사회, 관련 공무원 그리고 상황에 따라서는 정책변화에 관련된 활동이 이루어진다.

③ 사정을 위한 면접

사정을 위한 면접은 구체적 서비스에 대한 의사결정을 하기 위한 면접이다. 서비스를 제공해야 하는지 아닌지, 제공한다면 어떠한 서비스가 필요한지 판단을 내리기 위해 실시한다. 사정을 위한 면접은 정보를 수집하기 위한 면접보다 면접 자체의 서비스를 위한 평가와 적격 요인을 결정하기 위한 목적 지향적 활동이다. 즉, 사정을 위한 면접을 통해 클라이언트가 처해 있는 현재 문제상황을 파악하고, 문제해결 목표를 달성하기 위한 개입방법을 결정하게 된다.

한편, 헵워스 등(Hepworth et al., 2002)은 클라이언트에게 정보를 이끌어 낼 수 있는 면접기술을 다음과 같이 제시하였다.

- 정보 노출을 이끌어 내는 반응: 클라이언트의 말을 주의 깊게 듣고 클라이언트가 계속 말할 수 있도록 격려하는 것으로서, 고개를 끄덕이거나 '그렇군요', '그래서요' 등의 반응이 포함된다.
- 말을 바꿔서 하는 기법: 클라이언트의 말을 새로운 단어를 사용하여 재진술하는 것으로서, 클라이언트가 감정에 사로잡혀 핵심을 잡지 못할 때 인지적 측면에 초점을 두어 재진술한다.
- 개방적·폐쇄적 질문하기: 구체적인 정보를 이끌어 내기 위하여 적절히 사용해야 한다. 폐쇄적 질문은 클라이언트의 반응을 '예', '아니오'로 제한하는 질문방법이며, 개방적 질문에는 주제를 제한하여 질문하는 구조화된 질문과 주제의 선택을 클라이언트에게 맡기는 비구조화된 질문방법이 있다.
- 구체적 표현을 추구하는 기법: 생각하기에 따라 다양하게 해석될 수 있는 클라이언트의 표현에 대해, 오해나 실수를 최소화하기 위해 구체적으로 표현해 줄 것을 요청하는 기법으로서, 사회복지사의 표현도 구체적으로 이루어져야 한다.
- 요약하기: 한 주제에서 다른 주제로 넘어갈 때, 한 세션이 끝날 때, 그 세션에서 다루었던 내용을 정리함으로써 문제에 대해 명확한 관점을 가질 수 있도록 돕는 기법이다.
- 초점 제공과 유지하기: 제한된 시간 내에 최대의 효과를 추구해야 하는 전문적 관계에서 불필요한 방황과 시간낭비를 막아 주는 효과적인 기법이다.

03 면접기술의 적용

사회복지실천을 위한 기본적인 기술 중 하나가 바로 면접기술이다. 면접은 클라이언트와의 대화 그 이상의 것이다. 따라서 사회복지실천에서 가장 중요한 것은 '어떻게 클라이언트를 대해야 하는가'이다. 즉, '클라이언트를 대하는 면접의 원리'이다. 사회복지실천에서 다루는 클라이언트와의 면접 원리는 서비스를 주는 사람의 입장이 아닌, 서비스를 받는 사람의 시각에 기초하여 '함께 문제해결의 과정을 밟아 가는 면접'으로 말할 수 있다.

면접이 효과적으로 진행되기 위한 면접기술은 ① 관찰기술, ② 경청기술, ③ 질문기술, ④ 초점 제공과 유지 및 해석기술, ⑤ 반영, 명료화, 직면기술, ⑥ 말을 바꾸어 설명하는 기술, ⑦ 요약기술, ⑧ 정보 제공하기와 조언기술 등이 있다. 각각의 기술에 대해 구체적으로 살펴보면 다음과 같다(이장호·금명자, 1996; 전재일·이성희·김연희, 2010).

1) 관찰기술

(1) 관찰의 개념

관찰기술은 모든 사회복지실천 과정에서 사용하는 주요 면접 기술로서, 클라이언트가 말하고 행동하는 것에 주의를 기울여 그를 이해하는 것이다. 초기 면접 이전에는 클라이언트가 대기실에서 기다리고 있는 상황부터 시작된다. 특히, 면접 중에는 클라이언트의 언어적 표현뿐만 아니라, 비언어적 표현에도 민감해야 한다.

관찰은 단순히 보는 것이 아니라 클라이언트가 이야기하는 것과 동시에 이야기하지 않는 것, 이야기의 숨겨진 의미도 해석해야 한다. 그 이외에도 신체적인 표현, 몸의 긴장, 얼굴 변화, 땀 흘리는 것, 떠는 것, 흥분하는 모습, 낙담하는 모습 등도 보아야 한다.

관찰은 무엇을 볼 것인가를 선택하는 것도 포함한다. 즉, 관찰은 항상 목표 지향적이어야 한다. 또한 관찰자의 참여가 관찰되는 사람에게 큰 영향을 미치고 있다는 사실도 알아야 한다. 결국, 이러한 관찰을 통하여 조사, 진단과 치료의 과정을 과학화할 수 있다.

(2) 관찰의 대상

관찰의 대상은 면접을 하면서 무엇을 관찰해야 할 것인지 살펴보는 것으로 그 내용은 다음과 같다.

① 시작하는 말과 종결하는 말

클라이언트가 처음에 자기 문제를 설명하는 과정에서 시작하는 말은 문제를 보는 시각이나 원조에 대한 태도가 반영된다. 종결하는 말은 면접의 의미를 함축하거나 자신의 문제해결 능력을 나타낸다. 따라서 클라이언트가 무슨 말로 시작해서 무슨 말로 마무리하는지 잘 살펴야 하는데 이때, 클라이언트가 하는 말을 듣는 것이지만 관찰에 포함된다,

② 대화 중 주제 바꾸기

클라이언트가 대화 중에 말하기 곤란하거나 회피하고 싶은 주제가 나오게 되면 갑자기 클라이언트는 화제를 바꾸기도 한다. 그것은 더 이상 자신을 드러내고 싶지 않다는 표현일 수 있으므로 사회복지사는 이에 유의해야 한다.

③ 반복적으로 언급하는 내용

클라이언트가 강조하고 싶은 내용을 반복적으로 이야기하게 되므로 그 내용을 주의 깊게 듣는다.

④ 일관적이지 않은 내용

클라이언트의 말이 서로 모순되거나 그 의미가 불분명할 수 있는데, 이는 클라이언트가 가지는 양가감정, 혼란, 죄책감 등으로 인해 나타나는 결과일 수 있다.

⑤ 침묵

침묵은 화제 전환과 마찬가지로 주제가 자신에게 위협적이라고 느끼거나 말하기 곤란하다는 것을 나타낼 수 있다. 침묵의 다른 의미에 대해서도 탐색이 필요하다.

⑥ 비언어적 표현

클라이언트가 면담 중 취하는 자세, 표정, 음성의 고저, 눈맞춤 등 비언어적 표현은 클라이언트의 감정을 나타내는 중요한 단서가 된다. 클라이언트의 언어적 표현과 비언어적 표현이 일치하지 않을 경우, 비언어적 표현에 더 주의를 기울여야 한다.

2) 경청기술

경청기술은 면접에서 가장 중요한 기술이다. 클라이언트가 무엇을 말하는지, 면접자의 질문에 어떻게 반응하는지를 듣는 것이다. 이때 사회복지사가 클라이언트의 말을 주의 깊게 듣고, 클라이언트가 계속해서 말할 수 있도록 격려하기도 한다. 즉, 고개를 끄덕이거나, '그래서요', '그렇군요' 등의 반응이 포함된다. 감정이 격해 있거나 부정적인 감정을 표현으로 없애고자 하는 클라이언트에게는 경청 그 자체가 변화를 위한 적극적인 개입일 수 있다. 경청은 단순히 듣는 것이 아니라, 말하는 사람이 사용하는 어휘, 억양, 신체언어 등을 함께 파악하면서 듣는 것이다. 클라이언트의 언어적 메시지와 비언어적 메시지에 모두 세심하게 주의를 기울여야 한다.

경청에서 주의해야 할 것은 침묵을 다루는 방법이다. 면접이 서툰 사람일수록 침묵을 부담스러워한다. 그래서 사회복지사 편에서 서두르는 경향이 있다. 면접에서 침묵은 다음과 같은 몇 가지 의미가 있다.

① 클라이언트가 자기 생각을 정리하여 표현하기 위하여 침묵하는 것

② 말을 하는 도중 감정이 격해져서, 이를 다스리기 위해 잠시 침묵하는 것

③ 정말 할 말이 없어서 침묵하는 것

이럴 때는 침묵하며 기다려보는 것이 효과적이다. 각각의 사례에 따라 반응이 달

라야 할 것이다. 이를 분별하기 위해서는 침착하고, 개방적인 마음으로 클라이언트의 말을 주의 깊게 경청해야 한다.

(1) 경청의 20가지 기술

① 가능한 개방적이고 직관력이 풍부하며, 감정이입을 하고 자각하고 있을 것
② 시선을 잘 맞출 것
③ 개방적이고 집중하는 자세를 취할 것
④ 비언어적 의사소통 유형과 그 의미에 주의를 기울일 것
⑤ 의사소통의 한 형태로 침묵을 용납하고 활용할 것
⑥ 적절한 물리적 간격을 유지할 것
⑦ 단서를 포착하고 따라갈 것
⑧ 주제를 벗어나는 자신의 산만한 버릇이나 행동을 알고 있을 것
⑨ 모호하고 불분명하거나 양면성을 갖는 발언을 피할 것
⑩ 상대방이 충분히 시간을 갖고, 원하는 때에 자신의 언어로 말하게 배려할 것
⑪ 면접장소의 물리적 환경의 중요성을 기억할 것
⑫ 끼어들거나 주제에서 벗어나지 않도록 노력할 것
⑬ 의사소통되지 않는 것을 포함해서 면접의 전반적인 분위기에 민감할 것
⑭ 면접의 정서적인 내용을 경청하고, 질문을 적당하게 변용시킬 것
⑮ 가능하고 필요할 때는 언제나 환류를 이끌어 내고 검토할 것
⑯ 강한 감정이 수반될 때, 특히 적질한 시간포착의 중요성을 기억할 것
⑰ 예민하고 고통스러운 문제를 다룰 때, 특히 어조의 중요성을 기억할 것
⑱ 선입견, 고정관념, 낙인(stigma)의 위협을 피하고, 섣부른 판단이나 평가를 내리지 말 것
⑲ 이론에 대해 언급하는 것이 상대방의 이해 증진에 도움이 될 때, 상대가 이해할 수 있는 용어로 설명해 줄 것
⑳ 가능한 자연스럽고 유연한 태도를 취할 것

(2) 경청의 확인

① 적절한 고개의 끄덕임

시기적절할 때[2)] 고개를 끄덕이고 있는지 혹은 시도 때도 없이 고개를 끄덕이고 있는지 검토한다.

② 단순한 음성반응

'음, 아, 예, 그랬구나, 오 … ' 등의 단순한 음성반응은 클라이언트의 반응에 영향을 주어서, 그것의 발생확률을 변화시킬 수도 있는 매우 강력한 힘을 갖고 있다. 따라서 음성반응의 적절한 사용은 면담과정을 더욱 효과적이게 한다. 이러한 반응은 상대방에게 '이해받는다, 공감받는다'라는 느낌을 준다.

③ 관심 어린 질문

사실, 사건, 정보에 관한 관심 어린 질문이 때로는 효과적일 수 있다. 즉, 이를 어떻게 사용하느냐에 따라 상담과정의 효율적인 진행에 큰 공헌을 할 수 있다.

④ 클라이언트의 말 반복 및 요약

클라이언트의 말의 반복은 '그의 말을 경청한다, 이해한다, 계속하라'는 메시지를 준다. 또 클라이언트의 말을 요약해서 정리해 주는 것은 클라이언트로 하여금 자신의 말과 심정을 간단하고 명료하게 이해할 수 있도록 돕는 결과를 낳을 수 있다. 시기적절한 사용이 중요하다.

⑤ 클라이언트의 말 환언

상대방이 말한 내용을 바꾸어서 말하는 기술이다. 그것은 개인이 사용한 말과 닮은 말을 하면서도 주요한 생각을 선택적으로 다시 말하는 것이다. 주요 목적은 사회복지사가 의사소통하고 있는 것의 감각과 의미를 파악했는가를 확인하는 것이다.

---

2) 적절한 때는 상대방이 주요한 이야기를 금방 마쳤을 때, 상대방이 말을 하면서 내가 자기를 이해하고 있는지 궁금해 할 때 등이다.

3) 질문기술

'질문하기'는 클라이언트로부터 중요한 정보를 얻기 위해 가장 많이 사용하는 면접 기술이다. 단순히 언어적 정보를 얻기 위한 것이 아니기 때문에 질문하는 태도나 어조 등이 더 중요하다. 특히, 질문기술은 클라이언트에게 질문을 하여 대답을 유도함으로써, 상호작용을 돕고 클라이언트에 대한 이해와 문제해결에 필요한 정보를 효과적으로 얻어낼 수 있다.

(1) 질문의 유형

① 폐쇄형 질문

폐쇄형 질문은 주로 구체적인 사실에 대해 정보를 얻기 위해 사용하는 질문이다. 면접 초기 단계에서 많이 사용되지만, 면접 전반에 걸쳐서도 활용되기도 한다. 명백한 사실을 확인하거나, 클라이언트의 초점을 제한하고 확실한 사실에 대해 주로 질문하기 때문에 일반적으로 클라이언트가 '예/아니요'로 대답할 수 있게 제한하는 질문이다.

이런 형태의 폐쇄형 질문은 특히 제한된 시간 내 사실에 관한 정보를 얻어야 할 때 유용하다. 폐쇄형 질문은 면접의 초점을 유지하고, 새로운 영역으로 들어갈 때, 면접의 방향을 변경할 때, 민감하거나 감정적인 주제를 피하거나 다루고자 할 때, 면접의 속도를 늦추거나 간과한 세부사항을 보충하고자 할 때도 도움이 된다. 하지만 폐쇄형 질문은 클라이언트가 대답 할 수 있는 방법을 제한하기 때문에 클라이언트에 대한 이해의 폭을 좁힌다는 한계가 있다.

② 개방형 질문

개방형 질문은 답변의 내용을 클라이언트가 선택해서 설명하고 논의하며 대답하도록 하는 질문 방식이다. 즉, 클라이언트에게 이야기 선택의 자유를 주고, 자기가 원하는 방식과 자기 자신의 말로 생각과 느낌을 표현할 수 있도록 고안된 질문이다. 따라서 클라이언트가 중요하다고 생각하는 문제에 초점을 맞출 수 있으며, 클라이언트의 생각과 감정을 탐색할 수 있게 한다.

개방형 질문이 사회복지실천 면접에서는 더 효과적인 질문으로 사용되지만, 상황에 따라서는 폐쇄형 질문이 더 적절하거나 효과적일 수 있다.

최초의 면접이나 첫 만남에서 개방형 질문을 주로 사용하는 것이 좋다(예: 어떤 일로 이곳을 방문하게 되었습니까?). 그러나 공개된 장소에서 자신의 느낌이나 생각을 말로 표현하는 데 익숙하지 못한 클라이언트에게는 이런 형태의 질문이 위협적이고, 자신을 압도하는 것으로 느껴질 수 있으므로 주의해야 한다.

③ 생략에 대처한 질문

일반적으로 치료의 효과는 클라이언트의 말에서 생략되었던 부분(억압된 부분)을 되살릴 수 있는 치료자의 능력과 관련이 있다. 따라서 이런 능력을 습득하기 위해서는 클라이언트의 말에서 생략된 부분을 찾아내는 방법, 특히 문장 구성에서 발생한 생략 부분을 알아내는 방법을 배우는 것이 그 첫 단계다. 즉, 빠진 부분을 물어보기, 상담자의 경험과 직관에 의해 생각해 내기(단, 이때는 틀릴 수 있음을 기억해야 한다) 등이다.

(2) 주의해야 할 질문 형태

헵워스 등(2002)이 제시한 클라이언트에게 피해야 할 질문의 유형을 소개하면 다음과 같다(Hepworth & Larsen, 1986, 1990; Hepworth et al., 2002).

① 과다하게 '왜'로 묻는 질문

'왜'라는 질문은 클라이언트를 비난하거나 질책하는 의미를 내포할 수 있다. 이러한 질문을 받으면 클라이언트는 도덕적으로 추궁받는 느낌이 들어 자기행동을 정당화시키고자 방어적인 태도를 보이게 된다. 따라서 '왜'라는 식의 질문을 과다하게 사용하지 않도록 한다. '왜'보다는 '무슨 일' 혹은 '무엇 때문에'로 질문하는 것이 좋으며, '…을 가정해 본다면'으로 시작하는 가정형 질문을 추가적으로 하는 것도 대안이 된다.

② 유도하는 질문

유도하는 질문은 사회복지사가 특정한 방향으로 클라이언트의 응답을 이끌어내는 질문이다. 이러한 질문을 받으면 클라이언트는 솔직하게 자신의 의견을 말하기보다는 사회복지사가 원하는 혹은 기대하는 방향으로 거짓 답변을 할 수 있다.

③ 폭탄형 질문

폭탄형 질문은 중첩질문, 이중질문이라고도 표현할 수 있다. 한꺼번에 너무 많은 내용의 질문을 클라이언트에게 묻게 되면, 클라이언트는 어느 질문에 초점을 맞추어야 할지 몰라 혼란스러움을 느낄 수 있고, 피상적인 답을 할 수도 있다. 결국, 질문의 초점이 흐려져서 클라이언트가 피상적으로 답하므로 중요한 정보를 빠뜨리게 된다. 따라서 폭탄형 질문은 클라이언트를 당황하게 만들 우려가 있는 만큼, 한 번에 하나씩 질문하는 것이 좋다.

④ 모호한 질문

대명사를 많이 사용하거나 상황에 벗어난 질문을 하는 것이다. 이럴 때 사회복지사는 클라이언트가 그의 관심사나 상황을 더 구체적으로 묘사하도록 돕기 위하여 초점을 좁히는 기술을 사용할 수 있다.

한편, 질문의 유형과 더불어 사회복지사가 유의해야 되는 것은 질문을 던지는 태도이다. 질문이 사회복지사의 이해와 원조의지에서 나온 것임을 클라이언트가 느끼도록 질문하는 것이 중요하다. 왜냐하면 이렇게 느낄 때 클라이언트는 솔직하고 개방적이며 심층적으로 자신의 이야기를 하기 때문이다(Stream, 1978). 이처럼 잘못된 질문은 클라이언트의 잘못을 추궁하거나 대화의 흐름을 막는 역효과를 초래할 뿐만 아니라, 사회복지사가 자신을 전혀 이해하지 못한다고 생각할 수 있어 관계형성에 방해요소로 작용된다.

4) 명료화 기술

명료화는 클라이언트가 자신의 처지를 좀 더 분명하고 객관적으로 인식하도록 격려하는 기술이다. 클라이언트의 진술에 일관성이 없거나 모호한 경우 좀 더 분명히 질문하여 대답을 요구하거나, 클라이언트의 실제 반응에서 드러난 감정이나 생각 속에 암시되었던 의미를 클라이언트에게 분명하게 말해 주는 것이다. 따라서 명료화는 클라이언트 자신이 미처 자각하지 못하는 의미나, 애매하게만 느껴졌던 내용과 자료를 사회복지사가 말로 표현해 준다는 점에서 자기가 이해받는다는 느낌을 갖게 해준다.

명료화하는 방법의 예는 다음과 같다.

① 사회복지사가 이해한 것을 확인할 때: "나는 당신이 ~를 말하고 있다고 생각하는데, 제가 생각한 것이 맞나요?"

② 모호하거나 익숙하지 않은 용어의 의미를 명료화할 때: "당신이 가족과의 관계에서 상당히 고통스러웠던 것 같네요. 고통스럽다는 것이 구체적으로 어떤 것을 의미하는지 말씀해 주시겠어요?"

5) 직면하기

직면하기는 클라이언트의 말과 행위 사이의 불일치, 표현한 가치와 실행 사이의 모순을 스스로 인식할 수 있도록 직시하게 만드는 기술이다. 클라이언트가 모르고 있거나, 인정하기를 거부하는 생각과 느낌에 주목하도록 하는 기술이라고도 표현한다. 따라서 직면은 클라이언트가 자신의 문제를 유지하고 있음으로 미치는 사고, 감정, 행동을 대면하면서 어떻게 모순점을 파악하고 해결해 나갈지를 알려주는 것이다.

직면은 클라이언트의 감정, 행동, 사고의 모순을 지적하므로 잘 사용하면 효과적이지만, 잘못 사용하면 상처를 줄 수도 있다. 따라서 공감이 전제되어야 하며, 사회복지사와 클라이언트 간에 관계형성이 이루어진 후 사용해야 한다. 클라이언트가 극심한 긴장 상태에 있을 때는 사용하지 않는 것이 좋다.

직면 기술은 다양한 방식으로 사용할 수 있는데, '당신은 …라고 말했었다. 그러나 지금은 ○○하다'라는 진술을 사용함으로써 불일치를 지절할 수 있다(예: ○○ 씨는 낙태 반대주의자라고 말씀하셨습니다. 그런데 지금 따님에게는 낙태를 하라고 말씀하시네요).

6) 해석하기

해석하기는 클라이언트의 표현과 행동상황에 깔려 있는 단서를 발견하고 그 결정적 요인들을 클라이언트가 알 수 있도록 언급해 주거나 클라이언트가 좀 더 상세하게 말하도록 격려함으로써 스스로 깨닫도록 도와주는 기술이다.

해석하기를 사용하는 것은 클라이언트 스스로 자신의 문제를 이해하고 직면할 수 있도록 하는 것이다. 즉, 클라이언트의 통찰을 재촉하는 것이다.

해석은 클라이언트가 미처 의식하지 못하는 의미까지 설명한다는 면에서 무의식에 관한 전문성이 요구되는 기술이다. 특정 상황을 다양하게 해석할 수 있기 때문에 사회복지사의 해석이 틀릴 수도 있어서 적절히 사용되지 않을 경우 역효과가 나타날 수 있음을 유의해야 한다. 따라서 해석하기는 철저히 훈련된 전문가가 사용해야 하는 기술이며, 신중하게 적용해야 한다. 그리고 해석하기 기술은 직면기술과 마찬가지로 클라이언트와의 신뢰관계가 충분히 형성된 후에 사용해야 한다(Donner & Sessions, 1995).

7) 기타 면접 기술

(1) 요약하기

요약기술은 면접하는 동안 줄곧 사용할 수 있는 기술이며, 각각의 클라이언트를 개별화하고 특별하게 다루는 데 필수적인 기술이다. 요약하기는 클라이언트의 생각, 행동, 감정을 사회복지사의 언어로 정리하는 기술이다. 클라이언트가 말하는 내용의 핵심을 짧게 압축해서 명확하게 언급하는 것이다.

한 주제에서 다른 주제로 넘어갈 때, 혹은 회기를 마무리할 때 그동안 클라이언트가 이야기한 내용을 핵심만 간단히 정리한다. 요약하기를 통해 사회복지사는 자신이 정확히 이해했는지를 확인할 수 있으며, 클라이언트는 자신의 말을 사회복지사가 잘 경청하고 있음을 알 수 있다. 또한 사회복지사와 클라이언트 모두에게 면접의 초점을 유지하고 방향을 설정하는데 도움이 된다.

(2) 초점 제공과 유지하기

초점 제공과 유지하기는 제한된 시간에 최대의 효과를 가져와야 하는 전문적 관계에서 불필요한 방황과 시간낭비를 막아 주는 효과적인 기법이다. 초점에서 벗어나는 이야기로 흐를 경우, 본래의 초점으로 되돌리는 기술이다. 이 기술을 통해 사회복지사는 클라이언트가 산만하고 모호하며 어떤 주제를 회피하고자 할 때 간단히 질문하여 다시 초점을 맞춘다.

(3) 반영

반영은 클라이언트의 말과 행동에서 표현된 기본적인 감정과 생각, 태도, 상담자에게 전달하는 메시지의 내용 등을 사회복지사가 듣고, 이를 다시 다른 말로 표현해 주는 것이다. "당신은 ~에 대해서 ~하게 느끼고 있군요"의 형식으로 반영한다. 예를 들면, 직장에서 상사와의 어려움을 호소하는 클라이언트에 대하여, "당신은 직장 상사의 꾸중을 듣는 것에 대해서 힘들게 느끼고 있군요"와 같이 부연하여 반영한다.

(4) 재보증과 재명명

재보증은 사회복지사가 클라이언트의 능력에 대해 신뢰를 표현하여 클라이언트의 불안과 불확실성을 제거하고 위안을 주는 기술이다. 합리적인 생각과 결정에 대해 클라이언트 스스로가 의구심을 갖거나 자신없어 할 때 재보증을 통해 안심시켜 주는 방법으로 사용한다.

재명명은 특정 문제에 대해 클라이언트가 부여하는 의미를 수정해 줌으로써 주어진 상황을 부정적인 시각에서 긍정적인 시각으로 변화하도록 돕는 기술이다. 재명명은 인지행동치료에서 많이 활용되며 클라이언트의 인지 및 사고 과정의 변화와 함께 행동 수정을 목표로 한다.

(5) 지금-여기에 초점 맞추기

면접이 이루어지는 이야기의 초점을 과거에서 현재로, 즉 지금-여기로 옮기는 기술이다. 클라이언트가 감정과 경험을 동시에 떠올릴 때 과거의 경험이 아니라 현재의 감정에 초점을 맞추도록 해주는 것이다. 사회복지사가 직접적으로 클라이언트의 반응과 행동을 관찰할 수 있어서 편견과 실수를 줄일 수 있다.

(6) 환기법

환기법(ventilation)은 클라이언트의 문제 또는 상황과 관련된 감정 즉, 분노, 증오, 불안, 죄의식 등을 스스로 표출하도록 하는 기술이다. 클라이언트의 억압된 감정, 특히 부정적인 분노, 증오 등의 감정을 표출하게 도와줌으로써 감정의 강도를 약화시키거나 해소시킬 수 있다.

(7) 격려하기

클라이언트의 행동과 태도, 감정을 칭찬하거나 인정해 주는 기술이다. 격려하기는 클라이언트가 가진 강점 즉, 잠재적인 능력과 힘을 발견하고 이를 발휘할 수 있도록 돕는 기술이다.

함께 풀어 봅시다!

정답 및 해설

1 면접과정에서의 질문의 유형과 예가 바르게 연결되지 않은 것은?

① 개방형 질문: "결혼생활에서 어떠한 어려움이 있었나요?"
② 폐쇄형 질문: "자녀의 학교 선생님은 체벌을 많이 했나요?"
③ 유도형 질문: "당신은 너무 어려서 독립할 수 없었던 게 아닙니까?"
④ '왜' 질문: "그와 같은 결정은 당신이 내린 거죠?"
⑤ 폭탄형 질문: "그 당시 마음은 어땠으며, 그것에 대한 생각은 어땠나요? 또 당신은 어떤 행동을 했나요?"

❹
▶▶ '왜' 질문이 되기 위해서는 "그와 같은 결정을 내리게 된 배경은 무엇인가요?", 또는 "그와 같은 결정을 왜 내리게 된 거죠?"라고 질문해야 한다.

2 사회복지실천에서 면접의 특징으로 옳지 않은 것은?

① 앞으로 제공될 구체적인 서비스를 결정하며, 목적 지향적이다.
② 시간제한적이며 계약에 의한다.
③ 의사소통은 개입목적과 관련된 내용 이외도 다양한 내용들을 다룰 수 있다.
④ 클라이언트와 사회복지사 간에 정해진 역할에 따라 상호작용한다.
⑤ 전과 후의 관계(맥락)와 세팅(setting)이 있다.

❸
▶▶ 면접 중 기록을 클라이언트에게 보이지 않으려고 하는 경우, 이는 클라이언트의 오해와 불신을 더 크게 할 수 있다. 기록의 목적을 미리 설명하여 클라이언트의 양해를 구하는 것이 좋다. 녹음이나 녹화의 경우는 반드시 사전 동의를 얻는다.

3 면접을 위한 의사소통기술 중 클라이언트의 혼란스럽고 갈등이 되는 느낌을 가려내어 분명히 해주는 기술은 무엇인가?

① 재명명 ② 초점화
③ 재보증 ④ 명료화
⑤ 해석

❹
▶▶ 명료화는 클라이언트의 진술에 일관성이 없거나 모호한 경우 좀 더 분명히 질문하여 대답을 요구하거나 클라이언트의 실제 반응에서 드러난 감정이나 생각 속에 암시되었던 의미를 클라이언트에게 분명하게 말해 주는 기법이다.

4 다음 중 사회복지 면접의 종류에 대한 설명으로 옳지 않은 것은?

① 정보수집면접: 사회력 면담으로서 사회조사(social study)라고도 일컫는다.
② 사정면접: 정보수집면접보다 목적 지향적이다.
③ 정보수집면접: 정보수집에 있어서 주관적인 감정, 태도보다는 객관적인 사실에만 초점을 맞춘다.
④ 치료적 면접: 환경을 바꿀 목적으로 사회복지기관, 지역사회, 공공기관, 관련 공무원이 면접의 대상이 될 수 있다.
⑤ 사정면접: 목표달성을 위한 실천방향 및 개입방법의 결정이 이루어지게 된다.

❸
▶▶ 정보수집을 위한 면접은 객관적인 사실과 주관적인 감정, 태도 등이 포함된다.

5 면접에 관한 설명으로 옳지 않은 것은?

① 사회복지사와 클라이언트 사이의 특정한 역할 관계가 있다.
② 목적보다는 과정 지향적 활동이므로 목적에 집착하는 것을 지양한다.
③ 면접을 위해서는 시간과 장소 등 구체적인 요건이 필요하다.
④ 클라이언트를 이해하는 데 필요한 정보를 수집하기도 한다.
⑤ 클라이언트의 어려움을 극복하는 데 필요한 변화들을 가져오기도 한다.

❷
▶▶ 면접의 특징 가운데 하나는 목적과 방향성이 있다는 점이다. 면접의 목적은 클라이언트를 이해하고 돕는 것이다. 따라서 면접은 목적 지향적인 활동이다.

THEORIES OF SOCIAL WORK PRACTICE

PART 03

사회복지실천의 **과정**

THEORIES OF SOCIAL WORK PRACTICE

Chapter
10

접수 및 자료수집 단계

01 사회복지실천과정의 구성

사회복지실천과정은 사회복지사가 문제(problem)와 욕구(need)를 가진 클라이언트와 클라이언트를 둘러싼 환경 내의 체계들을 변화시키기 위해 사회복지 분야의 전문적 가치와 지식에 기초하여 개입하는 전체적인 과정을 말한다. 또한 클라이언트를 위한 체계적이고 전문적인 개입과정을 의미기도 한다. 학자들에 따라서 사회복지실천과정에 포함된 절차와 내용은 다소 차이가 있으며, 실제로 서비스 대상이나 방법에 따라 실천과정은 다를 수 있다.

사회복지를 실천하는 과정은 '도움이 필요한 개인, 가족, 집단에 대해 전문적 지식과 기술을 갖춘 사회복지사가 계획된 원조를 단계적으로 제공하여 문제해결을 돕는 과정'이다.

본 장에서는 접수 및 자료수집, 사정, 계획, 개입, 종결 및 평가의 5단계로 분류하여 접근하고자 한다.

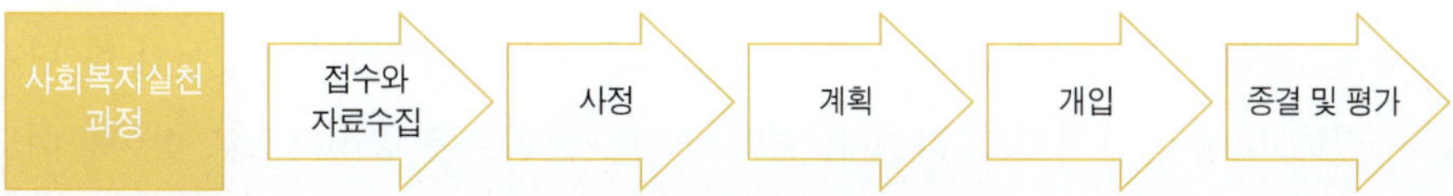

[그림 10-1] 사회복지실천 과정

02 접수 단계

1) 접수 단계의 개념

접수(intake)란 문제나 욕구를 가진 사람이 사회복지기관에 찾아왔을 때 사회복지사가 그의 문제와 욕구를 확인하여 그것이 기관의 정책과 서비스에 부합되지는 여부를 판단하는 과정이다. 접수를 통해 그 기관에서 적합한 서비스를 제공할 수 있다고 판단될 때 사회복지사를 찾아온 사람은 비로소 클라이언트가 되며, 적합한 서비스를 받게 된다. 접수를 인테이크(intake)라고도 부른다.

접수 단계는 매우 주의를 필요로 하는데 그 이유는 원조관계를 시작하는 처음의 태도는 이후의 사회복지실천 전 과정에 큰 영향을 미치기 때문이다. 원조관계의 초기에 클라이언트가 사회복지사에 대해 많은 의심을 하는 것은 흔히 있는 일이다(Sheafor et al., 1991). 클라이언트는 사회복지사를 찾아오기 전에 우선 주변의 가능한 모든 자원, 즉 가족, 친구, 심지어 다른 전문직으로부터 도움을 구하고자 노력을 한다. 자신을 포함한 모든 원조자원이 불가능한 뒤에야 비로소 사회복지사를 찾아온다. 그렇기 때문에 이때쯤이면 클라이언트는 지치고 자신을 잃어 과연 자신의 문제가 해결될 수 있을지에 대해 매우 회의적 상태일 가능성이 높다. 즉, 클라이언트의 문제해결 경험은 원조과정에 대한 클라이언트의 동기에 영향을 미치는 만큼, 사회복지사가 클라이언트를 잘 이해할 필요가 있다.

2) 접수 단계의 과제

접수 단계의 목적을 위해 필요한 기술은 클라이언트의 감정과 기분을 미리 짐작하여 보는 것, 즉 예비 감정이입으로서 셜먼(Shulman, 1979, 1991)은 이 과정을 '동조하기(tuning in)'라고 명명하였으며, 특별히 이 단계를 중시하여 사회복지실천의 한 단계로 구별하고 '예비 단계'라고 하였다. 클라이언트가 원조를 긍정적으로 받아들이도록 하기 위해서는 기관에 대한 첫인상이 중요하며 이러한 이유에서 사회복지사가 클라이언트와의 첫 번째 만남을 면밀히 준비하는 것이 필요하다. 면접장소에 대한 준비, 클라이언트에 대한 사전 지식, 옷차림과 긍정적인 기분 등 모든 것이 원조과정에 대한 클라이언트의 참여에 영향을 준다는 것을 명심해야 한다(Sheafor et al., 1991).

이처럼 사전 준비를 거친 후 클라이언트를 만나면서 변화를 지향하는 원조과정이 시작된다. 초기 단계의 원조과정에서 사회복지사가 완수해야 하는 주요 목표는 접수와 클라이언트의 참여 유도이다. 사회복지사는 먼저 클라이언트에게 자신의 목적과 역할, 기관에서 제공할 수 있는 서비스에 대해 명확히 설명해 주어야 한다. 이를 통해 그 기관과 사회복지사가 어떠한 도움을 줄 수 있는지 클라이언트가 파악할 수 있다.

접수과정은 다음과 같은 구체적인 활동과 결정을 수반한다.

① 가장 중요한 것으로 클라이언트의 문제와 욕구를 분명하게 확인한다.

② 문제가 확인되면 클라이언트와 사회복지사는 원조의 목적을 분명히 하고, 원조과정에서 기대하는 바가 무엇인지를 명확히 한다.

③ 클라이언트의 욕구가 기관의 자원과 정책에 부합되는지의 여부를 판단한다.

이러한 세 가지 활동에 기초하여 클라이언트에 대한 서비스를 접수해서 종결시키든지, 아니면 다른 기관으로 의뢰하든지를 결정하게 된다. 접수 단계에서 사회복지사의 역할은 매우 중요하다. 접수 단계의 과제는 클라이언트의 문제 확인, 의뢰, 참여 유도 등으로 나누어 살펴보도록 하겠다.

(1) 클라이언트의 문제 확인

문제 확인이란 클라이언트가 놓여 있는 체계에 대한 심층적 분석이 아니라 현재 명백하게 드러나는 문제를 확인하는 것이다. 즉, 클라이언트의 문제와 욕구, 기관에 기대하는 바가 무엇인지 확인하는 것이다. 따라서 문제가 표면적으로 나타나거나 호소하는 사안을 통하여 현재 드러난 문제와 욕구 파악에 초점을 두어야 한다. 그러기 위해서는 현재 클라이언트가 문제로 호소하는 것에서 출발하게 되며, 사회복지사는 그 문제의 성격이 어떤 것인지, 그리고 그 문제가 클라이언트에게 얼마나 중요한 것인지, 무엇 때문에 이러한 문제가 발생했는지 그 원인에 대한 탐색을 하게 된다. 따라서 문제 확인은 문제를 여러 각도로 이해하고 상호 관련성을 파악하기 전에 이루어지는 과제이다. 클라이언트가 놓여 있는 체계에 대한 심층적 분석보다는 현재 명백하게 드러나는 문제를 확인하는 정도가 접수 단계에서 수행될 과제이다. 문제 확인은 클라이언트의 감정상태와 그가 분명하게 언급하는 문제에서 출발하여 점차 그를 둘러싼 환경과 문제의 심층 부분으로 확대해 나간다.

클라이언트의 문제 확인은 관계형성과 동시에 이루어지며 서로에게 영향을 미치는 활동이다. 주의 깊고 사려 있게 문제를 파악하려는 사회복지사의 태도는 밀도 있는 정보를 수집하는 것뿐만 아니라 사회복지사에 대한 클라이언트의 신뢰감을 높여주어 관계형성에도 긍정적으로 이바지한다(Hepworth & Larsen, 1986, 1990).

(2) 의뢰

의뢰(referral)란 잠재적 클라이언트인 신청자가 원하는 서비스를 해당 기관에서 제공할 수 없을 때, 서비스를 받을 수 있도록 다른 기관을 소개하고 연결해 주는 일이다. 클라이언트가 요구하거나 기대하는 바가 해당 기관의 기능과 정책에 맞지 않으면 서비스를 제공할 수 없는 이유를 충분히 설명하고, 그 서비스를 받을 수 있는 다른 기관에 의뢰한다. 이때 사회복지사는 클라이언트에게 의뢰하는 기관의 서비스에 대한 정보를 제공하고 그 기관과 접촉할 수 있도록 도와주어야 한다.

의뢰를 하게 되는 이유는 다음과 같다. ① 기관의 인력 부족, ② 필요한 전문기술을 가진 인력 부재, ③ 클라이언트의 문제가 기관의 목적과 기능에 부합되지 않을 때, ④ 그 기관보다 다른 기관이 클라이언트의 문제해결에 더 적합하다고 판단될 때, ⑤ 클라이언트의 문제에 우선적 책임을 지는 기관이 있을 때 등이다(Epstein, 1980).

적절한 의뢰를 하기 위해서는 사회복지사는 자신의 기관은 물론, 다른 기관의 강점과 약점, 정책과 자원, 접촉 가능한 담당자, 그리고 지역사회 내의 여러 자원에 대해서도 자세히 파악하고 있어야 한다. 이를 통해 사회복지사는 클라이언트로 하여금 모든 가능한 서비스를 받을 기회를 제공할 수 있어야 한다. 또한 다른 기관으로의 의뢰가 임무의 완성이 아니므로 클라이언트에게 관심을 보여 주고 그가 원하는 서비스를 적절히 받고 있는지를 반드시 확인하여야 한다. 간혹 의뢰된 후 서비스로 연결되지 못하고 실패하는 경우도 있다. 이는 클라이언트의 문제와 욕구, 의뢰하는 기관의 정책과 서비스에 대한 충분한 파악이 미처 되지 않은 채 서둘러 의뢰가 이루어졌기 때문이다.

성공적인 의뢰를 위해서 사회복지사가 고려해야 할 지침은 무엇일까? 셰퍼 등(Sheafor et al., 1991, 1997)이 제시한 지침은 다음과 같다.

① 사회복지사는 의뢰의 이유를 분명히 해야 한다. 이를 위해 클라이언트의 문제를 확인하여 명확하게 정의하며, 확인된 문제를 클라이언트가 동의해야 한다.
② 의뢰를 확정하기 전에 사회복지사는 자신이 소속된 기관이 보유하고 있는 모든 자원을 고려하여 도움의 가능성을 다시 한 번 검토해야 한다.
③ 의뢰하려고 고려하는 기관의 자원을 정확하게 평가하여야 한다. 다른 기관의 자원을 과대평가하여 클라이언트를 보내면, 그 의뢰는 실패할 가능성이 높다.
④ 다른 기관으로 의뢰하기 전에 친구, 친척, 이웃 등 클라이언트의 비공식 자원체계의 동원 가능성을 다시 한 번 점검한다.
⑤ 클라이언트가 다른 기관이나 다른 전문가에게 의뢰되는 것에 거부감을 느끼거나 버림받았다는 느낌을 갖지 않도록 배려한다. 즉, 다른 기관의 도움에 대한 기대와 그에 대해 가지는 두려움을 수용하여 이를 표현할 기회를 준다.
⑥ 의뢰를 하는 기관에서 받게 되는 서비스의 내용과 한계를 클라이언트에게 분명하게 인식시킨다.
⑦ 의뢰를 받는 기관은 나름대로의 정책과 목적이 있고 그에 따른 클라이언트의 수혜자격(eligibility) 기준이 있다. 따라서 성급하게 모든 문제가 해결될 것이라는 비현실적인 기대를 갖지 않도록 한다.
⑧ 성공적인 의뢰를 위해 무엇보다도 사회복지사가 지역사회의 동원 가능한 자원에 대해 소상히 파악하고 있어야 한다.

⑨ 의뢰결과에 대해 추적평가를 하여 의뢰된 기관에서 클라이언트가 서비스를 적절히 받았는지 사후 확인한다.

(3) 참여 유도

클라이언트가 원하는 욕구를 정확히 평가하고 그와의 친화관계를 성립하기 위하여 사회복지사는 개입과정에 클라이언트를 적극적으로 참여하도록 유도할 필요가 있다. 이를 위해서는 동기화, 양가감정의 수용과 저항감 해소, 클라이언트와의 관계형성 등과 같은 과업이 요구된다. 클라이언트를 참여시키는 것이 왜 원조관계의 절대적 필요조건인가? 클라이언트가 존재하지 않은 사회복지실천이란 있을 수 없다. 클라이언트를 원조관계로 끌어들이는 데 실패하면 감정이나 정보 등 자신을 적극적으로 드러내지 않는다. 심하면 더는 사회복지사를 찾아오지 않는 경우도 있다. 그래서 초기에 많은 주의를 기울여야 하는 과제이다.

클라이언트가 자발적으로 기관에 찾아온 경우에는 변화에 대한 어느 정도의 동기가 부여되어 있기는 하지만 인간의 보편적 감정인 변화에 대한 두려움 탓에 관계형성이 어렵다. 더욱이 비자발적 클라이언트, 즉 배우자나 가족, 친구, 학교, 경찰, 법원 등에 의해 의뢰된 경우에는 사회복지사의 서비스에 대한 저항이 매우 심하다. 이러한 저항에 적절히 대응하여 이를 감소시키는 것은 사회복지사의 관계형성능력에 달려 있다.

① 클라이언트의 동기화

성공적인 원조활동의 필수불가결한 요소 두 가지를 말한다면, 하나는 문제 확인이고, 다른 하나는 그 문제를 해결하기 위해 클라이언트가 얼마나 적극적으로 임하느냐 하는 클라이언트의 동기이다(Hepworth & Larsen, 1986, 1990). 원조활동의 성패는 바로 변화에 대한 클라이언트의 동기에 달려 있으며, 따라서 클라이언트를 변화과정에 적극적으로 참여시키기 위해서 동기를 유발시키는 것이 원조 초기과정의 주요 과제 중 하나이다. 따라서 클라이언트 스스로 변화할 수 있다는 믿음과 용기를 가질 수 있도록 사회복지사는 적극적으로 동기를 부여해야 한다.

비자발적 클라이언트에게 변화에 대한 동기를 부여하는 것은 더욱 어려운 과제로서 각별한 주의와 기술이 필요하다. 커스트 애쉬만과 헐(Kirst-Ashman & Hull, Jr., 1993)은 비자발적 클라이언트인 경우에 특히 필요한 사회복지사의 행동지침을 다음과 같이 제시하였다. 원조과정에 대한 클라이언트의 동기를 자극하기 위한 이러한 지침은 바람직한 관계형성에도 유용한 지침이다.

- 무엇보다도 이들이 원해서 사회복지사를 찾아온 것이 아니라는 사실을 명심한다. 즉, 그들이 원조관계를 긍정적으로 받아들이게 만들려고 무리하게 노력하기보다는 이 사실을 인정하고 관계를 시작하는 것이다.
- 서비스에 대한 저항의 실체를 있는 그대로 이해한다.
- 클라이언트의 부정적인 감정을 표출하도록 이끈다. 클라이언트가 사회복지 기관과 가질 수 있는 적대감, 수치심, 당혹감 같은 부정적 감정을 회피하거나 무시하지 말고 표현할 수 있게 한다.
- 비자발적 클라이언트가 원하는 것을 얼마만큼 해결해 줄 수 있는지를 생각해 본다. 클라이언트에게 절실한 구체적인 서비스를 해결해 줌으로써 관계형성의 실마리를 찾아 볼 수 있다.
- 비자발적 클라이언트에게서 사회복지사에 대한 신뢰감이 즉각 형성될 것을 기대하는 것은 무리이다. 점진적인 관계형성을 통해 클라이언트의 신뢰감이 형성되기를 기다려야 한다.

② 클라이언트의 양가감정의 수용과 저항감 해소

양가감정(ambivalence)이란 '변화를 원하는 마음과 변화를 원하지 않는 마음이 동시에 공존하는 마음 상태'를 의미한다. 변화에 앞서 누구나 양가감정을 가질 수 있으며, 사회복지사는 클라이언트의 양가감정을 수용하고, 양가감정을 갖는 것은 자연스러운 것이라고 알려주어 클라이언트가 표현할 수 있도록 해야 한다.

사회복지실천 과정의 첫 단계에서 수행하는 가장 중요한 과제는 클라이언트의 저항감과 양가감정을 해결하는 것이다. 이러한 감정은 사회복지사와의 만남과 의사소통, 원조과정에의 참여를 방해하여 결과적으로 더 이상 원조과정이 진행될 수 없는 상황을 불러오기 때문이다. 즉, 원조과정의 진행 여부는 저항감과 양가감정을 어떻게 해소하는가에 달려 있다고 해도 과언이 아니다.

저항감 해소는 '변화 대한 저항감(resistance to change)'은 '변화를 하지 않으려는 마음' 혹은 '도움을 수용하기 꺼리는 마음'을 의미한다. 저항감은 변화에 대한 두려움과 변화가 불가능하리라는 생각에서 비롯되며 개입과정에서 비협조적인 태도나 행동 등으로 표현된다. 이처럼 저항감은 변화에 대한 두려움과 바람이 동시에 존재하는 양가감정에서 비롯되는 자연스러운 반응이다. 하지만 사회복지사로 인한 저항감이 발생하는 요인도 있다. 예를 들어, 사회복지사가 지나치게 권위적인 태도를 취하거나, 전문적 용어의 남용, 도덕적으로 심판하는 듯한 태도 등은 클라이언트에게 수치심, 열등감 등을 자극하여 오히려 저항하는 태도를 유발할 수 있다(Shulman, 1979).

③ 클라이언트와의 관계형성

사회복지실천에서 접수 단계는 사회복지사와 클라이언트가 처음 만나는 것에서부터 출발한다. 첫인상은 매우 중요하기 때문에 첫 대면 접촉은 이후의 모든 만남에 영향을 미친다. 따라서 사회복지사는 첫 만남이 서로에게 긍정적인 경험이 될 수 있도록 라포(rapport)가 형성되어야 한다.

초기에 라포가 형성되면 클라이언트 본인의 문제를 개방할 뿐만 아니라, 앞으로 전개되는 실천과정에도 보다 적극적으로 참여하려는 의지를 갖게 되므로 사회복지사는 초기 접수과정에서 긍정적인 관계형성을 할 수 있어야 한다.

결과적으로 긍정적인 관계형성은 클라이언트가 가지는 두려움을 감소시키고, 사회복지사의 원조의지에 대해 클라이언트가 신뢰하고, 사회복지사가 자신을 이해하고 진정으로 도우려는 의지를 가지고 있음을 클라이언트가 느낄 때 형성된다. 이를 위해 사회복지사가 감정이입과 따뜻함, 진실함을 가지고 클라이언트를 대하는 것이 기본적 기술이다(Kirst-Ashman & Hull, Jr., 1993; Sheafor et al., 1991).

3) 접수양식과 접수내용

사회복지사가 클라이언트 접수내용을 기록하는 양식을 초기면접지(intake sheet)라고 한다. 각 기관에 따라서 형식은 다르지만 일반적으로 공통된 내용을 수록한 양식이 사용된다(표 10-1 참고). 클라이언트에 따라서는 직접 작성(기본적인 내용)하기도 하고, 노인이나 아동 등 본인이 작성하기 어려운 경우에는 사회복지사가 면담과정 혹은 면담 이후에 기록하기도 한다. 접수양식에 포함되는 내용은 다음과 같다(엄명용·김성천·오혜경·윤혜미, 2005).

① 기본 정보: 이름, 성별, 나이, 결혼관계, 주소, 전화번호, 직업 등

② 주요 문제: 사회복지사의 도움을 청하게 된 문제가 무엇이며, 문제가 언제부터 어떤 과정 속에서 지속되었는지에 대한 내용을 기록한다. 신청자가 자기 문제를 보고 느끼는 방식을 기록한다.

③ 기관에 오게 된 동기: 기관을 어떻게 알고 찾아오게 되었는가 하는 것으로서 타 기관의 의뢰인지, 기관소개 광고를 보고 왔는지, 누구로부터 소개를 받았는지 등을 기록한다.

④ 의뢰 이유: 타 기관 혹은 가족으로부터의 의뢰일 경우에 의뢰한 이유가 무엇인지 기록한다.

⑤ 이전의 사회복지서비스를 받은 경험: 과거 어떤 기관에서 어떤 서비스를 받았는지에 대한 내용을 기록한다. 이전 서비스의 경험 유무가 긍정적인지 부정적인지에 따라서 저항이 발생하기도 하고 신뢰관계를 형성하는 데 영향을 미칠 수 있다.

⑥ 기본적인 가족관계: 현재 동거 중인 가족을 중심으로 가족원의 이름, 나이, 직업, 교육 정도, 종교, 관계 등을 기록한다.

〈표 10-1〉 초기접수기록지 예

초기접수기록지

연번 부여: 기록자:

<table>
<tr><td>신 청 일</td><td colspan="4">년 월 일</td><td>접수연번</td><td colspan="2"></td></tr>
<tr><td>성 명</td><td></td><td>성별</td><td colspan="2"></td><td>주민번호</td><td colspan="2">(세)</td></tr>
<tr><td>주 소</td><td colspan="4"></td><td>연 락 처</td><td colspan="2"></td></tr>
<tr><td>직 업</td><td colspan="7"></td></tr>
<tr><td>보 호 자</td><td colspan="4"></td><td>대상자와의 관계</td><td colspan="2"></td></tr>
<tr><td rowspan="4">가족관계</td><td>이름</td><td>관계</td><td>나이</td><td>학력</td><td>직업</td><td>동거 여부</td><td>기타</td></tr>
<tr><td></td><td></td><td></td><td></td><td></td><td></td><td></td></tr>
<tr><td></td><td></td><td></td><td></td><td></td><td></td><td></td></tr>
<tr><td></td><td></td><td></td><td></td><td></td><td></td><td></td></tr>
<tr><td>기관방문
목적
(욕구 및
문제)</td><td colspan="7"></td></tr>
<tr><td>디기관
이용
현황</td><td colspan="7"></td></tr>
<tr><td>접수자
의견</td><td colspan="7"></td></tr>
</table>

○○종합사회복지관

〈표 10-2〉 Intake 상담지 예

Intake 상담지

연번 부여:

면접일	20 년 월 일					상담자			
면접동기	• 의뢰자:	• 관계:	• 주 호소 문제:						
대상자		성별	남/여	생년월일	년 월 일 (세)	주민등록번호			
주소						전 화 번 호			
가족형태				학력		종교			
보호대상				의료보호종류					
결혼상태									
주거사항	주거형태	월세 ( )				구조: ( )층 /방 ( )개 /( )평			
	부엌	유	취사도구( ), 난방종류( )			화장실 사용	ㅁ단독		
	주거환경	ㅁ청결 ㅁ 불결 ㅁ 보통		가전제품	ㅁ세탁기 ㅁ냉장고 ㅁTV ㅁ기타				
경제사항	월수입액	원	직업	없음	수입원	공적부조(원), 후원금(원) 친척/자녀(원), 기타(원)			
	월지출액	원	지출내역	월세(원), 교육비(원), 의식주(원) 의료비(원), 기타(원)					
	부채	총 원[대출( ), 할부( ), 연체( ), 기타( )]							
건강상태	현재질병					주이용 병원			
	장애유형	지체, 정신지체, 발달장애, 뇌병변, 언어, 청각, 시각, 심장, 신장, 기타( )				등급/ 진단시기			
	기능장애 여부(있다=○, 없다=×, 조금 있다=△)								
	시력		청력		치과		배설		대화		보행	
	숨막힘		마비		절단		감염증		알코올 중독		기타	
가족사항	관계	성명	주민등록번호	학력	직업	소득	동거 여부	전화번호	비고
가족기능	가계도(FAMILY MAP)				생태도 및 사회적 지지체계 (SOCIAL SUPPORTIVE NETWORK)				
클라이언트의 생활력	1. 고향 2. 성장과정 3. 결혼 및 자녀관계 4. 경제력 5. 병력 6. 거주지환경 7. 현재상황(심리·사회적 문제 중심) 8. 기타								
클라이언트의 문제 사정									
욕구 및 문제점	• 주요 문제 및 클라이언트의 강점(의료, 경제, 정서, 심리·사회 기타)								
상담자 의견									
약도 및 교통편	지도				주변 사진				
20 년 월 일 작성자 : (인)									

○○종합사회복지관

03 자료수집 단계

1) 자료수집의 개념

자료수집은 클라이언트의 문제를 이해하고 해결하는 데 필요한 자료를 모으는 활동이다. 클라이언트의 문제를 면밀히 이해하기 위해서는 좀 더 다양하고 자세한 정보가 필요하기 때문에 문제해결을 위해서는 필수불가결한 과정이다. 자료수집은 개입 가능성을 판단하고 클라이언트의 문제를 파악하고, 개입에 도움이 되는 자료를 마련하며, 나아가 클라이언트의 강점과 잠재적 역량 등을 이해하는 데 매우 중요한 지속적 과정이다.

자료수집과 사정은 동전의 양면과 같은 속성을 지닌 것으로 이 활동은 동시에 이루어지며, 서로 구별하기가 불가능하지만, 그렇다고 완전히 같은 개념은 아니다.

자료수집은 사실적 자료를 모으는 일로서 객관적 증거에 의해 지지가 되어야 하는데, 자료수집이 바로 객관적 증거를 확보하는 활동이다. 리치몬드(Richmond, 1971)는 자료수집은 눈을 떠서 바라보는 것이고, 사정이란 눈을 감고 생각하는 것이라고(Stream, 1978) 하여, 양자의 특성과 관계를 단적으로 드러내 주었다.

자료수집에 사용되는 정보를 얻기 위한 자료의 출처는 매우 다양하다. 클라이언트가 직접 작성하고 이야기한 내용이 클라이언트를 이해하는 일차적 정보로 활용되지만, 클라이언트 주변 사람 및 전문가의 검사결과 등도 이차적 자료로 활용된다. 자료수집의 정보원은 매우 다양한데 가장 많이 의존하는 출처는 다음과 같다(Hepworth & Larsen, 1986; Zastrow, 1995).

① 클라이언트가 작성하는 가정환경서와 같은 서류

② 클라이언트가 직접 이야기한 내용(문제, 기분, 사건, 의견 등)

③ 클라이언트의 비언어적 행동에 관한 사회복지사의 관찰

④ 부부, 가족구성원 간의 상호작용에 관한 사회복지사의 관찰

⑤ 클라이언트와 관련된 사람들로부터 수집한 정보(가족, 친구 등)

⑥ 심리검사나 평가도구의 결과

⑦ 그 밖의 자료(클라이언트 사례와 관련된 자료, 투서, 소문 등)

2) 자료수집 단계의 과제

자료수집 단계의 목표는 개입 가능성을 판단하고 개입에 도움이 될 수 있는 자료를 마련하는 데 있으며, 사회복지사는 클라이언트의 문제와 욕구를 명확하게 구성함으로써 개입의 방향을 설정한다.

사회복지사는 클라이언트 개인으로부터 자료를 수집할 때 보고(Bogo, 2006)가 제시한 내용을 활용하여 질문할 수 있다.

(1) 자료수집의 내용

자료수집은 클라이언트의 문제를 분석하고 해결하기 위해 필요한 자료를 수집하는 과정이다. 자료수집은 사정과 거의 동시에 일어나지만 자료수집이 선행 단계로, 수집된 자료를 근거로 사정하는 것이 일반적이다.

자료수집의 내용은 객관적 자료나 정보, 클라이언트의 주관적 사실에 관한 인식의 파악 등을 포함한다. 일반적으로 클라이언트의 개인 생활력, 인간관계, 경제문제, 건강·정서적 상태, 현재 어려움에 처한 문제내용 등에 대한 사실을 수집한다.

① 클라이언트의 일반적 사항

클라이언트의 이름, 성별, 나이, 결혼관계, 주소, 전화번호, 직업, 취미, 종교 등 클라이언트의 인적사항과 클라이언트의 가족사항 및 주거사항 등 클라이언트의 기본 정보를 수집한다.

② 개인력

클라이언트의 개인 역사로 생활주기에 따라 영유아기, 아동기, 청소년기, 성인기, 중년기, 노년기 등으로 생애주기별로 구분하여 생활사건, 클라이언트의 생활력과 클라이언트의 경험 및 감정, 사회적 관계 등에 대한 정보를 수집한다.

③ 가족력과 가족관계

클라이언트 가족구성원의 이름, 나이, 직업, 교육 정도 등 기본적 사항과 가족구성원 간의 관계, 가족구성원의 생활력 및 문제들 등에 관한 정보를 수집한다.

④ 클라이언트의 기능 및 능력

클라이언트의 기능에서는 그의 신체적 기능, 정서적 기능, 사회적 기능, 지적 기능 등 정보를 수집하며, 클라이언트의 능력과 관련된 정보수집은 그의 문제해결능력, 대인관계능력, 업무능력 등과 그의 강점과 약점, 잠재능력 등에 관한 정보를 수집한다.

⑤ 클라이언트의 사회적 지원

클라이언트의 사회적 지원에 있어서는 그가 생활 속에서 활용할 수 있는 서비스나 공식적·비공식적 자원의 이용 및 적절성, 문제점 등 정보를 수집한다.

⑥ 클라이언트의 강점 및 한계

클라이언트의 문제만이 아니라 클라이언트의 문제를 해결하는 데 있어서 그와 그의 환경 안에 있는 강점 및 한계 등에 대한 정보를 수집한다.

(2) 자료수집의 방법

클라이언트로부터 정보를 얻을 때는 일반적인 정보 외에도 클라이언트가 가지고 대처능력까지 파악할 수 있어야 한다(Timberlake, Farber, & Sabatino, 2002). 즉, 클라이언트의 문제해결을 위한 외부의 자워의 개입뿐만 아니라, 클라이언트가 지닌 자원으로 강점이나 능력은 무엇이 있는지 정보를 수집할 수 있어야 한다.

구체적으로 클라이언트가 호소하는 문제와 관련하여, '개인이 어느 정도까지 기능을 유지 혹은 증진시킬 수 있는가', '현재의 문제 혹은 이와 유사했던 과거의 문제에 대하여 어떻게 대처해 왔으며 또 어떻게 대처할 수 있었는가', '클라이언트는 문제와 관련하여 어느 정도의 육체적·심리적·지적·경제적·정신적 힘을 가지고 있는가'에 대해 알아보기 위해 사회복지사는 클라이언트와 함께 다음의 네 가지 사항에 대해 이야기하면서 자료를 수집할 수 있다(Goldstein & Noonan, 1999).

① 문제의 내력, 배경, 의미, 결과를 포함하여 도움을 포함하여 필요로 하는 문제에 대해 설명하게 한다.
② 도움을 필요로 하는 이유와 도움을 구하는 것에 대한 소감을 이야기하게 한다.
③ 문제해결을 위해 그동안 시도한 노력을 이야기하게 된다.
④ 문제의 원인에 관해 생각해 보고 해결책을 모색하는 데 있어 클라이언트가 어떠한 능력을 갖고 있는지에 관해 서로 이야기한다.

(3) 자료수집의 유의사항

사회복지사는 자료수집 과정에서 흔히 발생하는 오류에 유의해야 한다. 다음은 자료수집 과정에서 일어날 수 있는 오류들이다(Gambrill, 2006).

① 과다하고 불필요한 자료 등 부적절한 자료의 수집
② 선입견을 지지하는 자료의 선택적 수집
③ 타당도가 낮은 표준화된 측정도구의 사용
④ 환경적 요소의 역할 간과
⑤ 자료 출처의 정당성과 수용성에 영향을 미치는 문화적 차이의 간과
⑥ 문제와 선택을 명백하게 하기 위해 필요한 실생활이나 역할극에서의 행동관찰 기회를 무시함
⑦ 자료수집에서 클라이언트의 행동에 영향을 미치는 중요한 사람들을 제외함
⑧ 문제를 명료화하지 않는 자료의 모호성
⑨ 관심의 대상인 행동과 관련되어 발생한 사건, 선행사건, 결과를 기술하지 않는 것
⑩ 다른 전문가들의 지지를 받지 못하는 의견을 신뢰함
⑪ 사례 기록에 제시된 근거 없는 자료에의 신뢰
⑫ 선행 사건이나 결과가 행동에 미치는 영향을 측정하기 위해 실시해야 하는 상관관계 검증을 하지 않음
⑬ 경미한 단점 때문에 가치 있는 평가도구를 사용하지 않음

⑭ 대상자의 인구사회학적 특성을 고려하지 않은 평가도구의 사용이나 비전문적 지식을 바탕으로 한 표준화된 도구의 해석
⑮ 편파적이고 대표성이 없는 표본의 사용

정보의 오류를 방지하기 위해 사회복지사는 클라이언트 외에도 가족이나 주변 환경에서 자료를 수집하고 자료수집의 장소도 기관에 국한하지 말고 가정방문이나 클라이언트가 원하는 장소를 포함해야 한다. 그리고 클라이언트 개인에게 정보를 수집할 때는 관찰, 자기 보고, 표준화된 척도 사용 등 주관적이고 객관적인 방법을 다양하게 활용할 수 있어야 한다. 여러 가지 방법을 함께 사용하는 것을 다각화(triangulation) 방법이라고 하는데 사회복지사가 다각화 방법은 사용하면 흔히 발생하는 자료수집 과정의 오류를 최소화할 수 있다.

함께 풀어 봅시다!

정답 및 해설

1 자료수집 단계에서 자료의 영역으로 옳은 것은?

> ㄱ. 클라이언트의 개인력
> ㄴ. 클라이언트의 현재 가족상황
> ㄷ. 클라이언트의 기능
> ㄹ. 클라이언트가 이용하고 있는 서비스

① ㄱ, ㄴ, ㄷ ② ㄱ, ㄷ
③ ㄴ, ㄹ ④ ㄹ
⑤ ㄱ, ㄴ, ㄷ, ㄹ

❺
▶▶ 자료수집의 영역으로는 클라이언트에 대한 기본적인 정보, 개인력, 가족력, 클라이언트의 기능, 클라이언트의 자원, 강점, 한계, 동기 등이 있다.

2 자발적으로 사회복지기관에 찾아온 클라이언트가 사회복지사의 도움을 수용하기를 꺼리거나 원조과정에 비협조적인 태도 등을 보이는 경우, 클라이언트의 행동은 다음 중 어떤 것에 기인하는가?

① 라포 형성 ② 동기화
③ 양가감정 ④ 자기노출
⑤ 비현실적 기대

❸
▶▶ 문제의 지문에서 나타난 상황은 클라이언트가 저항감을 느끼는 경우로 이는 변화를 원하는 마음과 원하지 않은 마음이 동시에 존재하는 양가감정에 기인한다.

3 문제와 욕구를 확인하여 기관의 정책과 서비스에 부합하는지 판단하는 사회복지실천 과정은?

① 접수 ② 사정
③ 평가 ④ 자료수집
⑤ 목표설정

❶
▶▶ 접수는 사회복지사가 도움을 요청한 사람의 문제와 욕구를 확인하여 그것이 기관의 정책과 서비스에 부합되는지 여부를 판단하는 과정이며, 서비스의 적격여부를 판단하는 단계이다.

4 다음 사회복지실천 과정의 자료수집에 관한 예시로 옳은 것을 모두 고른 것은?

ㄱ. 가출청소년의 가족관계 파악을 위해 부모와 면담 실시
ㄴ. 진로 고민 중인 청소년의 진로탐색을 위해 적성검사 실시
ㄷ. 이웃의 아동학대 신고가 사실인지 여부를 확인하기 위해 가정방문 실시

① ㄱ
② ㄷ
③ ㄱ, ㄴ
④ ㄴ, ㄷ
⑤ ㄱ, ㄴ, ㄷ

❺

▶▶ 자료수집은 클라이언트의 문제를 이해하고 해결하는 데 필요한 자료를 모으는 활동이다. 따라서 보기예문은 모두 자료수집에 관한 예시로 적절하다.

5 노인복지관의 사회복지사가 접수단계에서 수행하는 역할로 옳지 않은 것은?

① 가족 간의 상호작용 유형을 조정한다.
② 기관 및 사회복지사 자신을 소개한다.
③ 원하는 서비스가 무엇인지 질문한다.
④ 이름과 나이를 확인한다.
⑤ 클라이언트의 저항감이 파악되면 완화시킨다.

❶

▶▶ 가족 간의 상호작용 유형을 조정하는 것은 가족체계에 개입하는 것이므로 개입단계에 해당된다.

Chapter

11

사정 단계

01 사정과정의 개념 및 특성

1) 사정의 개념

사정(assessment)은 클라이언트의 문제가 무엇인지를 구체화하는 과정을 의미한다. 사정은 수집한 자료를 바탕으로 어떠한 원인으로 문제가 발생되었고 문제는 어떤 의미를 갖고 있으며 이러한 문제를 해결하기 위해서 무엇이 변화되어야 하는지를 추론하는 사회복지실천의 핵심적 과정이다. 따라서 사정을 통해 사실적 자료를 해석하고, 의미를 부여하여 실천적 개입을 위한 함의를 도출해 낼 수 있다.

[그림 11-1] 사회복지실천과정 단계: 사정 단계

사정은 사회복지사의 지적인 활동으로서 그의 실무경험, 가치, 이론적 성향 등 전문적 지식기반에 근거하여 이루어진다. 다시 말해, 사정이란 클라이언트의 문제와 상황을 이해하여 개입을 위한 계획으로 연결하는 것으로서 클라이언트의 문제가 무엇인지 이해하고 문제의 원인을 규명하여, 그것을 해결하거나 감소시키는 방법에 대해 전문적인 판단을 하는 작업이다(Kirst-Ashman & Hull, Jr., 1993).

앞서 진행된 자료수집도 사정을 위한 과정이라고 할 수 있으며 보다 정확한 사정이 이루어질 때 문제해결을 위한 개입과 계획이 수립된다는 점에서 사정은 의사의 진단과 마찬가지로 사회복지실천 과정에서 사회복지사의 전문성과 경험이 가장 많이 요구되는 단계라고 할 수 있다.

사정에 포함되는 내용은 주로 클라이언트의 정서·심리상태, 역할수행상의 문제, 클라이언트의 생활력, 자기방어기제, 클라이언트의 강점과 대처방법, 가족(가족구조, 가족기능), 사회적 지지 등이다(엄명용·김성천·오혜경·윤혜미, 2011).

사정을 실시할 때 사회복지사가 유지해야 하는 관점은 사회복지실천의 기본적 관점인 '환경 속의 개인'이라는 노튼(Norton, 1978)의 이중점 관점이다. 인간은 환경 속에서 성장하고 살아가기 때문에 양육환경(nursing environment)과 유지환경(sustainment environment)의 이중적 환경 차원에서 문제의 근원이 파악되어야 하고 문제해결 역시 이중적 관점 안에서 모색되어야 한다. [그림 11-2]는 이중적 관점으로 클라이언트의 환경을 조망했을 때 해당되는 범주들이다.

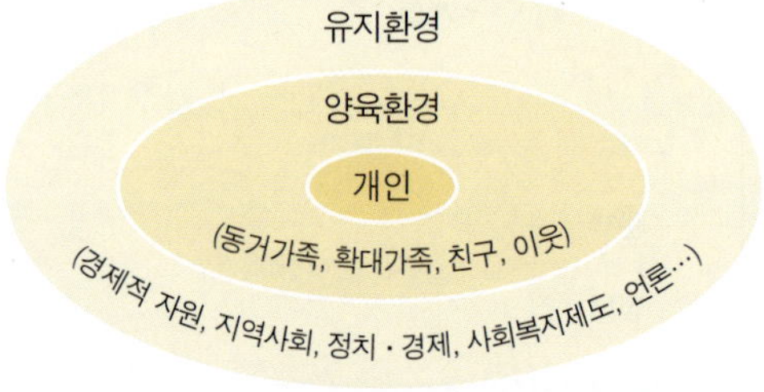

[그림 11-2] 이중적 관점

출처: Norton, D.(1978), *The Dual Perspective*, NY: CSWE, 엄명용 외(2011), 재인용

2) 사정 단계의 특성

사정과정에서는 클라이언트와 주변 사람 및 객관적인 자료를 통해 얻은 자료를 분석하고 종합하게 된다. 사정과정에서 사회복지사는 존슨(Johnson, 1989)이 기술한 사정의 특성 10가지를 참고하여 수행할 수 있어야 한다(양옥경·김정진·서미경·김미옥·김소희, 2002; 이경준 외, 2014).

① 지속적인 과정이다.

사정은 접수와 자료수집이 끝난 후에 수행되는 활동이 아니라 실천과정 동안 계속되는 과정이다. 자료수집 과정에서 주로 클라이언트의 상황과 문제에 대한 자료를 수집하지만 계획수립 후 개입에서도 초기 면접과정에서 파악하지 못한 클라이언트의 특성이나 가족 간의 역동과 같은 새로운 정보가 드러나기도 한다. 사회복지사는 초기에 얻은 정보에 한정하지 말고 수시로 자료를 수집·분석·종합하는 판단을 유동적으로 수행할 수 있어야 한다.

② 이중초점을 가진다.

인간과 환경에 대한 이중 초점을 갖는 것으로, 클라이언트의 문제와 자원 및 환경을 함께 고려한다는 것을 의미한다. 모든 인간은 인구사회학적 조건이나 그가 처한 환경의 특성이 반영된 환경 가운데 성장하므로 가정과 같이 그를 둘러싼 작은 체계나 지역사회와 같은 큰 체계에 속해 있다는 '상황 속의 인간'이라는 개념을 반영하여 이해하는 것이다.

③ 클라이언트와 사회복지사의 상호작용이다.

사정은 클라이언트와 사회복지사의 상호작용으로 이루어진다. 사회복지사의 일방적인 판단이 아니라 클라이언트가 함께 참여하여 이루어지는 것이다. 특히 클라이언트의 응답이나 반응은 사회복지사의 상호작용능력에 영향을 받게 되므로 문제의 근원을 규정하는 사정과정에서 클라이언트와 사회복지사의 상호작용은 중요하게 작용한다.

④ 사고의 전개과정이 있다.

사정은 필요한 정보를 수집하고 그 정보를 중심으로 클라이언트의 상황을 이해하며, 부분적인 내용을 전체적인 맥락 속에서 통합해서 이해하는 사고의 전개과정이다. 클라이언트가 겪고 있는 결핍과 문제적 상황은 클라이언트의 과거로부터 현재, 클라이언트와 주변 환경과의 관계, 미시적 체계에서 거시적 체계 간의 복합적인 영향으로부터 발생되기 때문에 지속적인 사고과정을 통해 문제의 근원, 문제의 심각성, 문제의 영향요인을 규정할 수 있어야 한다. 또한 전체 상황을 이해하기 위해 사실과 여러 요소의 의미를 종합한다.

⑤ 수평적·수직적 탐색 모두 중요하다.

수평적 탐색은 현재의 관계, 기능 등을 중심으로 상황을 폭넓게 검토하는 것이다. 수직적 탐색은 상황이나 욕구 충족에 가장 중요하다고 확인된 부분을 시간의 흐름에 따라 종적으로 파악하여 과거력, 문제의 역사 등에 대한 정보를 수집하는 것이다. 사회복지사는 상황과 필요에 따라 수평적·수직적 탐색을 적절히 사용하는 기술이 요구된다.

⑥ 클라이언트를 이해하는 데 지식적 근거가 필요하다.

사정과정에서 클라이언트의 상황을 이해하기 위해서는 전문적 지식을 이용해야 한다. 즉, 이론적 근거나 실증적 근거에 기초를 두고 사정해야 한다. 관련된 전문적 지식으로는 인간행동, 가족관계, 집단과 지역사회, 정책, 행정에 대한 지식이다. 그리고 사회복지대상자의 특정에 따라서 정신의학, 장애, 아동, 노인, 분야에 대한 지식도 요구되고 문화적 다양성과 같은 새로운 패러다임이나 영향을 미치는 정책도 다양한 클라이언트를 이해하는 데 필요하다.

⑦ 클라이언트의 문제를 규명한다.

사정을 통해 클라이언트가 생활하는 환경에서 클라이언트의 욕구가 무엇인지, 욕구 충족을 방해하는 장애물은 무엇인지 밝혀내고, 클라이언트의 문제가 무엇인지 규명한다. 따라서 인간의 생애주기 관점에서 일반적이고 자연스러운 생활주기에서 발생한 욕구를 파악하고 방해요인이 무엇인지를 명확히 하는 과정이 사정이다.

⑧ 클라이언트의 문제와 욕구에 따라 개별화된다.

사정을 진행할 때 사회복지사는 개별화의 시각으로 진행해야 한다. 비슷한 문제라 하더라도 클라이언트의 독특한 상황이 모두 다르며 상황의 전후관계도 다르다. 또한 인간의 삶이 모두 다른 만큼 모두 개별화하여 이해해야 한다.

⑨ 사정 단계에서는 판단이 요구된다.

사정과정에서는 사회복지사의 판단과 결정이 필요하다. 클라이언트와 주변 사람들로부터 수집한 자료를 지속적인 사고과정을 거쳐 사회복지사는 판단을 해야 한다. 예를 들어, '어떻게 문제정의를 할 것인가', '어떤 지식을 적용할 것인가', '개입에서 어떤 부분을 고려할 것인가', '욕구와 문제해결을 위해 클라이언트를 환경과 어떻게 연결시킬 것인가'에 대해서 결정하고 판단해야 한다.

⑩ 클라이언트 이해에 대한 한계를 인식한다.

사회복지사가 대면을 통해 자료를 수집하고 사정한다고 해도 이는 클라이언트의 삶의 일부분에 대한 이해이다. 사회복지사는 클라이언트 개인과 처한 상황을 완벽하게 이해하는 것은 불가능하고 경험해 보진 못한 타인의 상황을 이해하는 데는 한계가 있을 수 있다. 사정은 이해하고자 노력하는 과정이며, 사정은 사회복지사가 클라이언트를 이해하는 보조적인 수단과 방법이지 완벽하게 이해할 수는 없다.

02 사정 단계에서의 과제

1) 문제발견 단계

사정 단계에서 사회복지사의 첫 번째 작업은 '문제를 발견'하는 일이다. 이것은 접수와 참여 유도 단계에서의 문제 확인보다 좀 더 심층적으로 문제의 성격과 원인을 이해하는 것이다. 접수와 참여 유도 단계에서의 문제 확인은 주로 클라이언트 스스로가 말하는 문제에 기초한다면, 이 단계에서의 문제 규정은 문제에 대한 사회복지사의 평가에 더 큰 비중이 실린다는 점에서 차이가 있다. 문제발견 단계에서는 클라이언트가 제시한 문제(presenting problem)에 초점을 두고 시작하여 제반 문제에 대해 탐색해 나가야 한다.

클라이언트가 제시한 문제는 바로 클라이언트에게 가장 시급하다고 느끼고 있는 문제이며, 그것 때문에 도움을 청하는 경우가 많다. 하지만, 제시된 문제를 곧바로 '문제'라고 단정하지 말고 더 깊이 탐색해야 한다. 클라이언트가 제시하는 문제보다 더 본질적인 문제가 있을 수 있다는 것을 염두에 두어야 한다.

존슨(Johnson)은 문제발견을 세 단계로 제시하였다(Kirst-Ashman & Hull, Jr., 1993).

① 사회복지사는 해결되지 않은 클라이언트의 욕구가 무엇인지 확인해야 한다. 즉, 무엇이 부족해서 문제가 발생한 것인가를 생각해 보아야 한다.

② 욕구를 충족시키는 데에 장애가 되는 요인을 파악해야 한다. 즉, 클라이언트의 욕구 충족을 방해하는 장애물을 클라이언트 내부나 혹은 그를 둘러싼 상황에서 찾아보는 것이다.

③ 문제해결 계획이나 개입 방향이 드러나도록 문제를 규정하는 것이다. 예를 들어, 여기에 경제적으로 곤경에 처한 클라이언트가 있다고 가정하고 문제를 규정하면, 이 클라이언트의 해결되지 않은 욕구는 돈이고, 이것의 충족을 방해하는 원인은 그가 일자리를 얻지 못했기 때문이다. 따라서 그의 문제는 실업으로 규정되며, 이러한 문제 규정은 바로 취업, 직업훈련 등의 문제해결방향을 가리킨다.

사회복지사는 클라이언트의 가장 보편적으로 발생하는 문제 유형을 파악하고 있어야 한다. 커스트 애쉬만과 헐(Kirst-Ashman & Hull, Jr., 1993)은 클라이언트의 가장 빈번한 문제를 다음과 같은 9가지 유형으로 분류하였다.

① 인간관계에서의 갈등 문제

이 문제는 주변의 다른 사람과의 관계에 명백한 어려움이 있는 문제를 의미한다. 예컨대, 비행 청소년이 다른 친구와의 관계에서 느끼는 어려움이 이에 속한다.

② 사회적 관계에서의 불만족

명백하게 드러나지는 않지만 흔히 사람들이 느끼는 사회적 관계에서의 불만족을 의미한다. 지나치게 소극적인 성격으로 말미암아 사람과의 관계에서 언제나 피해를 본다고 느끼는 사람이 가지는 문제가 여기에 속한다.

③ 공식적 조직과의 문제

클라이언트가 흔히 제기하는 문제로서 사회복지 전문요원이 자신에게 불친절했다거나, 기대한 만큼의 생활비를 주지 않았다고 불만을 가지는 문제가 한 예가 된다.

④ 역할 수행상의 문제

자신의 지위에 따라 사회적·문화적으로 기대되는 행동양식을 수행하는 데에 어려움을 느끼는 문제가 여기에 포함된다. 현대사회에서 흔히 볼 수 있는 현상으로서 역할 과중으로 말미암은 취업여성들의 어려움이 여기에 해당하는 문제이다.

⑤ 사회적 전환에서 파생되는 문제

사람은 일생 결혼, 임신, 퇴직, 이혼 등과 같은 중요한 전환기를 갖게 되는데, 이럴 때 많은 사람은 심각한 정서상의 혼란을 겪거나 대처할 방도를 찾지 못해 문제 상황에 놓이게 된다.

⑥ 심리·행동상의 문제

이 분류에 속하는 문제는 대단히 광범위하다. 우울증, 신경증적 거식증과 같은 심리·정신적 문제와 범죄행위 등과 같은 통제되지 않는 행동까지 모두 포함된다.

⑦ 자원의 부재나 결핍의 문제

이 문제는 기본적으로 필요한 욕구가 해결되지 않음으로써 발생하는 것으로, 예를 들어 가난의 문제는 돈이라는 자원의 결핍을 의미한다. 그 외 의료서비스의 부재나 혹은 부족, 생계부조금의 부족 등이 여기에 속한다.

⑧ 의사결정의 어려움

무엇인가를 선택해야만 하는 상황에서 개인의 판단능력이나 자기결정능력이 부족하고 정보가 충분하지 못해 겪는 감정적인 혼란의 문제이다. 또는 클라이언트의 성격이나 특성으로 객관적이고 합리적인 선택을 하지 못하는 경우에 발생하는 문제이다.

⑨ 인종 간의 다른 문화로 말미암아 파생되는 문제

서로 다른 인종·문화로 인해 파생되는 갈등의 문제이다.

이러한 문제 분류는 평가되어야 할 클라이언트의 문제 측면을 사회복지사에게 구체적으로 제시해 준다. 이 문제 영역은 상호배타적인 것이 아니라 서로 문제가 중복되어 나타나는 것이 대부분이기 때문에 여러 영역이 동시에 평가 대상이 된다.

또한 문제에 대한 규정에서 배제해서는 안 되는 것이 클라이언트의 욕구에 대한 사정이다. 기본적으로 사회복지사가 클라이언트의 문제를 사정할 때, 관심을 가져야 하는 것은 클라이언트 자신과 그를 둘러싼 가족, 지역사회, 사회가 그의 기본적 욕구를 얼마나 충족시켰는가 하는 점이다(Sheafor et al., 1991, 1997).

2) 자료수집 단계

자료수집과 사정은 동시적이며 순환적인 과정으로, 접수 → 자료수집 → 사정이 순차적으로 진행될 수 있지만, 동시에 이루어지기도 하고 순환적으로 이루어지기도 한다. 자료수집에서 사회복지사는 '어떤 문제가 있는가'를 알아보는 질문과 함께 '문제의 원인이 무엇인가'를 알아보기 위해 질문하게 된다. 문제의 원인을 파악하고 규정하는 것은 사정에서 주로 이루어지는 내용이다.

사회복지사는 사정과정에서 정보를 수집하는 지침을 참고하여 필요한 정보를 얻고 이를 바탕으로 보다 정확한 사정을 실시하도록 한다. 사정 시 정보를 수집하는 유용한 지침 10가지의 내용은 다음과 같다(Brown & Levitt, 1979).

(1) 클라이언트가 제시한 문제

'문제 체계에 관련된 사람이 누구인가'라는 질문의 답은 클라이언트가 제시한 문제에서 찾을 수 있다. 처음에 제시된 문제에 따라 문제에 관여된 주요 인물들은 쉽게 나타나지만, 사례가 진행되면 문제의 범위는 클라이언트의 문제에 관여된 개인, 집단 또는 조직으로 점차 확대되기도 한다.

(2) 문제 체계에 관련된 사람들 간 상호작용

이 질문은 문제 체계에 관련된 사람들이 어떻게 상호작용하며 문제가 발생하였는가에 관한 것이다. 다시 말해서, 문제 행동의 발생 전, 발생되는 동안, 발생 후에 관련된 참여자들이 각각 어떻게 행동하였고, 이것이 서로에게 어떤 영향을 주어 문제 행동이 발생하였는가 하는 것이다.

(3) 클라이언트의 지각과 개념

문제에 대한 클라이언트의 지각과 개념이 행동을 동기화한다. 문제 행동에 대한 의미부여는 그 행동을 한 동기를 이해할 수 있으며, 또 한편으로는 변화되지 않은 이유를 알 수 있다. 따라서 클라이언트가 문제 행동에 의미를 부여하는 것 자체가 변화의 표적이 될 수 있다.

(4) 문제 행동을 야기한 상황적 요인을 발견

문제 행동의 원인에 대한 질문은 문제 행동을 야기한 상황적 요인을 발견하는 데 도움이 된다. 학교에서 과잉 행동을 보이는 아이가 집에서는 이런 행동이 보이지 않는다면 집과 학교의 환경적 차이에서 과잉 행동을 유발하는 요인을 발견할 수 있을 것이다. 즉, 집에서는 부모의 관심 아래에 있지만 학교에서는 선생님의 관심이 분산되어 있으므로 선생님의 관심을 끌기 위한 행동일 수 있다.

(5) 문제 행동이 일어나는 시간/빈도

문제 행동이 일어나는 시간에 따라서 문제 행동을 촉발시키는 요인을 발견할 수 있다. 이는 문제 행동이 일어나는 시기와 줄어드는 시기와의 차이를 통해 파악할 수 있다. 또한, 문제 행동이 일어나는 빈도를 알아내는 것은 문제 행동이 클라이언트에게 얼마나 많은 영향을 주고 있는지를 이해하는 데 도움이 된다. 문제 상황의 빈도가 많을수록 그 문제 행동의 심각성을 알 수 있다.

(6) 문제 행동의 시작 시점

문제 행동이 시작된 시점을 안다는 것은 그 문제 행동의 역사를 알아보는 것이다. 즉, 처음으로 문제 행동이 발생한 시기는 언제이며, 어떤 과정을 거쳐 현재까지 진행되었는가를 알게 되는 것이다. 제일 처음 문제 행동이 발생했던 상황에 대한 탐색은 문제 행동의 초기 유발사건을 알아내는 데 중요한 단서가 된다.

(7) 문제에 대한 클라이언트의 정서적 반응

클라이언트가 문제에 대하여 정서적으로 어떤 반응을 하고 있는가에 대한 질문은 클라이언트의 감정의 정도에 따라 문제가 악화되기도 하고 이러한 감정이 문제 행동을 일으키는 요인이 되어 문제 행동 뒤에 가려지기도 하므로 중요하다.

(8) 클라이언트의 문제 대처 및 대처기술

클라이언트가 이전의 문제에 어떻게 대처해 왔으며, 이것을 해결하기 위해 어떤 기술을 사용해 왔는지에 관한 질문이다. 이와 같은 질문은 지금까지 클라이언트가 스트레스에 대처했던 수준과 그의 문제해결 및 대처기술을 파악하는 데 도움이 된다. 그리고 과거에 이와 유사한 어려움에는 어떻게 대처해 왔으며, 지금은 무엇 때문에 이전과 같이 대처하지 못했는가에 대한 실마리를 제공해 준다.

(9) 클라이언트의 장점과 기술

클라이언트의 장점과 기술에 관한 질문은 클라이언트의 문제를 해결하는 데 활용 가능한 자원이 무엇인지를 알게 해주고, 클라이언트의 장점과 잠재력을 최대한 발휘하여 클라이언트가 문제를 해결하기 위한 에너지를 얻고 자기 자신에 대한 부정적인 평가에서 벗어나도록 도와준다. 이와 같은 방법은 클라이언트가 문제해결을 하는 데 용기를 얻게 되고, 변화동기가 강화되며, 긍정적 효과를 기대할 수 있다. 그러므로 사회복지사는 클라이언트가 스스로 깨닫지 못했던 자신의 장점을 알도록 도와주고, 또한 클라이언트가 문제해결에 필요한 기술을 적극적으로 찾아내어 활용하도록 도와주어야 한다.

(10) 클라이언트에게 필요한 외적 자원

사회복지사는 클라이언트에게 필요한 외적 자원을 알아내어, 클라이언트가 필요한 자원을 얻을 수 있는 자격과 과정에 대한 정보를 제공하여 자원과 클라이언트를 연결해 주는 중재자, 사례관리자, 조정자 또는 옹호자의 역할을 할 수 있다.

3) 문제 형성의 단계

문제 형성(formulation of problem)은 수집한 정보들을 분석하여 사회복지사가 전문적 시각에서 문제를 판단하는 과정으로 '문제 규정'이라고도 한다. 문제 형성은 클라이언트가 호소한 문제와 충족되지 못한 욕구, 욕구 충족을 방해하는 요인을 고려하여 문제를 규정하여야 한다. 이때 '충족되지 못한 욕구가 구체적으로 무엇인가'라는 질문은 사정 단계에서 문제를 형성하는 데 가장 중요한 질문이다. 사회복지사는 클라이언트의 표현된 욕구를 중심으로 문제를 발견하게 되며 클라이언트가 호소하는 문제는 무엇이며 그 문제가 클라이언트에게 얼마나 중요한 것인가에 대해 추가적인 정보와 수집을 통해서 문제를 형성하도록 한다.

클라이언트가 도움을 요청하는 문제는 주로 생활사건과 상황, 대인관계, 유전·체질·건강요인, 성격 특성, 관계 유형과 취약성 등 다섯 가지이다(Goldstein & Noonan, 1999). 따라서 사회복지사는 클라이언트의 표현된 욕구, 주요 문제, 문제의 발생경위 및 경과를 고려하여 문제를 형성할 수 있어야 한다. 문제를 형성할 때는 '충족되지 못한 욕구'에서 '필요한 욕구'로 재진술하게 되면 보다 원활한 개입방법을 제시할 수 있다(Hepworth & Larsen, 1995).

03 사정기술과 사정도구

❖ 사회복지실천 사정도구

① 개인의 사회적 지지체계를 사정할 수 있는 도구
- 사회 지지망 목록(social support network inventory)
- 사회적 상호작용에 대한 면담계획표(interview schedule for social interaction)
- 사회 지지망 인지목록(perceived social support network inventory)
- 사회적 관계망 격자(social network grid)

② 가족 차원의 사정도구
- 가계도(family genograms)
- 생태지도/생태도(ecomap)
- 가족조각

③ 집단 차원의 사정도구
- 소시오그램

④ 기타 이론과 방법
- 성원의 자기관찰, 사회복지사의 관찰, 외부전문가의 보고, 표준화된 사정도구
- 의사소통, 응집력, 사회적 통제와 집단문화

다음은 사회복지실천에서 주로 사용되는 사정도구인 가계도, 생태도, 사회적 관계망 격자, 생활력 도표, 소시오그램에 대한 내용이다.

1) 가계도

가계도(genogram)란 3세대 이상에 걸쳐 가족구조를 도식화하고, 가족구성원에 관한 정보를 기록하며, 그들 간의 관계를 기술하는 것으로서 가족을 평가하는 과정에서 가장 먼저 이루어지는 작업이다. 가계도는 1970년대 보웬(M. Bowen)에 의해 개발된 것으로 클라이언트 가족의 역사와 주된 사건을 한눈에 볼 수 있게 하는 사정도구이다. 가족관계에 대한 정보를 제공하며 사회복지사와 클라이언트가 현재 제기된 문제의 근원을 도표로 제시한다. 따라서 가계도는 가족에 관한 정보를 도식화시켜 보여 주기 때문에 복잡한 가족 유형의 형태를 쉽게 알아볼 수 있게 한다(Zastrow, 1995).

가계도는 가족구성원의 세대 간의 정서·행동상의 문제 행동을 검토하는 데 유용하게 활용된다. 또 클라이언트를 중심으로 여러 세대가 생물학적·법적·정서적으로 어떻게 관련되어 있는지를 상징을 통해 알 수 있다. 가계도는 종이와 필기도구를 사용하여 상징적인 기호로 구성하는 평가도구로서 가족에 관한 정보는 짧게 기술되는 것이 기본이다. 사회복지사는 가계도를 작성하고 해석하기 위해 이러한 기호를 익숙하게 활용하고 해석하는 기술이 있어야 한다.

❖ **가계도의 상징을 통해 알 수 있는 정보**

① 2~3세대 가족구성원의 과거나 현재의 결혼상태(별거, 이혼, 재혼, 사별 등)
② 질병, 사망 등 중요한 생활사건과 인종, 민족, 종교, 직업 등 인구사회학적 특성
③ 가족 내 역동이나 여러 세대에 걸쳐 발전된 가족역할, 유형, 관계

가계도에는 일정한 상징으로 가족관계를 표기하며 공통적으로 사용하는 상징들은 [그림 11-3]과 같다.

[그림 11-3] 가계도의 상징들

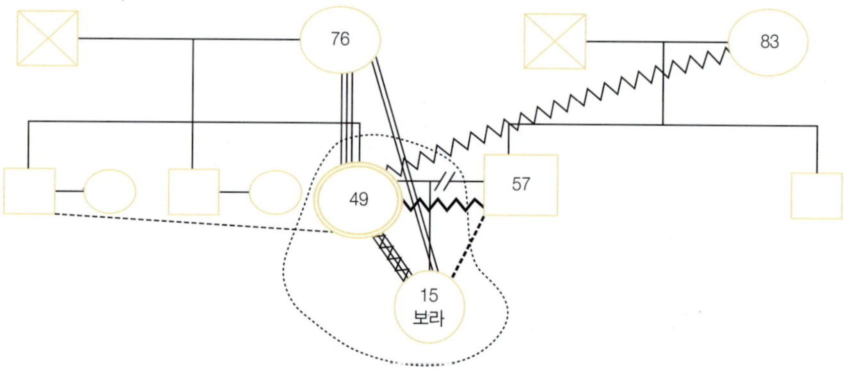

[그림 11-4] 가계도의 예시

사회복지사는 사정과정에서 가계도를 통해 다음 같은 분석을 실시할 수 있다.

① 가족의 구성과 구조를 분석할 수 있다. 이혼, 재혼 등 결혼상태와 형제순위, 자녀에 대한 부모의 기대와 태도 등이 분석된다.

② 가족의 생애주기를 분석할 수 있다. 가족이 생애주기에 따른 변화에 성공적으로 적응해 왔는지를 검토한다.

③ 세대 간에 유형의 반복이 있는지 분석할 수 있다. 적응 유연성, 강점, 창조성 등의 적응적 유형과 가정폭력, 알코올 남용, 자살 등 부적응적 유형 그리고 상호작용에서 친밀감, 소원감, 단절, 갈등, 삼각관계 등이 세대 간에 반복되는지 검토한다.

④ 가족구성원들의 역할과 기능이 균형을 이루고 있는지 분석할 수 있다. 부부 간, 형제자매간 혹은 능력이나 부모의 편애, 가족가치 등에서 차이가 있는 가족구성원 간에 힘의 균형이 어떻게 이루어지고 있는지 불균형이 있는 경우 가족이 이 문제를 어떻게 해결하는지, 균형을 이루기 위해 가족구성원이 어떻게 변화해야 하는지 등에 대해 검토할 수 있다.

2) 생태도

생태도(ecomap)는 앤 하트만(Ann Hartman, 1975)에 의해 고안된 것으로 클라이언트 및 클라이언트와 관련된 사람, 직접적으로 관련된 사회체계와의 상호작용 상태를 그림으로 표현한 것이다. 환경 속의 클라이언트라는 생태학적 관점에서 현재의 클라이언트의 상황을 통합적으로 이해할 수 있게 하는 사정도구이며, 특정 문제에 대한 개입계획을 세우는 데 매우 유용한 도구이다.

자연의 생태계와 마찬가지로 사람은 주변 환경과의 유기적 관계 속에서 살아가기 때문에 생태도를 통해 클라이언트를 둘러싼 체계에서의 자원의 흐름, 유용한 자원이나 환경, 체계 간의 스트레스와 어떠한 관계를 맺고 있는지를 이해할 수 있다.

생태도는 개입 초기에 가족을 사정하는 도구로 활용할 수 있고, 서비스 전후 변화를 확인하는 도구로 반복해서 사용할 수 있는데 이를 연속생태지도라고 한다. 생태도는 가계도와 마찬가지로 클라이언트와의 면담을 통한 정보수집을 바탕으로 사회복지사가 해석하고 판단한 결과를 표현하는 사정도구이다. 또한 사정 결과를 수록한 생태도를 보고 클라이언트가 외부체계와 어떠한 관계에 있는지를 해석할 수 있다. [그림 11-5]는 생태도에서 사용되는 주요 기호이다.

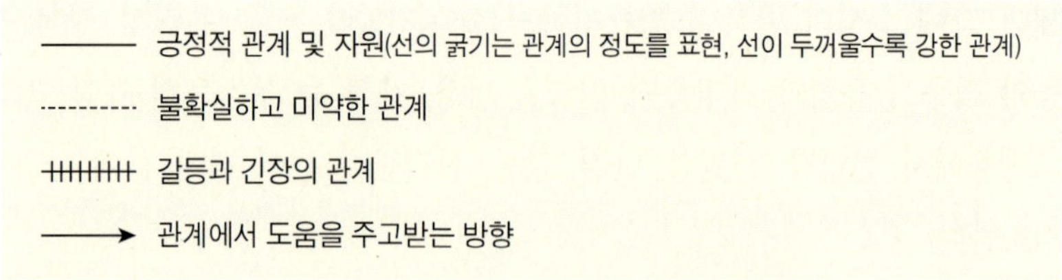

[그림 11-5] 생태도에 사용되는 기호

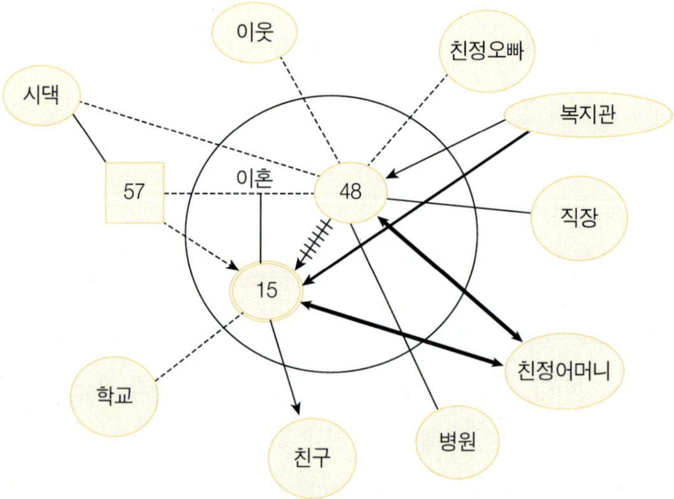

[그림 11-6] 생태도의 사례

생태도를 보고 분석할 수 있는 내용은 다음과 같다(김혜란·홍선미·공계순, 2006).

① 생태학적 환경에서 가족을 전체적으로 이해할 수 있다. 가족이 이용할 수 있는 주요 자원이나 지지는 무엇인지, 가족과 환경 간의 관계의 본질은 무엇인지 등을 알 수 있다.

② 가족과 환경 간의 경계에 대해 이해할 수 있다. 에너지 혹은 자원의 투입과 산출의 흐름이 쌍방적인지, 환경에서 가족으로 일방적인지, 가족에서 환경으로 일방적인지 알 수 있다.

③ 가족 내부에 대해 이해할 수 있다. 가족구성원들이 외부체계들과 어떻게 연결

되어 있는지, 일부 가족구성원들이 환경으로부터 단절되어 있는지, 가족구성원 중 누가 주변 환경과 긴장관계에 있는지, 가족이 함께 혹은 개별적으로 다른 체계들과 상호작용하는지 등을 알 수 있다.

3) 사회적 관계망 격자

PIE(Person in Environment) 관점에서 클라이언트를 이해하기 위해서는 클라이언트를 둘러싼 사회환경에 대한 사정이 필요하다. 클라이언트의 욕구나 문제적 상황은 본인 스스로 해결하지 못한 상황이거나 관계망이나 주변으로부터의 사회적 지지가 부족한 상태라고 할 수 있다. 따라서 클라이언트 문제를 효과적으로 해결하기 위해서는 클라이언트의 사회적 지지에 대한 사정이 필요하다.

사회적 지지는 사회환경으로 개인의 안녕과 건강에 기여하는 사회적 힘(social forces)이라고 할 수 있다. 콥(Cobb, 1979)에 의하면 '사회적 지지는 개인이 보호받는다는 정보, 가치를 부여받고 존중받는다는 정보, 의사소통과 상호적 의무의 망(network)에 소속된다는 정보'라고 하였다. 고트립(Gottlieb, 1983)도 사회적 지지는 개인에게 친밀하다고 생각되는 사람들이 제공하는 언어적·비언어적 충고이며 수혜자에게 정서적으로나 행동적으로 바람직한 효과를 제공하는 가시적인 원조나 행동으로 개인의 전체 생활주기에서 보호적 역할을 담당한다고 하였다.

사회복지사는 클라이언트가 현재 어떠한 관계망을 형성하고 있으며 사회적 지지를 어떻게 주고받고 있는지를 사정하기 위해 사회적 상호작용 조사표, 사회적 지지망 척도, 주관적 사회적 지지망 척도, 사회적 관계망 격자 도구들을 활용할 수 있다.

위의 사회적 지지체계 사정도구 중에서 사회복지실천에서 자주 사용되고 있는 도구가 사회적 관계망 격자(social network grid)이다. 사회적 관계망 격자는 클라이언트의 문제를 효과적으로 해결하는 데 동원할 수 있는 사회적 지지의 내용과 정도를 확인하는 데 활용할 수 있다(표 11-1). 또한 클라이언트의 관계망을 전체적으로 볼 수 있다.

〈표 11-1〉 사회적 관계망 격자

사회적 관계망에서 중요한 인물 (지지 제공자)	생활영역	물질적 지지	정서적 지지	친밀감	만나는 빈도	알고 지낸 기간
	① 가족원 ② 다른 가족 ③ 직장/학교 ④ 조직 ⑤ 친구 ⑥ 전문가 ⑦ 기타	① 전혀 없다 ② 가끔 ③ 자주	① 전혀 없다 ② 가끔 ③ 자주	① 친하지 않음 ② 가까운 정도 ③ 매우 친함	① 1년에 서너 번 ② 한 달에 한 번 ③ 매주 만남 ④ 매일	① 1년 이하 ② 1년에서 5년 사이 ③ 5년 이상
어머니						
아버지						
언니						
오빠						
친구						

4) 생활력 도표

생활력 도표(life history grid)는 클라이언트의 생애 동안 발생한 사건이나 문제를 시기별로 발전해 가는 과정을 사정하는 도구이다(표 11-2). 클라이언트의 삶에서 일어난 중요한 사건을 시간의 흐름에 따라 시계열적으로, 연대기적으로 작성한다. 따라서 클라이언트나 개인이 겪고 있는 문제의 발생시점과 촉발사건 등을 파악할 수 있으며, 사건에 보이는 양상이나 관계를 파악할 수 있다. 이전에는 생활력에 관해 수집된 정보를 서술형식으로 기록하였으나, 1980년 앤더슨과 브라운(Anderson & Brown)이 생활력을 간결하게 도표화하여 조직하는 생활력 도표라는 도구를 제시하였다(Sheafor et al., 1991, 1997).

이 도구는 특히 클라이언트가 아동이나 청소년일 경우에 더욱 효과적으로 적용되는데, 그것은 이들 집단이 성인 집단보다 성장과정에서의 사건이 사회·심리적 기능에 더 크게 영향을 미치기 때문이다.

〈표 11-2〉 생활력 도표

연도	나이 (출생일)	주거지	가족상황	학교	건강	활동상황	문제
2011	2011. 10.03	서울	父 27 母 25		정상 출산		
2013	3	대전	동생 1		천식 발작 3일 입원		남동생 출생
2015	5	수원		어린이집	놀이터에서 이마 다침		등원 거부, 부적응
2016	6	수원	父 음주량 심해짐		천식 발작		심한 분리불안
2017	7	인천		유치원 입학			등원 거부 또래부적응
2018	8	인천	父의 실직 알코올중독 증상	초등학교 입학	교통사고 다리 부상		학교에서 싸움, 말썽
2019	9	인천	母의 가출		천식 발작		도벽
2020	10	인천		성적 불량	맹장 수술		가출

5) 소시오그램

소시오그램(sociogram)은 모레노와 제닝스(Moreno & Jennings, 1950)가 개발한 것으로 대인관계에서 끌리는 정도와 집단 성원 간의 사회적 유대관계를 그림으로 나타내는 사정도구이다. 소시오그램을 통해 집단 성원 간 무관심, 배척하는 정도와 유형을 파악할 수 있으며 하위집단 형성 여부를 알 수 있다. 다양한 시점에서 작성된 집단의 소시오그램을 비교해 보면 집단 성원들의 유대관계와 변화를 살펴볼 수 있다.

사회복지사는 소시오그램을 통해 집단 내의 소외자, 하위집단, 연합 등을 파악할 수 있다(Toseland & Rivas, 1995). 사회복지사가 소시오그램을 사용하기 위해서는 해당 전문교육을 이수해야 하고 소시오그램은 클라이언트 단독의 면담을 통해서는 파악할 수 없고 [그림 11-8]에 등장하는 모든 사람에 대해 검사를 실시하여 작성해야 한다. [그림 11-8]의 상단과 하단은 집단 내에서의 지위를 나타내고 성원들 간의 관계는 호의적이거나 무관심, 적대적인 관계로 표현되며, 이러한 관계가 쌍방이 아닌 일방적일 때는 화살표로 표현하게 된다.

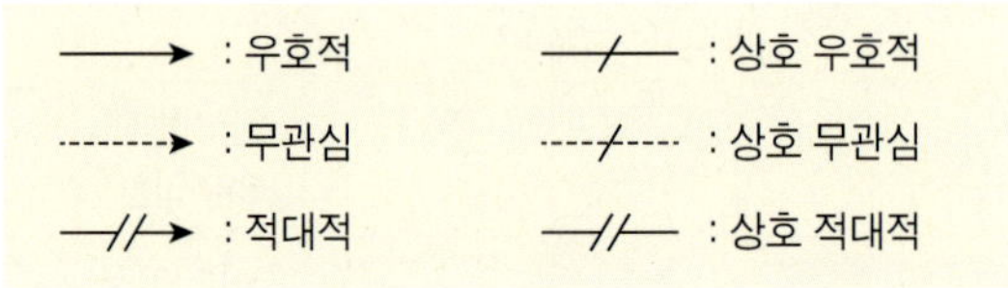

[그림 11-7] 소시오그램에서 사용되는 상징

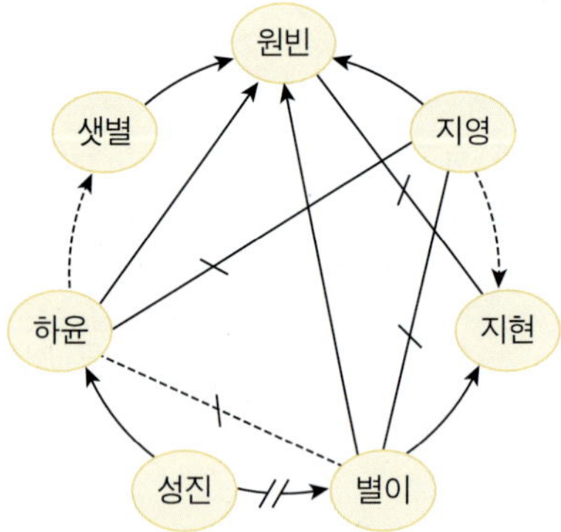

[그림 11-8] 소시오그램 사례

소시오그램을 통해 알 수 있는 정보는, 첫째, 성별, 성원 간 친화력과 반감의 유형과 방향(일방적인지, 쌍방향인지)을 알 수 있다. 둘째, 하위집단 형성 여부를 파악할 수 있으며, 소외된 성원이나 삼각관계형성 여부 등을 알 수 있다. 마지막으로, 결속의 강도, 즉 친밀한 성원끼리는 가깝게, 소원한 성원은 멀게 그리는 것을 보고 파악할 수 있다.

일반적으로 소시오그램에서 남자는 세모(△)로 표시하지만 교재에 따라서는 네모(□)로 표시하기도 하고 남녀 구분 없이 모두 동그라미(○)로 표시하기도 한다. 본 서에서는 남녀 모두 동그라미(○)로 표시하였다.

함께 풀어 봅시다!

정답 및 해설

1 클라이언트의 환경 내에 영향을 미치는 중요한 사람이나 체계를 지칭하는 것으로서 소속감과 유대감, 자원정보, 접촉빈도 등에 관한 정보를 제공하는 사정도구는?

① 생태도(ecomap)
② 가계도(genogram)
③ 생활력표(life history grid)
④ 생활주기표(life cycle matrix)
⑤ 사회적 관계망 표(social network grid)

❺

▶▶ **사회적 관계망 표(격자 혹은 그리드)** 개인적·사회적 지지체계의 사정, 가족의 사회적 지지체계의 사정에 사용되는 사정도구로서 클라이언트의 관계망을 전체적으로 볼 수 있게 해준다. 사회적 관계망 표를 통해 사회적 관계망의 중요한 인물, 지지를 받는 생활영역, 지지의 특정 유형, 지지 정도의 중요도, 지지의 성격(상호적·일방적, 개인적 친밀감 정도, 접촉빈도, 관계기간) 등을 알 수 있다.

2 다음 생태도(eco-map)를 통해 알 수 없는 것은?

① 가족의 여가활동
② 이웃주민들과의 친밀도
③ 가족규칙
④ 확대가족과의 관계
⑤ 가족이 이용하는 서비스기관 종류

❸

▶▶ 생태도는 '환경 속의 인간' 관점을 도입하여 개인과 가족의 자원, 가족과 외부 환경 간의 상호작용을 묘사한 가족 사정도구이다. 생태도 작성을 통해 가족규칙을 알 수는 없다. 가족규칙은 가족의 상호작용을 관찰하거나, 가족들의 이야기를 통해서 알 수 있다.

3 클라이언트의 문제를 사정할 때 포함되는 것은?

ㄱ. 클라이언트의 정서 ㄴ. 클라이언트의 가족구조 ㄷ. 클라이언트의 생활력 ㄹ. 클라이언트의 관계망

① ㄱ, ㄴ, ㄷ
② ㄱ, ㄷ
③ ㄴ, ㄹ
④ ㄹ
⑤ ㄱ, ㄴ, ㄷ, ㄹ

❺

▶▶ 클라이언트의 사정의 영역: 클라이언트의 정서·심리상태, 역할 수행상의 문제, 생활력, 자기방어기제, 클라이언트의 강점과 대처방안, 가족구조와 가족기능, 사회적 지지와 관계망 등

4 다음은 사정결과를 요약한 것이다. 사회복지사가 이후 단계에서 가장 먼저 수행해야 할 과업은?

> 경제적 도움을 요청하여 기관에 접수된 클라이언트는 성장기 학대경험과 충동적인 성격 때문에 가족 및 이웃과의 갈등문제를 심각하게 겪고 있다. 배우자와는 이혼 위기에 있고, 근로능력은 있으나 근로의지가 거의 없어서 실직한 상태이다.

① 이혼위기에 접근하기 위해 부부상담 서비스를 제공한다.
② 클라이언트와 함께 다루고자 하는 문제의 우선순위를 정한다.
③ 이웃과의 갈등 문제해결을 위하여 분쟁조정위원회에 의뢰한다.
④ 원인이 되는 성장기 학대경험에 관한 치료부터 시작한다.
⑤ 근로의욕을 높이기 위해 집단 프로그램에 참여하도록 한다.

❷

▶▶ 사회복지실천과정 중 사정결과 가족 및 이웃과의 갈등, 이혼위기, 실직 등 여러 가지 문제가 있음이 확인되었다. 이 가운데 어떤 문제를 개입의 대상으로 삼을 것인지, 그리고 그 가운데 가장 시급하게 해결해야 할 문제가 무엇인지를 결정해야 한다. 이러한 결정은 사회복지사나 클라이언트가 함께 문제의 우선순위를 정해야 한다. 따라서 ⑤가 정답이다. 나머지는 개입에 해당된다.

5 다음 중 사정도구에 대한 설명으로 옳은 것은?

① 생태도는 환경 속의 클라이언트에 초점을 둔다.
② 가계도는 모든 요인을 원으로 그려 표현한다.
③ 소시오그램은 시간의 흐름에 따른 변화과정을 관찰할 수 있게 한다.
④ 사회적 관계망 그리드는 생활에서 경험한 중대한 사건을 표시한다.
⑤ 소시오그램은 가족에 개입하는 사회복지사에게 유용한 도구이다.

❶

▶▶
② 가계도는 모든 요인을 원으로 표현하지 않는다.
③ 시간의 흐름에 따른 변화과정을 관찰할 수 있게 하는 것은 생활력 도표이다.
④ 생활에서 경험한 중대한 사건을 표시하는 것은 가계도, 생활력 도표, 생태도 등이다.
⑤ 소시오그램은 집단사정도구이다.

Chapter

12

계획수립 단계

01 사회복지실천에서의 계획

1) 계획수립 단계

접수와 자료수집, 그리고 사정이 끝나면 계획수립 단계가 시작된다. 계획수립 단계는 클라이언트의 문제를 어떻게 해결할 것인지 계획을 수립하는 과정인데, 크게 '목표 설정하기'와 '계약하기'라는 두 가지 활동으로 구성된다(그림 12-1).

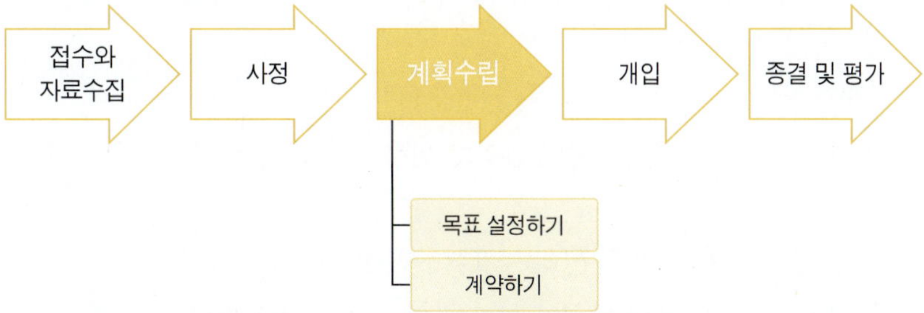

[그림 12-1] 사회복지실천과정 단계: 계획수립 단계

목표를 설정하려면 먼저 표적문제를 선정해야 하고, 그 다음에 개입목표를 설정해야 한다. 따라서 계획수립 단계에서는, ① 표적문제 선정하기, ② 개입목표 설정하기,

③ 계약하기라는 세 가지 활동이 순차적으로 이루어진다고 볼 수 있다(그림 12-2).

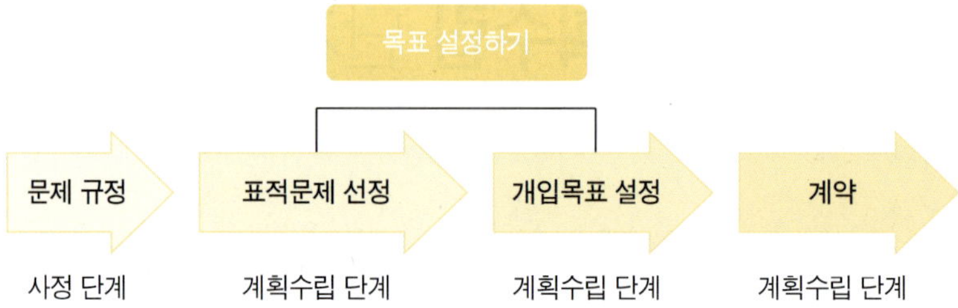

[그림 12-2] 계획수립 단계의 세부 절차

2) 계획수립의 과정

사회복지실천에서 계획수립은 클라이언트의 문제와 상황에 대한 일차적 사정이 끝난 후 실질적으로 문제해결과정이 시작되는 단계이다. 목표를 설정하려면 먼저 표적문제를 선정해야 하고, 그 다음에 개입목표를 설정해야 한다. 계획 단계에서는 목표 설정뿐만 아니라, 개입방법, 평가방법 등 클라이언트의 문제해결을 위한 전반적인 내용을 계획한다.

이를 달성하기 위한 구체적 계획수립에 따른 과정을 보면 다음과 같다.

(1) 1단계: 클라이언트와 함께하기

클라이언트의 욕구와 기대를 명료화하기 위하여 클라이언트와 대화를 나눈다.

(2) 2단계: 문제의 우선순위 정하기(표적문제 선정)

① 클라이언트는 자신에게 문제가 있다는 것을 인정해야 한다.
② 문제는 이해 가능한 말로 분명하게 규정해야 한다.
③ 문제에 대한 대처는 현실적으로 가능한 것이어야 한다.
④ 사회복지사와 클라이언트는 문제의 우선순위를 정하고 우선적으로 해결할 문제(표적문제)를 선정하고 합의한다.

(3) 3단계: 목표 설정하기

목적은 개입의 필요성, 즉 왜 개입을 해야 하는지를 분명하게 해주며, 명료하게 진술된 목적은 개입의 성공 여부를 평가하기 용이하도록 도움이 된다.

(4) 4단계: 목적을 목표로 구체화하기

목적은 목표보다 광범위하고 추상적인 개념으로서 목표들을 달성함으로써 목적이 이루어질 수 있다. 따라서 목적이 설정되고 나면 목적 달성 여부를 측정할 수 있는 형태인 목표로 구체화한다. 목표는 누가, 언제, 무엇을 수행할 것인지, 달성 정도를 어떻게 측정할 것인지를 구체화하여 표현해야 한다.

(5) 5단계: 계약의 공식화

사회복지사와 클라이언트 간에 개입과정에 관하여 합의를 이루는 것을 계약이라고 한다. 계약의 내용으로는 목적, 목표, 개입기간, 역할, 시간 등이 포함된다.

02 계획수립 단계에서의 목표 설정하기

목표 설정하기는 개입으로부터 얻게 될 바람직한 성과(outcome)를 의미하며 계획단계에서 수립한다. 목표는 목적의 하위과정으로 목적(goal)은 사회복지실천과정에서 클라이언트의 궁극의 복지상태인 '삶의 질 향상', '사회통합', '바람직한 성장'을 의미한다. 목적이 장기적이고 궁극적인 결과를 의미한다면 목표(objective)는 목적 실현을 위한 단기적이고 구체적인 활동을 의미하며 목표의 실현으로 목적이 구현된다.

목적이 추구하는 클라이언트의 변화는 사정 단계인 문제 형성에서 고려된다. 무엇이 클라이언트의 문제이고 방해요인이 무엇인지 결정되면, 해당 문제의 해결을 위해 구체적이고 단기적인 개입목표를 설정하게 되고 목표의 실현으로 목적이 이루어지게 된다. 따라서 사회복지실천에서 계획 단계에서 세우는 개입목표란 클라이언트가 현 상황에서 벗어나기 위한 바람직한 변화, 개입을 통해 일어나기를 바라는 변화를 위한 활동을 의미한다. 이러한 과정을 계획단계에서 하게 된다(Hepworth & Larsen, 1990; Hepworth et al., 2006; Sheafor & Horejsi, 2008).

1) 개입목표 설정과정

(1) 개입목표 설정의 중요성

사회복지실천과정은 계획된 변화를 유도하는 과정이다. 계획된 변화라는 것은 우연에 의해서 발생하는 것이 아니라 예측 가능한 변화를 일으키기 위해 계획을 세우고 의도적인 행동을 했다는 것이다. 또한 사회복지실천과정에서는 개입 단계 동안 변화를 일으키기 위해서는 목표가 설정되어야 하는데, 개입목표를 설정하기 전에 표적문제 선정이 이루어져야 한다.

즉, 문제 형성은 사정 단계이고, 표적문제 선정 및 개입목표 설정은 계획수립 단계라고 할 수 있다. 따라서 개입목표 설정이 중요한 이유를 살펴보면 다음과 같다.

① 목표 설정으로 변화가 필요한 부분과 변화를 일으키기 위한 방향을 명확히 제시하여 개입 단계 동안 방황하지 않고 원조를 진행할 수 있다. 목적은 변화나 지향점 또는 가치를 포함하므로 명시적으로 진술된 목표에서 해야 할 행동이 무엇인지 구체적으로 계획하게 되어 사회복지사는 중도에 흔들리지 않고 실천활동을 지속할 수 있다.

② 사회복지실천이 종결된 후 그 결과를 효과적으로 평가할 수 있는 근거를 마련할 수 있다. 사회복지실천은 서비스가 종결된 이후에 평가를 실시하여 원하는 결과가 도출되었는지를 가늠하게 되는데 개입목표가 평가의 기준이 된다. 만약 추상적이고 가시적이지 않은 결과를 목표로 설정하게 되면 객관적인 평가를 실시하기 어렵지만, 구체적이고 현실 가능한 목표를 설정하면 실질적인 평가가 가능할 수 있다.

③ 목표 수립에 클라이언트가 참여하므로 변화의 의지를 고취시킬 수 있으며 원

조과정에서도 적극적인 참여를 유도할 수 있다. 클라이언트와 상의하고 동의과정을 거쳐 도달할 수 있는 수준으로 목표를 설정하면 클라이언트의 자발적인 참여가 보다 자연스러울 수 있다. 그리고 목표가 실현되는 과정을 통해 클라이언트의 변화 정도를 모니터링할 수 있다는 점에서 계획에서 목표 설정은 매우 중요하다(이경준 외, 2014; 이영실 외, 2016).

(2) 개입목표 설정과정에서의 지침

목표는 클라이언트의 상황에 부응하는 요구와 욕구를 토대로 한 바람직한 변화이다. 사회복지사와 클라이언트가 목표를 선택하고 설정하는 단계별 과정은 다음과 같다.

① 클라이언트의 준비된 정도를 판단한다.

클라이언트의 문제가 충분히 파악되었다고 판단되면 사회복지사와 클라이언트가 목표를 협상할 준비가 되었는가를 판단하는 것이 적합하다.

② 목표를 설정해야 하는 이유를 설명한다.

목표를 정해야 하는 이유를 설명하는 것은 클라이언트가 문제해결과정에서 목표의 중요성을 이해하고 긍정적으로 반응하는 데 매우 중요하다.

③ 적절한 목표를 함께 선택한다.

클라이언트가 목표를 확인하는 데 어려움을 겪는다면 문제 사정과정에서 파악한 문제와 요구를 참고하게 하여 클라이언트가 생각할 수 있게 돕고 변화에 대해 정중하게 제안할 수 있을 것이다.

④ 목표를 명확하게 규정한다.

목표를 선택한 후에는 목표를 명확하게 규정하고 클라이언트의 요구에 따른 변화의 범위를 결정함으로써 목표를 정교하게 하는 단계로 넘어갈 수 있다. 목표가 광범위하게 표현되었다면 구체성을 높이는 바람직한 변화의 범위를 결정해야 할 것이다.

⑤ 목표의 실현 가능성, 잠재적 이득, 위험에 대해 논의한다.

클라이언트는 잠재적 위험에 대해 알 권리가 있고, 사회복지사가 이러한 의무를 무시하면 소송의 여지가 있다. 그러므로 사회복지사는 목표 달성에 따른 위험의 가능성을 클라이언트에게 확인시켜 줄 의무가 있으며, 클라이언트에게 예상되는 위험에 관해 질문해 보는 것도 중요하다.

⑥ 특정 목표에 대한 잠재적 결과 측정 및 그 목표 달성을 위해 노력한다.

클라이언트가 특정 목표의 달성을 위해 노력할 준비가 되었다는 의사를 표시하는 경우에는 다음 단계로 진행하지만, 클라이언트가 자신의 상황과 조건에 대해 의문을 제기하면서 동요하는 경우에는 클라이언트의 염려를 수용하고 목표 설정을 잠시 미루는 것이 바람직하다.

⑦ 클라이언트의 의견에 따라 목표의 우선순위를 결정한다.

클라이언트가 목표를 수립하고 노력하기로 한 후에는 목표 사이의 우선순위를 정해야 한다. 이 단계에서 클라이언트의 책임과 참여를 최대화하면 목표 달성에 대한 클라이언트의 의욕을 향상시킬 수 있을 것이다. 클라이언트가 둘 이상인 경우 목표에 대해 구성원마다 우선순위가 다를 수 있으므로 구성원 모두와 관계있는 목표를 정하는 것이 바람직하다.

2) 표적문제 선정

(1) 표적문제의 정의

표적문제는 클라이언트의 여러 가지 문제 중에서 가장 중요하고 시급히 해결해야 할 문제이다. 클라이언트는 복잡하게 얽혀 있는 다양한 문제의 어려움을 겪고 있다. 그러나 이 문제들 모두 해결할 수 없으므로 여러 문제 중에서 가장 중요하고 시급히 해결해야 할 문제를 선택해야 한다. 표적문제를 선정하는 것은 개입목표를 설정하기 전에 수행하는 사전 작업이다.

클라이언트의 문제는 대부분 복합적인 경우가 많기 때문에 개입목표를 설정하기 위해서는 사정과정에서 드러난 문제들 중에서 가장 중요하고 시급한 문제의 우선순위를 정하는 것이 바람직하다.

(2) 표적문제의 선정지침

목표의 우선순위를 설정할 때 목표달성 척도(goal attainment scale)를 활용할 수 있다. 키레수크와 셔만(Kiresuk & Sherman, 1968)이 개발한 목표달성 척도는 클라이언트의 문제를 파악한 후에 점수를 매겨서 문제들의 가중치를 부여하는 방법이다. 예를 들어, 클라이언트가 각각의 문제에 대한 가중치를 부여함으로써, 문제의 중요성과 우선순위에 대해서 서로 합의할 수 있다.

목표의 우선순위를 설정할 때 기준은 다음과 같다.

① 클라이언트에게 가장 시급한 문제(표적문제)를 우선순위로 한다. 사정과정에서 드러난 복잡한 여러 가지 문제 중에서 가장 중요하고 시급히 해결해야 할 문제를 표적문제라고 하며 개입목표를 설정하기 위해서 우선 표적문제를 찾아내야 한다.

② 가장 단기간에 달성할 수 있어 성취감을 느낄 수 있는 목표를 우선순위로 한다.

③ 표적문제를 너무 많이 정하면 계획된 시간 안에 해결하기 어려우므로 해결 가능성이 비교적 뚜렷한 문제를 2~3가지 정도 선택한다.

④ 표적문제 선정 시 사회복지사와 클라이언트 간 합의가 중요하다. 어느 한쪽만의 의견에 따라 정하면 안 되며 사회복지사와 클라이언트 모두 '문제'라고 합의하고 해결하기를 바라는 것을 표적문제로 선택한다.

⑤ 사회복지사의 능력, 기관의 기능상 무리 없이 달성 가능한 것을 우선순위 목표로 한다.

실습 **다음 사례를 통하여 표적문제를 찾아보고 표적문제의 우선순위를 적어 봅시다.**

| 사례 |

손흥민은 중학교 1학년 남학생이다. 손흥민은 컴퓨터 사용과 스마트폰 사용 때문에 엄마와 하루도 안 싸운 날이 없다. 손흥민은 축구를 좋아하기 때문에 게임도 축구 게임을 즐겨 한다.
하루에 한두 시간 정도 게임을 하는데 엄마는 그것을 못마땅하게 여기고 컴퓨터의 마우스를 가지고 외출을 하거나 수시로 손흥민의 스마트폰을 압수한다. 손흥민은 정말 화가 나고 짜증이 나서 공부할 마음이 싹 사라진다. 그래서 엄마 몰래 학원에서 게임을 하거나 저녁 늦게 게임을 하다가 자는 경우가 많다. 가끔 엄마가 손흥민의 방에 들어와서 그 장면을 보면 또 한바탕 싸움이 벌어진다. 나를 이해해 주지 못하는 엄마가 야속하고 집도 학교도 다 싫다. 지긋지긋한 하루하루다.

① 손흥민과 그의 엄마가 겪는 문제는 무엇인가요?

② 위에 적은 문제들 중 중요한 순서로 우선순위를 정해 보세요.

③ 1순위의 것을 목표로 삼고 그 목표를 달성하기 위한 방법을 적어 봅시다. 가능한 많이 다양한 방법을 적어 봅시다.

(3) 표적문제의 우선순위 결정 시 고려해야 할 사항

① 클라이언트의 선택, 긴급성 혹은 위험성, 클라이언트의 생활에서의 장애를 고려한다.

② 클라이언트가 바라는 결과를 달성하는 데 있어서 쉽게 해결할 수 있는 것이어야 한다.

③ 빠른 진전 가능성이 있고, 복합적인 문제 중에서 가장 핵심적인 문제를 선정한다.

④ 시간과 금전 및 에너지 측면에서의 서비스 비용, 윤리적 측면, 효과 유지의 가능성을 고려한다.

⑤ 희망하는 성과가 얻어진 경우 손실과 비교해 본다(이득이 손실보다 큰지 작은지를 비교한다).

3) 개입목표의 설정

(1) 개입목표 설정의 의미

사회복지사와 클라이언트 사이에서 문제가 공유되고 무엇이 문제인지 표적문제를 선정한 후에 비로소 개입목표 설정을 할 수 있다. 개입목표는 '문제가 해결된 상태' 또는 '개입을 통해 일어나기를 바라는 변화'이다. 사정 단계에서 무엇이 문제인지에 대한 문제 형성이 끝나면, 그 문제를 해결하기 위해 개입의 목표를 설정한다.

따라서 목표 설정은 사정과 직접적으로 연결되어 있다. 원조과정에서 목표 설정의 의미를 살펴보면 다음과 같다.

① 사회복지사와 클라이언트가 달성하고자 하는 목표에 대하여 서로 합의하고 확인하게 해준다.

② 적절한 개입전략과 개입방법의 개발과 선택을 용이하게 해준다. 그러므로 원조과정의 방향성과 지속성을 잃지 않도록 불필요한 혼란을 방지해 준다.

③ 사회복지사와 클라이언트가 변화의 진전수준을 점검할 수 있게 해준다.

④ 구체적 개입방법과 원조과정의 효과성을 평가하는 데 기준이 된다.

(2) 개입목표 설정의 중요성

사회복지사는 변화가 필요한 부분과 변화를 일으키기 위한 방향을 명확히 제시함으로써 개입 단계 동안 클라이언트가 당황하거나 혼돈되지 않도록 도와준다. 목표 설정이 중요한 이유는 개입이 종결된 후 그 결과를 효과적으로 평가할 수 있는 근거가 되기 때문이다. 목표 설정에 클라이언트가 참여함으로써 변화의 의지가 커지며, 원조과정에 효과적으로 참여하게 되기 때문에 클라이언트의 변화 정도를 모니터링할 수 있다.

(3) 개입목표 설정 시 고려사항

목표를 수립할 때 헵워스와 라슨(Hepworth & Larsen, 1986)이 제시한 지침을 참고하여 작성할 수 있다.

① 목표는 자발적으로 클라이언트가 원하는 결과와 관련이 있어야 한다.

대다수의 복지욕구나 문제는 클라이언트의 인식과 요구에서 비롯된다. 따라서 클라이언트의 적극적인 참여를 유도하여 공동으로 설정한 목표 실현을 위해서는 클라이언트가 원하는 결과를 포함해야 한다. 사회복지사에 의해 일방적으로 설정된 목표는 클라이언트의 협조를 구하기 어렵고 클라이언트의 저항이나 조기 종결문제로 이어질 수 있다.

② 비자발적인 클라이언트의 목표는 클라이언트에게 동기부여해 줄 수 있는 것을 포함해야 한다.

비자발적인 클라이언트에게 동기를 부여해 줄 수 있는 것을 포함해야 성공할 가능이 높아질 수 있으므로, 목표 설정과정에서 주도적인 역할을 담당할 수 있도록 한다.

③ 목표는 명확하고 측정 가능한 용어로 정의되어야 한다.

목적은 이념, 가치관과 같이 궁극의 복지상태를 의미하므로 목적 실현을 위한 목표는 구체적이고 단기적인 실천내용으로 기술되어야 한다. 목표는 행동의 내용, 횟

수, 기간 등을 구체적으로 제시하여 측정할 수 있어야 하고 클라이언트의 참여와 사회복지사의 활동내용도 기술되어야 한다.

④ 목표는 현실적으로 달성 가능한 것이어야 한다.

클라이언트의 상황과 여건은 모두 다르기 때문에 목표는 클라이언트 입장에서 현실적으로 실현 가능해야 한다. 클라이언트의 현재의 능력과 잠재력에 맞도록 설정하여 달성 가능하도록 수립해야 하고 수립된 목표는 모니터링하는 것이 바람직하다.

⑤ 사회복지사의 지식과 기술에 상응하는 것이어야 한다.

사회복지사 자신의 전문성에 대한 고려가 있어야 한다. 사회복지사의 지식과 역할이 변화를 위한 개입에서 적절할 수 있어야 하며 지식과 기술에 대한 고려는 의도한 변화를 위해서도 반드시 검토되어야 한다.

⑥ 목표는 성장을 강조하는 긍정적 형태이어야 한다.

목표를 기술할 때는 변화의 시간적 흐름의 순서대로 작성한다. 계량화된 수치적 표기가 바람직하며 부정적인 표현보다는 긍정적인 표현이 바람직하다. 예를 들어, '비난하기 않기'보다는 '칭찬하기'로 한다는 것이다. '~을 하지 않는 것'은 문제 행동의 상실을 의미하지만, '~을 하는 것'은 긍정적 행동을 얻는 것을 의미한다. 잃는 것보다 얻는 것이 변화의 동기를 더 많이 제공하기 때문이다.

⑦ 목표는 사회복지사의 중요한 권리나 가치에 맞지 않으면 동의하지 않아야 한다.

클라이언트가 원하는 목표가 아무리 가치나 권리가 개인적인 것이라 할지라도 클라이언트의 요구사항이나 목표가 근본적으로 사회복지사의 가치나 권리(윤리강령)에 맞지 않아 받아들이기 어려운 것이라면 동의해서는 안 된다.

⑧ 목표는 반드시 기관의 기능과 일치해야 한다.

사회복지기관의 설립근거에는 기관이 지향하는 이념과 가치가 기술되어 있다. 따라서 사회복지사는 자신이 할 수 있는지의 여부가 아니라, 기관 차원에서 개입 여부를 판단하여 목표를 설정해야 한다. 복지기관은 기관마다 기능과 역할이 다르기 때문에 클라이언트가 기관을 선호하더라도 기관의 기능과 맞지 않는다면 다른 기관에 이관(의뢰)하는 것이 바람직하다.

03 계획수립 단계에서의 계약하기

1) 계약의 개념

계약(contract)은 목표 설정과 그것을 달성하기 위한 전략, 클라이언트와 사회복지사의 역할, 시간, 장소, 비용, 개입기법, 평가방법 등에 대해 사회복지사와 클라이언트가 동의하는 것이다. 접수과정에서부터 클라이언트와 사회복지사는 서비스 제공을 전제로 한 공식적인 계약관계라고 할 수 있다. 그리고 개입 전에 실시하는 서비스 계약은 개입목표, 개입내용, 클라이언트의 역할 전반에 대해 기관이 '고지'하고 클라이언트가 '동의'하는 것을 의미한다.

서비스 계약으로 문제해결에 대해 클라이언트의 권리가 보장될 수 있고 사회복지실천과정에 대해서도 클라이언트의 통제능력이 증대될 수 있다. 그리고 계약에는 서면 또는 구두로 진행되는 계약과정에 클라이언트가 참여하게 되면 합의된 목적과 목표에 도달하는 과정에 클라이언트 자신이 영향을 줄 수 있다는 자신감과 함께 문제해결과 과업수행에 대한 동기를 촉진할 수 있다.

기관의 입장에서도 서비스 계약으로 클라이언트가 노력해야 하는 과업과 의무를 공식화하고 명확히 전달할 수 있다. 사회복지실천은 여러 가지 사유로 중도에 서비스가 조정되거나 중단되는 일이 발생될 수 있는데, 이에 대해서도 사전에 명시하여 서로가 의무가 다할 수 있도록 고지할 수 있다. 최근에 사회복지실천현장에서 클라이언트의 '자기결정'과 '고지된 동의 의무'가 강조되어 계약과정이 더욱 중요하게 요구되고 있으므로 사회복지사는 계약과정을 충실히 이행할 수 있어야 한다(최세영 외, 2017).

2) 계약의 내용과 형식

(1) 계약의 내용

존슨(Johnson, 1985)은 계약에 포함되어야 할 요소로 클라이언트와 사회복지사가 합의한 목표와 시간제한, 구체적인 개입기법을 제시하였고, 헵워스와 라슨(Hepworth & Lasen, 1986)은 성취할 목표, 참여자의 역할, 사용되는 개입형태 및 기법, 시간적 조건, 평가방법, 시작일, 약속취소와 변경의 조건, 비용과 관련된 관리사항이 포함된다고 하였다. 학자들의 의견과 사회복지실천에서 포함되고 있는 주요 내용은 다음과 같다.

❖ **서비스계약의 주요 내용**

① 클라이언트에 대한 정보
클라이언트 이름, 사례 번호, 인적사항 등

② 문제
- 클라이언트가 규정한 문제
- 사회복지사가 규정한 문제
- 개입행동을 위한 합의된 문제 개요

③ 최종목표
명확하고 구체적으로 기술하고 목표달성 정도가 측정될 수 있는 기술

④ 계획
- 접근방법(시간적 조건, 장소, 비용, 날짜 등)
- 클라이언트 과제
- 사회복지사의 과제
- 세션 내의 과제
- 평가계획(목표와 과정에 대한 평가)

⑤ 서비스 조정 및 중단
- 서비스 중단 요건
- 서비스 조정 요건

⑥ 서명날인
사회복지사와 클라이언트가 각각 서명

계약서를 사회복지사와 클라이언트가 합의한 대로 작성한 후에는 최종적으로 클라이언트와 사회복지사는 상호 이해한 내용을 간결하게 재검토하는 과정을 거치도록 한다.

(2) 계약의 형식

사회복지사는 다양한 형식이나 형태로 계약을 할 수 있다. 계약은 구두로 가능하지만 최근에는 계약서를 서면으로 작성하는 방법이 선호되고 있다. 주로 많이 사용하고 있는 계약의 형식은 서면계약, 구두계약, 암묵적 계약으로 나눌 수 있는데, 각 계약의 특징, 장점, 단점을 설명하면 다음과 같다(Johnson & Yanca, 2010; Kirst-Ashman & Hull, 2009; Sheafor & Horejsi, 2008).

① 서면계약

서면계약은 사회복지사와 클라이언트가 개입목표 및 과정, 시간적 조건 등에 합의한 내용을 문서로 작성하는 계약이다. 서면계약은 가장 공식적인 형태의 계약으로 클라이언트에게 제공될 서비스의 종류와 기간, 사회복지사와 클라이언트의 역할, 목표, 개입기법, 계약 변경조건 등을 기재하고, 클라이언트와 서비스 제공자가 서명한다.

서면계약을 통하여 법적 효력을 가지지는 않지만, 클라이언트와 사회복지사의 의무를 강조하고 오해의 소지를 최소화하기 위한 장치로 작성하며 계약서의 형태는 기관의 상황에 따라 달라 적용되고 있다. 서면계약의 장단점을 살펴보면 다음과 같다(표 12-1).

〈표 12-1〉 서면계약의 장단점

장점	단점
• 목표를 명료화하고, 우선순위를 정하며, 역할과 책임 소재를 명확히 하고 클라이언트와 사회복지사의 오해(갈등)를 줄임 • 클라이언트에게 분명하지 않은 상태에서 클라이언트 모르게 처리되지 않음을 보장해 준다는 점 • 클라이언트의 의지를 더 강하게 할 수 있고 필요한 경우 언제라도 계약 내용을 검토 가능함	• 서면계약의 준비는 많은 시간이 소요됨 • 클라이언트가 처벌의 두려움으로 계약에 동의할 위험성이 있다는 점 • 사소하지만 쉽게 개념화된 목표에 집중하면서 복잡하거나 성취하기 어려운 목표를 회피할 가능성 • 클라이언트에 따라서는 서면내용의 목표 달성은 사회복지사의 의무인 것처럼 인식하여 달성되지 않았을 경우 잘못된 개입으로 소송할 수도 있다는 점

② 구두계약

구두계약은 클라이언트와 사회복지사가 혹은 서비스 제공자 간에 증서가 없이 언어(구두)로 계약을 맺는 방식이다. 구두계약은 목표와 실천활동, 역할, 시간을 분명하게 한다는 점에서는 서면계약과 다를 바 없지만 서명화하는 대신 구두로 계약하는 것이다. 목표의 우선순위는 사회복지사가 개인적으로 기록하는 것이 좋다. 구두계약의 장단점은 〈표 12-2〉와 같다. 구두계약이 가진 단점을 보완하기 위해서라도 계약 내용을 간략하기 기록함으로써 내용을 기억할 수 있게 하는 것이 도움이 된다.

〈표 12-2〉 구두계약의 장단점

장점	단점
• 서면계약과 비교할 때 신속하며 비교적 쉽다. • 서면서류에 서명하기를 거부하거나 불신감을 가진 클라이언트와 일할 때 유용하다.	• 구두계약은 서면계약과 같은 결정적인 힘은 없다. • 합의한 내용의 세부적인 사항을 잊을 수 있다.

③ 암묵적 계약

암묵적 계약(implicit contract)은 서면이나 구두로 합의하지 않았지만, 암묵적으로 개입 전반에 대한 내용을 사회복지사와 클라이언트가 합의한 것으로 보는 계약이다. 암묵적 계약의 단점은 서면이나 구두로 확인하지 않았기 때문에 오해와 분쟁이 발생할 수 있다는 것이다.

3) 계약 단계에서의 사회복지사와 클라이언트의 역할

계약과정에서 사회복지사는 클라이언트에게 계약이 잘 이루어질 수 있도록 해야 한다. 사회복지사의 역할을 각각 살펴보면 다음과 같다.

① 클라이언트가 문제와 개입방법을 이해할 수 있도록 자세히 설명해야 한다.

② 전문가로서 새로운 관점에서 문제를 볼 수 있도록 클라이언트를 원조한다.

③ 클라이언트가 미처 생각해 보지 못한 해결책을 제시하고 이를 고려해 볼 수 있는 기회를 갖게 한다. 그러나 최종결정은 클라이언트에게 있음을 명심해야 한다.

④ 목표 성취에 장애가 되는 요인들을 예측하고 장애요인들을 극복하거나 최소화할 수 있는 전략을 수립할 수 있도록 원조한다.

한편 클라이언트의 역할은 다음과 같다.

① 클라이언트는 계약 단계에 적극적으로 참여하여 자신의 감정이나 욕구, 원하는 바 등을 분명히 하고 계약에 반영될 수 있게 한다.

② 문제를 해결하는 주체는 사회복지사가 아니라 클라이언트 자신임을 인식하고 문제해결에 사회복지사는 협력적 동반자로 참여하고 도울 수 있다는 점을 인식해야 한다.

〈표 12-3〉 서비스 계약서 양식

서비스 계약서

이용자 이름: 날짜:

1. 목표

2. 목표와 실천계획

세부목표	
세부목표 1	
목표 달성 지표	
이용자 역할	
사회복지사 역할	
세부목표 2	
목표 달성 지표	
이용자 역할	
사회복지사 역할	
세부목표 3	
목표 달성 지표	
이용자 역할	
사회복지사 역할	

3. 기타(목표 달성 점검 및 담당자 의견 등)

이용자 :
사회복지사 :

〈표 12-4〉 서비스 동의서

서비스 동의서

1. 서비스 종류

서비스명	내용	비고	서비스명	내용	비고

2. 서비스 조정 및 중단

서비스 조정	• 서비스 이용자에게 적절하지 않거나 서비스 제공 목적에 어긋날 때 • 서비스 이용자의 부적절한 서비스 요구가 있을 경우 • 서비스 이용자가 공식적으로 서비스 조정을 요구할 경우
서비스 중단	• 서비스 이용자가 서비스 중단의 의사가 있을 경우 • 다른 지역으로 이주하였을 경우 • 3개월 이상 연락이 끊겼을 경우 • 타 기관과 서비스가 중복되었을 경우

3. 서비스 이용자의 의무

서비스 이용자는 신상의 어려움이나 경제적인 변동이 있을 경우 복지관에 알려야 하며, 어려움을 해결하기 위해 같이 노력하여야 한다.

서비스 제공일: 년 월 일 ~ 년 월 일

본 동의서는 OO복지관에서 제공되는 서비스에 대하여 본 기관과 OOO님이 상호 협의한 내용이며, 매년 1월 재작성을 원칙으로 한다. 또한 서비스 제공에 있어 문제 및 어려움이 있을 경우 서비스 이용자와 복지관과의 상호 협의를 통하여 조정이 가능하다.
(단, 생활에 큰 변화가 없을 시 다시 작성하지 않을 수 있다)

년 월 일

서비스 이용자: ○ ○ ○ (인) 담당 사회복지사: ○ ○ ○ (인)

OO종합사회복지관

함께 풀어 봅시다!

1 다음 표적 문제의 우선순위 결정에서 고려해야 할 사항으로 옳지 않은 것은?

① 긴급성 ② 변화 가능성
③ 측정 가능성 ④ 해결 가능성
⑤ 클라이언트의 선택

2 사회복지실천의 계획 단계에 대한 설명으로 잘못된 것은?

① 사회복지사와 클라이언트가 달성하고자 하는 목표에 대해 분명히 한다.
② 목표 설정은 사회복지사가 원하는 결과와 관련이 있어야 한다.
③ 목표는 사회복지사의 지식과 기술에 상응하는 것이어야 한다.
④ 사회복지사는 목표가 자신의 가치나 권리에 맞지 않는다면 동의하지 말아야 한다.
⑤ 목표는 클라이언트와 상호 협동하여 설정한다.

3 사회복지실천 과정 중 계약에 관한 설명으로 옳은 것은?

① 비자발적 클라이언트인 경우 서면계약이 효과적이다.
② 서비스 비용은 계약 내용에 포함되지 않는다.
③ 말로 계약을 맺으므로 구두계약은 오해의 가능성이 가장 낮다.
④ 계약에 거부감을 느끼는 클라이언트에게는 구두계약이 유용하다.
⑤ 사회복지사와 클라이언트가 각각 서명한 서면계약은 법적 효력을 가진다.

정답 및 해설

1 ③
▶▶ 표적 문제의 우선순위를 결정할 때 측정 가능성을 고려하는 것은 아니다. 목표를 설정할 때 측정 가능하도록 설정한다.

2 ②
▶▶ 계획 단계는 사회복지사와 클라이언트가 달성할 목표를 설정하는 단계로 목표는 사회복지사가 원하는 욕구가 아니라 클라이언트의 욕구와 원하는 결과가 관련되어야 한다.

3 ④
▶▶ 계약에 거부감을 느끼는 클라이언트에게 서면계약서에 서명을 하거나 도장을 찍게 하면 거부감이나 저항감이 더 커질 수 있으므로 말로 계약의 내용을 설명하는 구두계약이 유용하다.

4 다음은 사회복지실천과정 중 어떤 과정에 대한 설명인가?

초기 주요 개입 단계와 변화 목적(목표 달성)의 개입을 자연스럽게 소개하는 최고점이며 원조과정의 핵심이다. 이는 달성해야 할 목표와 그를 위한 수단을 명확히 하고, 참여자의 역할을 설명하며, 도움이 제공되는 조건을 형성한다.

① 관계형성 ② 면접
③ 접수 ④ 자료수집
⑤ 계약

❺

▶▶ 계약 체결에 관한 설명이다. 클라이언트가 관련된 문제와 체계의 본질, 그리고 사회복지사와 기관의 적합성에 대해 서로 충분히 파악하고 동의한다면, 사회복지사와 클라이언트는 계약을 공식화할 준비가 되었다고 본다.

5 사회복지실천과정에서 사회복지사가 수행해야 할 과제들이 순서상 바르게 연결된 것은?

ㄱ. 계약하기	ㄴ. 문제 형성하기
ㄷ. 개입목표 설정하기	ㄹ. 표적문제 선정하기

① ㄴ - ㄹ - ㄷ - ㄱ
② ㄴ - ㄷ - ㄹ - ㄱ
③ ㄹ - ㄷ - ㄴ - ㄱ
④ ㄹ - ㄴ - ㄷ - ㄱ
⑤ ㄱ - ㄴ - ㄹ - ㄷ

❶

▶▶ 계획수립 단계는 크게 '개입목표 설정하기'와 '계약하기'라는 두 단계로 이루어진다. 개입목표를 설정하기 위해서는 먼저 표적문제 선정이 이루어져야 한다. 표적문제가 선정되기 위해서는 먼저 사정 단계에서 클라이언트의 문제가 무엇인지 규명하는 문제 형성이 되어야 한다. 따라서 문제 형성하기 → 표적문제 선정하기 → 개입목표 설정하기 → 계약하기의 순으로 이루어진다.

Chapter

13

개입 단계

01 개입 단계

1) 개입의 목표

개입 단계는 사회복지사와 클라이언트가 상호 합의한 문제(표적문제)를 해결하기 위한 계획(목표와 계약)을 실천하는 단계이다. 구체적인 행동을 통해 의도적인 변화가 일어날 수 있도록 지원하는 단계로 사회복지실천 과정에서 가장 핵심적인 부분이다. 사회복지사는 개입 기법을 계속 적용하면서 클라이언트의 변화를 유도하고, 의도한 변화가 일어나고 있는지 점검해야 한다(그림 13-1).

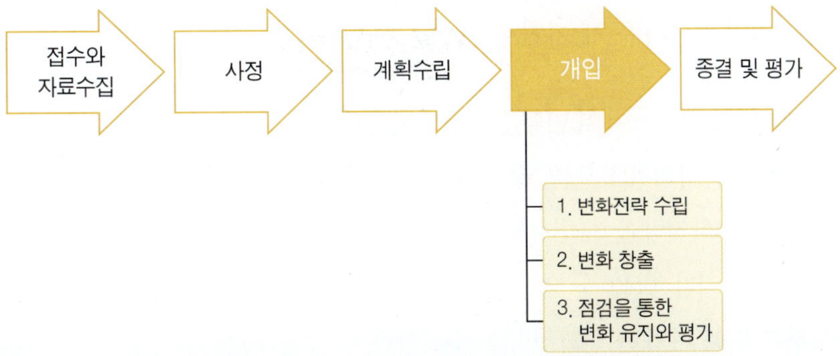

[그림 13-1] 사회복지실천과정 단계: 개입 단계

클라이언트의 특정 문제해결을 위해 개입할 수 있는 방법은 다양하다. 사회복지사는 광범위한 방법 중에서 클라이언트의 상황에 가장 적합한 방법으로 개입하여 표적문제 해결과 변화에 결정적인 영향을 미칠 수 있어야 한다.

개입방법은 초점이 되는 문제가 무엇인지를 우선적으로 검토한 후에 미시적·중간적·거시적 수준에서 개입하도록 한다. 먼저 미시적 개입은 개인의 변화를 전제로 한다. 사정 단계에서 클라이언트의 문제가 클라이언트가 가지고 있는 행동, 사고, 감정에 원인이 있고 욕구가 본인의 잘못된 믿음에 근거하고 있거나 개인을 둘러싸고 있는 체계와 역기능적 관계 또는 부적응 상태에 있다고 진단되면 개인 차원에서 개입한다. 그리고 클라이언트는 가족, 동료, 친구, 직장 등 클라이언트가 속한 체계에서 관계의 어려움과 문제를 가지고 있고 자원의 결핍이나 부적절한 생활환경상의 문제도 있으므로 중간적 수준의 개입을 검토할 수 있다. 마지막으로, 클라이언트 개인 차원의 극복에는 한계가 있고 지역사회의 변화가 필요할 때는 거시적 수준으로 개입하게 된다(이경준 외, 2014).

2) 개입 단계의 사회복지사의 역할

(1) 개입 단계에서의 사회복지사의 과제

사회복지실천이론의 대부분은 개입 활동에 관한 것이라고 해도 과언이 아닐 정도로 논의와 이론화 작업이 활발한 영역이다(Stream, 1978). 개입 단계에서 사회복지사의 과제를 살펴보면 다음 세 가지로 설명할 수 있다.

① 문제해결을 위한 구체적 변화 전략을 수립한다.

개입단계에서 사회복지사는 클라이언트가 문제를 해결하려는 노력을 지원하기 위해 다양한 변화전략을 수립한다. 동일한 목표를 달성하더라도 목표를 달성하는 방법은 여러 가지가 있을 수 있기 때문에 클라이언트의 문제를 해결하고 개입목표를 달성하기 위해 다양한 변화전략을 수립한다.

② 개입방법을 적용하여 변화를 만들어낸다.

개입목표를 달성하기 위해 다양한 개입방법을 적용하면서 클라이언트에게 변화가 일어나도록 한다. 상담, 교육, 동기 유발, 자원연결, 행동 수정 등을 통해 클라이언트의 변화를 창출한다.

③ 클라이언트의 변화 정도를 점검한다.

클라이언트에게서 변화가 일어나고 있는지 변화의 정도와 방향을 점검한다. 계획된 변화가 일어나고 있다면 이러한 변화가 계속 일어나도록 클라이언트를 지지하고 격려한다. 또한 클라이언트의 변화 및 목표달성을 어렵게 하는 장애물이 있는지도 점검한다. 그런 뒤 이들을 점검한 후 설정했던 목표가 적절하지 못한 경우에는 목표를 수정할 수도 있고, 개입방법이 적절치 못하거나 효과성이 없다고 판단되는 경우에는 개입방법을 바꾼다.

(2) 개입 단계에서의 사회복지사의 역할

클라이언트의 문제해결과 수립한 치료목표를 달성하는 데 가장 효과적인 개입방법이 선택된 다음에는 사회복지사의 구체적인 활동으로 이어진다. 사회복지사는 개별상담을 하거나 집단 모임을 지도하기도 하고, 가족치료 모임을 주도하는 등 선택한 개입방법에 따라 다양한 활동과 역할을 수행하게 된다. 또한 클라이언트에게 필요한 도움이나 자원을 확보하기 위해 외부기관과 접촉하는 활동도 사회복지사의 역할이다.

사회복지사의 개입 활동의 성격에 따라 콤튼과 갤러웨이(Compton & Galaway, 1984)는 사회복지사의 개입 역할을 다음과 같은 5개의 개념으로 분류하였다.

① 중개자의 역할

중개자의 역할이란 원조과정에서 설정한 서비스 목표를 달성하기 위해 가능한 모든 자원과 클라이언트를 연결하는 역할이다. 이러한 역할을 위해 사회복지사는 클라이언트에게 도움이 될 수 있는 기관이나 지역사회의 자원에 대해 충분한 지식과 정보를 파악하고 있어야 한다.

예 거동이 불편한 노인에게 병원에 동행할 자원봉사자를 연결해 주는 경우

② 조력자의 역할

클라이언트가 스스로 문제해결능력이나 대처능력을 키우고 자원을 찾을 수 있도록 원조하는 역할이다. 여기서는 사회복지사가 변화를 불러오는 것이 아니라, 클라이언트 자신이 스스로 노력하여 변화가 일어난다는 것에 주목해야 한다. 즉, 사회복지사의 조력자 역할은 클라이언트가 설정된 변화를 스스로 성취하도록 지원하는 것이다.

이 역할은 클라이언트 체계 내부를 대상으로 수행하며, 클라이언트로 하여금 말을 하도록 격려하고 감정을 표출하도록 이끌며, 클라이언트의 대인관계 양식에 대한 검토, 논리적인 토론 등이 주로 사용되는 기법이다.

예 부모, 자녀관계에 갈등을 겪는 중학생 자녀를 둔 클라이언트에게 자녀와의 관계를 분명히 인식하고 자녀와의 관계를 개선할 수 있는 대안을 모색하도록 원조하기, 개인의 강점을 발견할 수 있도록 지지하기

③ 교사의 역할

클라이언트에게 문제해결에 필요한 정보를 제공하거나 새로운 기술을 습득하도록 지원하고, 사회복지사 자신이 모델링해 보임으로써 클라이언트에게 새로운 행동을 가르치는 역할이다. 전문적 지식과 정확한 정보를 알아야 하며, 클라이언트에게 정보를 명확히 전달하고 이해시키기 위해 의사소통기술을 갖추어야 한다.

예 청소년을 위한 성교육집단에서 교육적 내용을 제공하기, 또래친구로부터 괴롭힘을 당하는 아동을 대상으로 효과적으로 자신의 주장을 전달하는 자기주장훈련 실시하기

④ 중재자의 역할

중재자의 역할이란 클라이언트와 다른 사람 혹은 클라이언트와 어떤 조직 사이에 존재하는 의견충돌이나 갈등을 조정하여 공동의 합의점을 찾아내도록 하는 역할이다. 중재자는 미시체계, 중범위체계, 거시체계 사이의 논쟁이나 갈등을 해결하는 역할을 담당한다. 견해가 다른 개인이나 집단 사이에 의사소통을 향상시키고 타

협하도록 돕는 중재자는 중립을 유지하며 논쟁에서 어느 한쪽 편도 들지 않아야 하며, 양측이 서로의 입장을 이해하고 있는지 확인해야 한다. 이때 중재자는 정확하고 완전한 정보를 가졌다고 확신할 때까지는 어느 쪽에도 치우지지 않는 것이 중요하다.

예 회사에서 해고를 당한 외국인 노동자의 경우 회사와 노동자의 의견차이를 타협하고 해결하기

⑤ 옹호자의 역할

옹호는 사회정의를 지키고 유지하려는 목적으로 개인, 집단, 지역사회의 입장에서 직접적으로 대변·보호·개입·지지하는 행동을 포함한다. 옹호자의 역할은 클라이언트를 위하여 일을 진행하고 대변하는 것으로, 특히 클라이언트가 필요한 것을 얻을 힘이 거의 없을 때에 적절하다. 중재의 역할은 양측의 이해를 절충하고 타협하여 공동의 이해영역을 도출하는 것이지만, 옹호자의 역할은 클라이언트의 이해와 권리만을 보호하는 것이다. 단, 이때 클라이언트의 권리나 이해는 법적으로 보장된 것에 한한다.

예 처벌받는 장애인의 권리를 확보하기 위한 법적 대응활동, 도심 재개발 사업으로 철거를 당하게 된 철거민 세입자들의 권리확보를 위한 활동

02 직접적 개입

1) 개인체계 개입방법

(1) 정서·인지의 개입기술

이 기법은 클라이언트의 불안, 자기 비하감, 자신에 대한 불신 등의 감정을 제거하기 위한 목적으로 사회복지사가 확신하는 클라이언트의 장점과 능력을 직접적인 표현을 통해 인정하여 주는 것이다. 또한 클라이언트의 불안을 야기하는 외부적 상황을 사회복지사가 클라이언트와는 다르게 덜 위협적인 것으로 확신하는 것을 보여

줌으로써 클라이언트의 불안과 긴장을 완화시키는 기법이다.

① 격려

격려(encouragement)는 클라이언트의 행동, 태도, 감정을 칭찬하거나 인정해 주는 언어적 표현방식으로 이루어진다. 이 기법은 특히 자신들의 문제를 해결할 능력과 자질, 지식을 보유하고 있는 클라이언트에게 그들의 문제해결능력과 동기를 최대화시키는 방법으로 매우 효과적이다(Compton & Galaway, 1984). 또한 어려운 과제를 목전에 두고 자신감이 부족한 클라이언트에게도 유효한 기법이다(Woods & Hollis, 1990). 격려는 성찰, 환기, 재보증, 클라이언트에 대한 신뢰감의 표명 등과 같은 여러 다른 기법과 병행해서 사용할 수 있다.

② 재보증

재보증(reassurance)이란 클라이언트의 능력에 대해 사회복지사가 신뢰를 표현함으로써 클라이언트의 자신감을 키우는 기법이다. 이 기법은 실제로는 현실적이며 건전하고, 사회적으로 수용될 수 있는 결정과 사고방식, 느낌이 있음에도 자신을 믿지 못하는 클라이언트에게 효과적으로 적용된다.

③ 일반화

일반화(universalization)란 클라이언트의 생각, 느낌, 행동 등이 그와 비슷한 상황에 놓인 다른 사람과 같거나 거의 비슷하다고 말해 줌으로써, 클라이언트가 다른 사람에 대해 가질 수 있는 이질감, 일탈감, 소외감 등을 상쇄시켜 준다. 그리하여 클라이언트 자신에 대한 신뢰감과 자신감을 회복시키기 위해 사용되는 기법이다.

④ 환기법

환기법(ventilation)이란 클라이언트의 문제와 상황과 관련된 감정을 클라이언트로 하여금 표출하도록 하는 기법이다. 클라이언트는 대부분 문제와 관련되어 다양한 감정을 경험하게 되는데, 어떤 경우에 이러한 감정이 제대로 표출되지 않거나 혹은 강하게 억압되어 그것 자체가 문제이거나 혹은 문제해결을 방해하는 경우가 있다.

클라이언트의 미처 의식되지 못하거나 혹은 억압하려는 이러한 감정들을 인식하고 자유롭게 표출하도록 격려함으로써 감정의 강도로 완화시키거나 정서적 분출을 바람직한 방향으로 유도하는 데 이 기법이 유용하다(Woods & Hollis, 1990).

⑤ 재명명

재명명(reframing)은 다른 사람의 행동을 바라보는 클라이언트의 관점을 변화시키고 좀 더 긍정적인 시각을 가지도록 하기 위한 기법이다. 구체적으로 재명명은 어떠한 행동과 사건에 대해 클라이언트가 부여하는 의미를 새롭게 수정해 줌으로써 클라이언트가 상황을 좀 더 긍정적으로 보도록 하는 것이다. 이 기법을 셰퍼 등(Sheafor et al., 1991, 1997)은 특히 부부나 가족관계에서 어려움을 겪는 클라이언트에게 매우 효과적이라고 권하고 있다. 즉, 재명명기법을 통해 가족구성원이 문제라고 규정한 것을 다시 검토해 보도록 격려하며, 다른 구성원의 행동을 다른 각도에서 이해하도록 돕는 것이다.

⑥ 직면

직면(confront)은 클라이언트의 사고나 행동 중에서 특히 변화에 장애가 되는 부분에 대한 인식력을 향상시키기 위해 사용하는 기법이다. 클라이언트가 간혹 자신에 대한 솔직한 직면을 피하거나, 행동변화에서 회피하기 위해 모순되고 왜곡된 사고나 행동을 보일 때 사회복지사는 직면기법을 적용하여 이러한 클라이언트의 모습을 벗겨 낼 수 있다.

⑦ 정보 제공

정보 제공(informing)이란 클라이언트가 어떠한 결정을 내리고 과제를 수행하는 데 필요한 정보를 제공하는 기법이다.

(2) 행동변화 개입기술

클라이언트의 문제 행동을 수정하거나 새로운 행동학습이 개입목표로 설정될 때는 행동수정이론에서 도출된 여러 가지 기법이 매우 효과적으로 적용될 수 있다. 예컨대 음주 탓에 사회적·가정적으로 문제를 겪고 있는 클라이언트에 대한 개입목표가 술을 끊는 것일 경우나, 아동 양육에 어려움을 겪고 있는 클라이언트에게 바람직한 부모의 태도를 발전시키고자 할 때 행동기법은 매우 강력한 개입기법이 된다. 특히 행동기법은 아동의 문제 행동에 매우 효과가 큰 것으로 알려져 있다(Sheafor et al., 1991, 1997).

① 강화와 처벌

강화(reinforcement)와 처벌(punishment)기법은 스키너(Skinner)의 조작적 행동학습이론을 기초로 한 기법이다. 강화가 행동에 대해 긍정적인 보상을 줌으로써 행동을 학습시킨다면, 처벌은 표적행동을 제거하거나, 그 강도를 감소시키기 위해 클라이언트가 표적행동을 할 때, 고통스럽고 불쾌한 자극을 주는 기법이다.

② 행동연쇄

행동연쇄(behaviour rehearsal)는 하나의 행동을 배우게 하는 데 있어 전체 행동을 더 작은 단위행동으로 분리하여 연쇄적으로 배워 가는 과정을 말한다. 즉, 서로 연결된 단위행동은 각각 선행된 단위행동에 대해 일종의 강화물로 작용함으로써, 하나의 완성된 행동을 배워 나간다는 것이다.

③ 토큰강화법

토큰강화법(token reinforcement)은 토큰경세라고도 하는데 여러 가지 바람직한 행동과 습관을 구체적으로 미리 정해 놓고 그 행동을 했을 때 그에 상응하는 토큰(징표, 스티커 등)을 줌으로써 체계적으로 강화하는 것이다.

④ 모델링

모방은 다른 사람이 하는 행동을 보고 그대로 관찰하여 모방(modeling)하도록 하는 방법을 의미한다. 관찰학습과정을 통해 클라이언트가 시행착오를 거치지 않고 원하는 행동을 학습할 수 있도록 하는 기법이다.

⑤ 타임아웃

타임아웃(time-out)은 문제 행동이 어떠한 상황으로 말미암아 강화될 때, 행위자를 상황으로부터 격리하는 방법을 의미한다. 이 방법을 적용할 때는 미리 경고를 주어야 하며, 시간이 짧을수록 좋다. 왜냐하면 아이를 너무 오랫동안 격리시키면 아이들은 그 의미를 잊기 때문이다(약 5분 정도가 적당함).

⑥ 행동시연

행동시연(behaviour rehearsal)은 클라이언트가 습득한 행동기술을 현실세계에서 직접 실행하기 전에 미리 연습하여 실제 상황을 성공적으로 다루게 하는 기법이다. 클라이언트가 사회복지사 앞에서 기술을 반복적으로 연습하는 것이다.

(3) 대인관계 향상 개입기술

대인관계에서의 갈등과 의견대립은 사회복지사가 흔히 접하게 되는 문제 중의 하나이다. 클라이언트 문제의 많은 부분이 대인관계를 원만하게 맺을 수 있는 기술이 부족하거나, 상대방에 대한 이해가 부족한 데서 오는 경우가 많다. 따라서 갈등해소와 관계기술 향상을 위한 개입은 사회복지사의 주요 개입목표 중의 하나이다.

대인관계문제에 대한 개입을 위해 무엇보다도 사회복지사가 인식해야 할 것은 갈등의 본질적인 부분은 잘 드러나지 않고 사소한 문제로 위장되기 쉽다는 것이다.

① 역할연습

역할연습은 클라이언트가 특정의 상황에 놓이게 될 때, 그 상황에 맞추어 다른 사람과의 상호작용에서 적절한 행동을 할 수 있도록 미리 준비하여 연습시키는 기법이다. 이러한 연습을 통하여 직면할 상황에 대한 클라이언트의 두려움을 없애고 상황에 적절히 대응할 수 있는 자신감을 향상시키는 효과를 본다.

이것은 역할극의 형태를 띠며 사회복지사의 직접적인 행동시범과 지시로 구성된다. 클라이언트는 역할극이라는 가상의 상황에서 상황에 대처하는 새로운 행동을 시도해 보는 것이다.

② 역할전환

역할전환(role reversal)이란 주변의 중요한 사람들의 행동이나 감정에 대한 이해를 높이는 데 매우 효과적인 기법이다. 클라이언트가 다른 사람의 처지에서 상황을 바라보고 의견을 말하게 하는 방법이다. 이 기법은 특히 구성원 간의 갈등이 문제인 가족을 대상으로 면접을 시행할 때 활용하기에 적당하다.

③ 가족조각기법

가족조각기법(family sculpture)은 공간을 이용하여 가족구성원을 다양한 신체적 자세로 배열시킴으로써, 가족구조를 시각적으로 묘사하는 기법이다. 즉, 이 기법은 가족갈등의 형태를 공간 속에 행동적인 형태로 드러내는 것이다. 가족 간의 애정, 정서적 관계, 갈등 등을 말로 표현하기는 매우 어려운 경우가 많다. 그러나 조각기법은 가족구조나 관계 등에 대한 구성원들의 견해를 시각적으로 쉽게 표출할 수 있는 방법이다. 이를 통해 사회복지사를 포함한 가족구성원 전원이 가족문제와 상황에 대한 이해를 더 쉽게 할 수 있다.

④ 빈 의자 기법

빈 의자 기법(the empty chair technique)은 클라이언트가 자기 자신이나 중요한 다른 사람에 대한 자신의 감정을 이해하도록 돕기 위함이다. 일반적으로 내인갈등에 포함된 이슈를 명확히 하기 위해서 활용된다. 또한 클라이언트가 다른 각도에서 갈등을 보도록 하며, 자신이 특정한 방식으로 행동하고 느끼는 이유를 통찰하도록 돕는다.

(4) 자기주장 훈련기술

자기주장(Assertiveness Training: AT)이란 자신과 타인의 권리를 동등하게 존중하면서 자신의 사고, 감정, 원하는 것, 의견 등을 단호하게 요구하거나 표현하는 것을 의미한다. 클라이언트가 자신의 사고나 감정을 미성숙하게 표현하거나 공격적인 방법으로 표현하기 때문에 대인관계에서 갈등이 발생할 수 있는데, 자기주장 훈련을 통해 이를 개선할 수 있다.

다음은 자기주장 훈련기술이 필요한 클라이언트들의 자기주장의 행동유형이나 반응이다.

① 요청을 거부하기

② 분위기와 어울리지 않는 의견 표현하기

③ 자신의 약점을 인정하기

④ 칭찬 수용하기

⑤ 긍정적인 감정표현하기

⑥ 행동의 변화를 요구하기(대화를 주도하고 유지하기)

(5) 스트레스 관리기술

스트레스 관리는 이환훈련이라고도 하며 클라이언트가 겪을 수 있는 스트레스 상황에 적절히 대처하도록 돕는 기술이다. 클라이언트에게 특정 근육을 수축·이완하는 기술을 가르치고 규칙적이고 깊은 호흡을 할 수 있는 방법, 즐거운 생각이나 이미지를 떠올리는 방법 등을 훈련함으로써 스트레스에 대처할 수 있도록 돕는다.

다음은 스트레스 관리가 필요한 클라이언트의 유형이다.

① 장기적 긴장으로 불안하거나, 위기상황으로 급성 불안을 느끼는 사람

② 다양한 사건이나 상황을 예상하여 두렵고 불안한 사람

③ 긴장성 두통, 편두통, 가슴팽창, 호흡곤란, 기타 생리심리학적 반응을 나타내는 사람

④ 불면증이 있는 사람

⑤ 분노 통제에 어려움을 겪는 사람

⑥ 보통 정도의 우울증이 있는 사람

2) 가족체계 개입방법

출생 후 오랜 시간 동안 타인의 보살핌과 양육이 요구되는 인간에게 가족은 물질적 필요뿐만 아니라 인간의 기본적인 욕구인 애정과 지지를 상호 제공하고 실현하는 근원지라고 할 수 있다. 부부의 만남으로 자녀가 출생되고 성장의 환경을 제공하는 가족은 사회의 연속성과 안정성 차원에서 핵심적인 역할을 담당한다. 그러나 여러 가지 가족의 사정으로 가족구성원인 개인이 심리적·정서적·경제적 문제와 욕구가 있으나 해결을 받지 못하고 있고 다른 구성원에게 영향을 미치며 이를 가족 차원에서 해결하기 어렵다고 진단되면 개인수준의 개입 외에도 가족수준의 개입을 고려해야 한다. 개인이 겪는 문제는 개인의 특성에도 원인이 있을 수 있지만 일차적 환경인 가족의 특성으로부터도 지대한 영향을 받기 때문이다(이경준 외, 2014).

가족 차원의 개입은 정보수집과 사정과정에서 검토된다. 클라이언트 가정의 물질적인 환경을 조사하고 가족구성원의 역동에 대해 자료를 수집하여 문제를 진단한다. 클라이언트가 겪고 있는 문제는 가족구성원과 관련하여 '이중 구속 메시지와 위장'이나 '대칭적이거나 보완적인 관계'에 있을 수 있고, 가족구성원이 지나치게 '밀착·유리된 가족'이거나 역기능의 형태가 '속죄양'에 근거하고 있을 수도 있다. 가족구성원 전체에 영향을 미칠 수 있는 심각한 문제인 '가정폭력'이나 '알코올이나 물질남용'이 있을 수 있거나 잘못된 '가족신화'로 원활한 의사소통이 이뤄지지 않는 등의 문제가 있다고 사정될 경우에는 사회복지사는 가족수준으로 개입하도록 한다(Goldenberg & Goldenberg, 1985).

가족대상 사회복지실천의 초기과정에서의 기법에는 가족의 문화에 합류하여 가족을 있는 그대로 받아들이고 지지하는 가운데 문제를 추적하는 것, 제시된 문제를 재명명(relabeling)하는 것, 동시에 가족을 참여시키는 것 등이 있다. 가족체계에서 많이 사용하는 개입기법을 중심으로 정리하면 〈표 13-1〉과 같다.

〈표 13-1〉 가족체계에 개입하는 기법

개입기법	내용
탈삼각화	제3자를 두 사람의 관계에서 분리시켜 가족 내에 형성되어 있는 삼각관계를 벗어나게 함으로써 가족원들이 자아분화를 하도록 돕는 기법이다.
합류하기	치료자가 가족과 인간적인 관여를 하는 것 혹은 가족의 현실 상황에 들어가 함께 경험하는 것으로써, 가족에 들어가는 것이고, 가족의 스타일에 맞추고, 가족구조를 변화시킬 수 있는 행동을 할 수 있게 하는 것이다.
실연 (enactment)	가족갈등을 치료 상황으로 가져와 가족원들이 어떻게 대응하는지 보고 그 상호작용을 수정하고 재구조화하는 기법이다.
긴장 고조시키기	가족 내의 긴장을 고조시킴으로써 대안적인 갈등 해결방법을 사용하도록 돕는 기법이다.
과제 부여	가족의 상호교류에서 자연스럽게 발전될 수 없는 행위를 실연해 보도록 하며, 가족이 행할 필요가 있는 분야를 개발시키기 위하여 과제를 주는 것이다.
가족조각	가족성원 한 명이 가족 개개인의 신체적인 공간을 자신의 이미지에 따라 배열하는 신체적 표현을 통하여 가족의 관계를 나타내는 무언의 동작을 표현한다. 가족조각은 개별 클라이언트 혹은 가족이 가족행동의 중요한 측면을 재연하여 보여 주는 것으로 치료도구일 뿐만 아니라 사정도구이기도 하다.
역할극/ 역할반전	• 역할극: 정상적인 생활에서의 역할극과 다른 역할을 해보는 것이다. • 역할반전: 가족의 두 성원들이 서로의 역할을 바꾸는 경우이다.
경계 만들기	• 밀착된 가족에 대한 개입: 하위체계 간의 경계선을 강화시키고, 각 개인의 독립심을 키워 준다. • 분리된 가족에 대한 개입: 가족성원 간의 지지적이고 통제하는 기능을 강화하여 하위체계 간의 교류를 촉진시키고 경직된 경계선을 완화시킨다.
치료면담 전의 변화에 대한 질문	첫 면담시간에 치료자가 내담자에게 어떻게 문제의 심각한 정도가 완화되었는지를 내담자 스스로 파악할 수 있도록 질문한다.
예외질문	성공했던 경험을 찾아내어 의도적으로 계속 실시하도록 격려하기를 위한 질문이다.
기적질문	문제 자체를 제거시키거나 감소시키지 않고 문제와는 별개로 해결책을 상상해 보게 하는 질문이다.
척도질문	구체적인 숫자를 이용해서 가족성원에게 자신의 문제의 정도, 변화 정도, 변화에 대한 의지 등을 표현해 보게 하는 질문이다.
대처/극복질문	문제 상황에 있는 내담자에게 경험을 활용하도록 하고 새로운 힘을 갖게 해서, 자신의 자원과 강점을 발견하도록 하는 데 도움이 되는 질문이다.
재구성	가족성원들이 문제를 다른 시각으로, 즉 새로운 방식으로 이해하도록 돕는 기법이다. 문제 행동에 새로운 의미를 부여하고 생각과 정서를 바꾸는 것으로 재명명 혹은 재구성이라고 한다.
역설적 개입	전략적 치료 모델에서는 문제해결을 위해 시도되었던 기존의 방법과 전혀 상반된 방법을 사용하는 기법이다.

3) 집단체계 개입방법

집단사회복지실천은 구조화된 집단의 상호작용을 통해 집단구성원인 개인들이 추구하고자 하는 목적인 사회기술 향상이나 대인관계기술 등을 습득할 수 있도록 지지하고 자극하는 활동이다. 유스터와 코놉카(Euster, 1975; Konopka, 1963)는 집단 경험을 통해 성원들이 의사소통능력, 적응적 대처기술, 효과적인 문제해결기법을 개발하는 것이 집단사회사업의 목적이라고 하였다(이윤로, 2006).

집단수준의 개입은 개인수준의 개입에서 자신에게 집중된 사회복지사의 개입을 부담스러워하는 클라이언트나 자신의 독특한 경험을 이해받지 못할 수 있다는 생각을 하는 클라이언트에게 적용할 수 있다. 집단수준의 개입에서 비슷한 경험을 가진 사람들이 함께 참여하여 경험을 공유하고 다양한 지지를 주고받으며 변화의 계기를 마련하게 된다. 또한 가족구성원이나 클라이언트를 둘러싼 체계인 학교나 직장 등에서 대인관계의 어려움을 경험하고 있는 클라이언트는 집단수준의 개입을 통해 다른 사람들과 협력하면서 개인의 문제를 해결할 수 있는 경험을 가질 수 있다.

집단수준의 개입을 결정하기 위해서는 먼저 해결하고자 하는 문제나 욕구가 개인수준이나 가족수준의 개입보다 집단수준이 적절하다는 사정평가가 있어야 하고 다음으로 고려해야 하는 것은 집단의 구성이다. 집단수준의 개입에서 가장 중요한 것은 집단구성원이다. 효과적인 개입을 위해서는 집단 속 개인들이 의사결정, 경험의 공유, 상호 간에 지지가 가능하도록 유사한 경험이나 문제를 가지고 있는 클라이언트들로 집단을 구성하는 것이 바람직하다.

집단과정 촉진기술은 사회복지사가 집단과정에 개입의 필요성을 느끼고 영향을 미치기 위해 사용하는 기술이다. 세부적인 집단과정 촉진기술은 다음과 같다.

(1) 집단구성원의 참여를 촉진하기

집단활동에는 모든 구성원이 참여하는 것이 바람직하지만, 사회복지사는 소외되거나 침묵하고 있는 집단구성원들이 생기지 않도록 집단구성원들의 참여를 언어적으로 촉진할 수 있어야 한다. 의사소통이 원활할 수 있도록 참여인원들이 동등한 권리와 지위를 갖고 있음을 전달하고 집단구성원에게 강화와 피드백을 실시하도록 한다. 집단구성 초기에 정서적 유대감을 가질 수 있는 집단활동을 진행하는 것도 참여를 촉진할 수 있는 방법이다.

(2) 집단구성원에게 집중하기

집단구성원이 말하는 것이나 행동하고 있는 것에 주의를 집중하고 상대방의 말과 행동에 대한 느낌을 전달하는 방법이다. 사회복지사는 집단구성원의 언어적·비언어적 의사소통을 적극적으로 관찰하면서 주의 깊게 경청하고 구성원의 의사소통의 흐름을 따라가면서 집단구성원들에게 집중하도록 한다.

(3) 표현기술 원조

집단구성원들의 생각이나 느낌을 자유롭고 편안하게 표현하도록 원조하는 것이다. 집단구성원들이 말하기를 꺼리거나 어려워하는 주제에 대해 이야기할 때, 먼저 이야기할 수 있는 집단구성원이 없다면 사회복지사가 먼저 이야기하거나 자기개방을 하게 한다.

(4) 반응기술

특정한 집단과정에 선별적으로 반응하여 집단과정에 영향을 미치는 기술이다. 집단구성원의 노력을 지지하는 반응은 집단구성원의 행동을 강화함으로써 그 행동을 계속하게 만들지만, 집단구성원의 행동이나 말에 반응을 보이지 않거나 동의를 하지 않으면 집단구성원은 그 행동을 하지 않게 된다.

(5) 집단의사소통의 초점 유지하기

집단과정의 특정 영역에 초점을 둠으로써 관련 없는 의사소통을 감소시키고 중요한 문제에 대해 집중할 수 있도록 개입하는 기술이다. 구체적인 기술로는 명확화, 특정 의사소통의 반복, 토론범위 제한 등이 있다.

(6) 집단과정을 명확하게 하기

집단구성원들이 현재 어떻게 상호작용하고 있는가를 설명하여 구성원들이 인식할 수 있도록 도와주는 기술이다. 집단구성원들 자신의 감정, 사고 그리고 행동유형이나 상호작용에 대한 이해를 도모하기 위해 사용한다. 현재 집단활동이 어떻게 진행되고 있고, 과정 속에서 어떻게 생각하고 느끼는지, 특정한 상호작용의 형태를 지적하거나 특정한 상호작용의 형태가 만족스러운지 등을 물어봄으로써 집단과정을 명확히 하여 집단과정을 촉진할 수 있다.

(7) 내용 명료화하기

집단구성원 간 상호작용의 내용을 명료화하는 기술이다. 집단구성원의 의사소통을 원활히 하기 위해 집단구성원들이 자신을 분명히 표현할 수 있도록 개별로 원조하고 집단활동에 필요한 특정한 메시지를 모든 집단구성원이 잘 이해했는지 개별로 질문을 하거나 검토하여 집단활동을 촉진하는 기술이다.

(8) 집단 상호작용 지도

집단의 목적 달성을 위해 특정한 방향으로 집단을 이끌어 나가는 기술이다. 하위집단의 역기능적 작용을 수정하고 집단의 과업성취에 도움이 되는 상호작용을 촉진하며, 의사소통의 방향을 재조정함으로써 개방적인 의사소통을 장려하기 위해 사용한다. 구체적으로 특정 구성원의 의사소통을 제한하거나 격려하며, 구성원 간 의사소통을 연결하여 집단의 상호작용의 형태를 이끌어 가는 기술이다.

03 간접적 개입

1) 간접적 개입의 유형

(1) 사회적 지지체계 개발

클라이언트의 문제는 사회적 지지체계의 결핍에서 비롯될 수 있으므로 클라이언트의 문제에 따라 사회복지사는 클라이언트를 중심으로 기존의 체계가 어떻게 작동하고 있는지 점검하고 클라이언트의 욕구에 맞게 기능할 수 있도록 원조할 수 있다. 사회적 지지체계에서 이미 형성되어 있는 체계를 '자연적 지지체계'라고 하는데 기관을 이용하는 클라이언트들이 필요로 하는 자원들은 가족과 같이 자연적인 지지체계에서 기대하기는 어려운 경우가 많다. 지지체계로부터의 고립도 원인이 될 수 있다. 개인적으로 문제가 있거나 사회적 기술이 부족하고 장애인이나 노인인 경우에 이동능력이 없거나 외딴 지역에 거주하여 지지체계로부터 고립될 수 있으나 많은 경우 자연적 지지체계가 처음부터 미약했거나 중간에 상실된 경우가 많다.

사회복지사는 클라이언트가 필요로 하는 자원을 자연적 지지체계에서 확보하기 어렵다면 공식적인 지지체계를 활용할 수 있어야 한다. 공식적 지지체계에는 사회복지서비스 등이 해당되므로 기존에 마련되어 있는 사회복지기관의 프로그램이나 서비스로 필요한 자원을 원조할 수 있다. 그리고 지역 차원에서 클라이언트의 특수한 욕구를 만족시킬 수 있는 서비스가 있는지 다양한 기관과 프로그램에 대한 정보를 충분히 확보하여 공식적인 지지체계를 개발하거나 연결할 수 있다.

(2) 사회복지서비스 조정에 관련된 활동

조정(coordination)이란 두 가지 이상의 서비스 제공자들과 함께 일하는 것을 말한다. 클라이언트의 문제는 다양한 원인으로 발생되기 때문에 복합적으로 개입했을 때 바람직한 결과가 가능할 수 있다. 서비스 조정에 관련된 활동은 다양한 클라이언트의 문제를 해결하기 위해 복합적인 서비스를 제공할 뿐만 아니라 기관들 간에 서비스가 중복되거나 누락되는 것을 방지할 수 있다.

조정은 기관 내 또는 기관 외에서 이루어지는데 서비스의 공동 목적을 달성하기 위해 적절한 시기와 방법을 조정하고 서비스 연결, 의뢰, 사례관리를 실시할 수 있다. 서비스 연결은 한 기관의 여러 전문가들이 특정한 클라이언트에게 관심을 가지고 서로 연결하는 팀 어프로치(team approach)가 해당된다.

의뢰는 서로 다른 기관의 전문가들이 연결되어 서비스를 제공하는 형태의 조정이다. 의뢰한 서비스가 제대로 전달되고 있는지 여부와 의뢰된 결과의 평가도 조정내용에 포함된다. 사례관리는 클라이언트의 문제와 욕구를 총체적으로 평가하고 필요한 서비스나 자원을 발굴하고 연결해 주는 과정에서 조정, 점검 및 평가를 하는 것을 말한다.

(3) 프로그램 계획과 개발

클라이언트의 문제를 해결할 수 있는 서비스나 프로그램이 지역사회 내에 존재하지 않을 때 사회복지사는 클라이언트의 욕구와 문제를 해결할 수 있는 다른 종류의 프로그램이나 서비스를 계획하거나 개발하게 된다. 프로그램의 내용은 지역사회를 단위로 변화와 지원체계를 조성하는 것을 목표로 한다.

(4) 클라이언트 옹호

옹호(advocacy)는 사회정의를 지키고 유지하려는 목적으로 개인, 집단, 지역사회의 입장에서 직접적으로 대변·보호·개입·지지하는 행동을 포함하는 다양할 활동을 의미한다. 클라이언트에게는 제공되지 않은 자원이나 서비스가 제공될 수 있도록 직접적으로 서비스를 개발하거나 연결하기보다는 지역사회를 대상으로 공청회, 정책 건의, 관련자 면담과 같은 방법으로 클라이언트의 불리한 상황을 지역사회에 알리고 자원이 조정되도록 활동하는 방법이다.

사회복지사의 옹호는 클라이언트에게 불리한 영향을 미치는 사회복지실천이나 절차, 정책들을 수정하거나 클라이언트에게 필요한 정책이나 절차를 만드는 활동이므로 클라이언트에게 장기적으로 결핍과 문제해결에 근본적인 영향을 미칠 수 있는 개입방법이다.

(5) 지역사회 내 기관 간의 협력

클라이언트의 문제가 복잡하고 세대 간에 복합적으로 연결되어 있을 때는 다양한 영역의 전문가가 개입할 때 보다 효과적일 수 있다. 그리고 장애인, 노인, 아동·청소년 등 특정 생애주기에 있는 클라이언트의 욕구는 단일하지 않으며 여러 체계와 연결되어 있는 경우가 많다. 따라서 한 기관에서 의료, 경제, 교육 등 통합적인 사례관리를 진행하기에는 한계가 있으므로 기관 간에 정보를 교환하거나 협조할 수 있는 체계를 구축하여 클라이언트의 욕구에 따라 유연하게 대응할 수 있도록 한다. 그리고 기관 간 협력은 관공서나 문화시설 등 사회복지기관에 국한되지 않고 연계하도록 한다. 예를 들어, 치아치료가 필요한 클라이언트를 위해 치과를 섭외하고 후원모임의 지원으로 치료를 제공하는 방법이다.

(6) 환경조작

환경조작(환경조정, environmental manipulation)은 클라이언트의 사회적 기능을 강화하기 위해서 클라이언트의 환경에 구체적인 변화를 가져오는 것이다. 환경은 그 안에 살고 있는 개인의 행동, 가정, 자아상에 지대한 영향을 미치는데 시포린(Siporin, 1975)은 환경적 개입을 구조적·문화적·기능적 유형을 변화시키는 활동이라고 하였다.

클라이언트를 다른 환경으로 이동시키는 전략은 클라이언트의 건강과 안전이 위기에 처한 상황에서 최후의 수단으로 클라이언트를 사회복지시설이나 기관에 일시 수용·보호하고, 가족관계와 생활조건의 개선을 계획하는 것이다.

2) 간접적 개입에서의 사회복지사의 역할

(1) 중개자 역할

간접적 개입에서 중개자의 역할은 클라이언트가 지역사회의 자원을 찾아내어 활용할 수 있도록 원조하는 것이다. 중개자로서의 사회복지사의 활동은 클라이언트에게 부족한 자원을 보충하거나 지지체계를 개발하는 것, 클라이언트를 다른 환경으로 이동시키는 것, 기관이나 시설의 환경을 개선하는 것, 새로운 자원을 개발하는 것 등이다.

(2) 중재자 역할

중재자로서 사회복지사는 체계 사이의 갈등이나 의견을 조정하는 역할을 한다. 학교폭력 피해아동의 부모와 학교 또는 가해아동의 부모처럼 이해관계가 다르거나 갈등을 빚는 체계가 타협할 수 있도록 중간에서 중재하는 역할을 하는 것이 사회복지사이다.

(3) 옹호자의 역할

옹호자로서 사회복지사는 클라이언트의 이익을 대변하는 역할을 하여 클라이언트를 대신하여 체계의 변화를 이끌어 낸다. 클라이언트가 자원과 서비스를 받을 권리를 유지하도록 돕는 활동을 한다. 이주 노동자의 임금체불문제를 제기하고 해결하는 역할도 옹호자로서의 사회복지사의 역할에 해당된다.

함께 풀어 봅시다!

정답 및 해설

1 사회복지실천과정의 개입단계에서 사회복지사가 수행하는 과업으로 옳은 것을 모두 고른 것은?

ㄱ. 계획된 방법으로 서비스를 제공 ㄴ. 서비스 제공 전략 및 우선순위 결정 ㄷ. 계획 수정 필요시 재사정 실시 ㄹ. 제공된 서비스에 대한 과정 및 총괄평가

① ㄱ ② ㄱ, ㄷ
③ ㄴ, ㄹ ④ ㄱ, ㄴ, ㄷ
⑤ ㄴ, ㄷ, ㄹ

❷

▶▶ ②가 답인 이유는 ㄱ. 계획된 방법으로 서비스를 제공하는 것은 개입이며, ㄷ. 계획수정 필요시 재사정 실시는 개입과정 중 모니터링을 실시하여 필요한 경우 재사정이 이루어지는데 이것은 개입단계에서 이루어진다.

2 개입 단계에서의 사회복지사의 역할에 관한 설명으로 옳지 않은 것은?

① 옹호자: 필요한 것을 얻을 힘이 없는 클라이언트를 위하여 일을 진행하고 대변하는 것
② 조력자: 클라이언트가 스스로 문제해결능력이나 대처능력을 키우고 자원을 찾을 수 있도록 원조
③ 교사: 클라이언트의 사회적 기능이나 문제해결능력이 향상될 수 있도록 교육적인 프로그램 제공
④ 중재자: 클라이언트의 욕구를 확인하고 문제를 규정하며 효과적으로 다룰 수 있는 능력을 개발
⑤ 중개자: 클라이언트 차원에서의 직접적 개입이나 의뢰를 통해서 클라이언트가 필요로 하는 자원과 서비스 연결

❹

▶▶ 중재자는 미시체계, 중범위체계, 거시체계 사이의 논쟁이나 갈등을 해결하는 역할을 담당한다. 클라이언트의 욕구를 확인하고 문제를 다룰 수 있는 능력을 개발시키는 것은 조력자의 역할이다.

3 클라이언트에 대한 간접적인 개입을 모두 고른 것은?

ㄱ. 자원개발	ㄴ. 서비스 조정
ㄷ. 프로그램 개발	ㄹ. 옹호

① ㄱ, ㄴ, ㄷ ② ㄱ, ㄷ

③ ㄴ, ㄹ ④ ㄹ

⑤ ㄱ, ㄴ, ㄷ, ㄹ

❺

▶▶ 간접개입은 클라이언트를 둘러싼 환경을 변화시켜서 클라이언트의 문제를 해결하는 기법으로 모두 간접기법에 해당된다.

4 개입단계에서 사회복지사가 수행하는 과제는?

① 클라이언트의 문제를 확인한다.

② 클라이언트의 문제를 '충족되지 못한 욕구'로 진술한다.

③ 클라이언트의 문제를 형성한다.

④ 클라이언트의 변화 정도를 모니터한다.

⑤ 개입의 효과성을 측정한다.

❹

▶▶ 개입단계에서는 클라이언트에게 어떤 변화가 어느 정도 일어나는지 변화 정도를 모니터하는 것도 중요한 과제 중 하나이다. 계획한 대로 변화가 일어나고 있는지 점검하여 개입목표를 수정할 수도 있고, 개입기법 및 전략을 수정할 수도 있기 때문이다. 나머지는 ① 접수, ② 사정, ③ 사정, ⑤ 평가에 해당된다.

5 직접적 실천활동의 예로 적절한 것은?

① 클라이언트 가정방문

② 다문화가족 홍보 캠페인 기획

③ 노숙인 지원을 위한 예산 확보

④ 최저임금제 개선안 제출

⑤ 프로포절 작성

❶

▶▶ 직접적 개입은 클라이언트를 직접 변화시킴으로써 문제를 해결하는 실천방식이다. 주로 개인, 집단, 가족을 대상으로 클라이언트를 직접 대면하여 개입한다.

Chapter

14

종결과 평가 단계

01 종결 단계

1) 종결의 개념

종결은 사회복지사의 개입 활동을 계획에 따라 마무리하는 것으로 사회복지사와 클라이언트 간의 관계를 공식적으로 끝내는 것이다. 종결은 사회복지실천 과정의 최종단계이며, 성공적인 실천은 클라이언트의 긍정적인 변화가 개입 이후에도 유지되는 것이다. 그러므로, 종결 단계에서는 개입하는 동안 클라이언트가 긍정적인 성취를 얻어 원조관계가 만족스럽게 끝날 수 있도록 해야 한다.

종결 단계의 목표는 개입을 통한 클라이언트의 변화를 확인하고 원조 과정에서 성취한 것을 유지할 수 있도록 준비시키는 것이다.

[그림 14-1] 사회복지실천과정 단계: 종결 및 평가 단계

종결은 일종의 사회복지사와 클라이언트 사이의 분리 경험인 만큼, 그에 따르는 다양한 감정이 개입되어 있다. 이러한 감정은 성취한 성공의 정도, 사회복지사와 애착의 정도, 그리고 클라이언트의 과거 경험상 중요한 다른 사람과의 분리 경험 등, 종결의 유형에 따라 매우 다양하게 나타날 수 있다. 따라서, 바람직한 종결은 클라이언트에게 원조 과정에서 이루어진 변화를 검토할 기회를 주고, 클라이언트가 그 변화를 통합하며 자신이 변화의 주체임을 깨닫게 하는 것이다. 이로써, 종결 이후의 생활에 대하여 클라이언트가 자신감을 갖도록 함으로써 원조 관계를 종료하는 것이다.

종결 단계에서 사회복지사는 클라이언트의 새로운 성취를 인정하고 자신감을 유지할 수 있도록 세심한 배려로 종결을 이끌어야 한다. 무엇보다 클라이언트와의 종결을 준비하는 과정에서 서비스를 효과적으로 마무리하기 위해서는 종결의 적합성을 판단해야 한다. 종결의 적합성을 판단할 때는 다음과 같은 요소가 고려되어야 한다(Sheafor & Horejsi, 1991).

① 계획된 개입목표가 달성되었는가?
② 클라이언트에게 제공된 서비스가 적절하였는가?
③ 클라이언트의 문제가 해결되어 현재 만족스러운가?
④ 사회복지사와 기관은 만족할 만한 성과 없이 시간, 에너지, 기술을 투입하고 있는가?
⑤ 클라이언트와 사회복지사는 개입의 필요가 없다는 결론에 도달했는가?
⑥ 클라이언트를 다른 기관이나 다른 전문가에게 의뢰하는 것이 더 적합한가?

2) 종결의 유형

종결에 있어서 어느 시점에 종결을 해야 하는지는 매우 중요하다. 종결은 사회복지사의 개입 활동을 계획에 따라 마무리하는 만큼 사회복지사와 클라이언트 간의 관계가 공식적으로 끝나는 것이다. 따라서 종결 시점을 계획된 종결과 계획되지 않은 종결의 유형으로 나누어 설명할 수 있다.

(1) 계획된 종결

① 서비스 제공 완료 혹은 시간 제한으로 인한 종결

계획된 서비스가 모두 제공되어 종결하거나 계획 단계에서 정한 개입기간이 경과되어 종결하는 것이다. 예를 들어, 횟수나 개입기간이 정해진 것이다. 이것은 종결을 예측할 수 있기 때문에 종결 시 부정적인 정서적 반응이 감소하는 경우가 많다. 사회복지사나 클라이언트 모두 종결 시점을 알고 있기 때문에 사회복지사에 대한 클라이언트의 의존성과 종결에 따른 상실감이 상대적으로 적다고 할 수 있다.

하지만, 목표 달성이 되지 않았을 경우에는 클라이언트는 실망하고 사회복지사에 대한 분노, 실망감 등을 느낄 수 있다. 이에 사회복지사는 이러한 클라이언트의 감정을 수용하면서 부정적인 감정을 표현할 수 있도록 허용하는 것도 중요하다.

② 목표 달성으로 인한 계획된 종결

목표가 달성됨으로써 성공적인 종결을 맞는 경우로 클라이언트와 사회복지사 모두의 만족감이 높다. 목표 달성으로 종결되는 경우에는 이별에 대한 상실감보다는 성공에 대한 기쁨과 자신감이 넘치기 때문에 사회복지사는 클라이언트의 성공을 축하하면서 종결 후에도 성과를 유지할 수 있도록 돕는다.

(2) 계획되지 않은 종결

① 클라이언트에 의한 일방적인 종결

클라이언트의 사정으로 인해 계획된 시기보다 일찍 종결하는 경우이다. 클라이언트가 갑자기 약속한 시간에 기관에 오지 않거나, 자신의 문제가 다 해결되었다고 말하면서 서비스를 거부할 때 미숙한 상태에서 종결이 이루어진다. 클라이언트에 의한 일방적 종결은 대부분 미해결된 저항감의 표현일 수 있다. 종결하더라도 클라이언트의 저항감을 해소시켜야 한다. 이러한 경우 시간을 갖고 적절하게 대화하면 해결될 수도 있다. 만약 사회복지사에 대한 부정적 감정 때문이라면, 클라이언트가 느끼는 부정적 감정에 대해 논의하기를 바란다고 말하고 이를 다루어 주는 것이 좋다.

때로는 클라이언트가 한두 번의 회합이 있은 후, 문제가 이미 해결되었다는 통보와 함께 종결을 원하는 때도 있다. 이럴 때 사회복지사가 실제로 문제의 개선에 대한 믿음이 가지 않으면, 클라이언트가 솔직할 수 있도록 강압적이지 않은 방법으로 직면의 기회를 갖도록 하는 것이 좋다. 이때 사회복지사는 클라이언트의 자기결정권을 충분히 존중하면서 전문가로서의 의견을 제시해야 할 의무를 다해야 한다. 클라이언트의 종결 시 사회복지사의 메시지는 솔직하고, 클라이언트에 대한 존중심과 관심을 가지고 전달되어야 한다. 클라이언트가 원하면 언제든지 어려움이 있을 때 찾아와서 도움을 요청할 수 있다는 사실을 알려 준다.

② 사회복지사에 의한 종결

사회복지사가 이직 및 퇴직 등 개인적인 이유 때문에 계획보다 일찍 종결하는 경우이다. 클라이언트는 갑작스럽게 맞이한 종결로 복잡하고 힘든 감정을 경험하게 된다. 사회복지사가 자신을 거부하거나 '버림받았다'는 느낌을 받을 수 있다. 특히 이전에 중요한 다른 사람과의 관계에서 거부당한 적이 있는 클라이언트는 더욱 상처받기 쉽고, 자존감이 저하되고, 자기 가치감이 상실된다.

사회복지사의 경우에도 클라이언트에게 미안함을 넘어 죄책감 같은 감정을 느낄 수 있다. 클라이언트의 감정적 반응에 대응하여 사회복지사도 죄책감에서 오는 과잉보상을 하거나, 종결에 대한 이야기를 지연하거나, 지나친 변명이나 열정을 보이게 된다. 하지만, 사회복지사의 이러한 행동은 오히려 클라이언트에게 종결에 대한 부정적 감정을 표현하는 것으로, 해결하는 것을 더욱 어렵게 만드는 결과를 가져온다. 따라서 이럴 때 사회복지사는 시간이 허락하는 한 클라이언트에게 감정표현을 할 수 있는 시간을 갖고 사회복지사와 헤어지더라도 변화를 위해 계속 노력하기를 바란다고 언급하고 지지와 격려를 보낸다.

사회복지사는 클라이언트가 표현하는 부정적 감정과 긍정적 감정을 수용하고 다른 사회복지사에게 의뢰하는 것을 수용하도록 돕는다.

③ 사후관리(follow-up)

종결 후 일정기간(1~6개월 사이)이 지나서 클라이언트가 잘 적응하고 있는지, 변화의 유지 정도를 확인하는 것이다.

3) 종결에 따른 사회복지사의 과제

종결단계에서의 사회복지사 역할은 ① 적절한 종결 시기를 결정하기, ② 부정적인 정서적 반응 다루기, ③ 목표 달성 평가하기, ④ 개입을 통해 획득한 효과의 유지와 강화하기, ⑤ 미래의 상황에서 클라이언트가 원조를 요청할 수 있도록 격려하기, ⑥ 의뢰하기 등이다(Hepworth & Larsen, 1986, 1990; Kirst-Ashman & Hull, Jr., 1999).

(1) 적절한 종결 시기를 결정하기

사회복지사는 종결 시기를 결정하고, 종결과정에서 클라이언트를 가장 효과적으로 도울 수 있도록 하여야 한다. 종결 시기를 결정하기 위해서 고려하는 사항은 다음과 같다. 개입목표의 달성 정도, 서비스 시간 내 제공 완료 여부, 클라이언트의 문제 상황의 해결 정도, 사회복지사의 기관의 투자 노력, 이득체감(더 이상의 만남이 큰 도움이 되지 않으리라는 것)에 대한 합의, 클라이언트의 의존성, 클라이언트에 대한 새로운 서비스 적합성 여부(의뢰) 등을 고려해야 한다.

종결 시기를 결정할 때는 클라이언트와 함께 계획하고 논의하는 것이 중요하다. 왜냐하면, 클라이언트가 사회복지사에게 가지는 정서적 애착과 이에 따른 의존성을 감소시키는 것에 영향을 미친다. 또한, 종결에 대한 두려움과 상실감을 통제할 수 있도록 하는 데 도움이 된다. 사회복지사는 최종 모임이 다가오는 후반부 모임에서부터는 종결에 관해 이야기할 시간을 갖도록 한다. 특히 종결이 예상보다 빨리 이루어질 때는 더욱 필요하다.

(2) 부정적인 정서적 반응 다루기

사회복지사는 종결에 따른 클라이언트의 정서적 반응을 잘 다루어야 한다. 종결에 대한 기쁨도 있을 수 있지만, 특히 목적이 달성되지 않은 채 종결을 하거나, 타 기관에 의뢰하는 것에 대해 클라이언트는 사회복지사에 대한 실망, 분노, 버림받았다는 느낌을 갖지 않도록 그의 감정을 수용하면서 부정적 감정을 표현할 수 있게 해주어야 한다. 그리고 사회복지사가 이직 등으로 헤어지게 되는 서운함과 슬픔, 두려움과 같은 복합적 감정을 잘 다루어야 한다.

특히 원조 과정에서 사회복지사에게 과도하게 의존하게 된 클라이언트는 만족감을 표시하기보다는 오히려 상실감을 느낀다. 시간 제한이 없는 개입모델에서 이러한 부정적 반응이 더 많이 발생한다(Garvin, 1981; Hepworth & Larsen, 1986, 1990). 이는 사회복지사가 상당 기간 클라이언트의 삶에서 의미 있는 역할을 수행했으며, 이에 따라 형성된 의존성과 독립에 대한 두려움이 종결에 대한 부정적 반응을 형성하는 것이다. 따라서, 종결 후에도 클라이언트에게 새로운 문제가 발생하거나 도움이 필요할 때 전문적인 원조 관계로 다시 도움을 줄 수 있음을 알려 주어 이별(종결)에 따른 불안감이나 상실감을 줄여 줄 수 있다.

클라이언트의 종결에 대한 부정적 감정표현은 다음과 같은 다양한 유형으로 나타날 수 있다(Compton & Galaway, 1994, 1999; Hepworth & Larsen, 1990).

① 종결에 대한 부정(否定)

② 과거 문제의 재발 보고하기

③ 새로운 문제 가져오기

④ 사회복지사를 대신할 사람 구하기

⑤ 상실감이나 사회복지사에 대한 분노를 직접 표현하기

⑥ 분노의 간접 표현으로서 회피행동(예: 약속을 지키지 않는 행동)

(3) 목표달성 평가하기

종결 단계에서의 주요 과제 중 하나가 클라이언트의 목표가 성취되었는지를 재확인하는 것이다. 따라서, 사회복지사는 그동안 개입과정과 개입결과 등을 조사기법을 활용하여 사정한다. 그 결과를 바탕으로 클라이언트의 목표 성취의 정도에 대한 서비스 평가를 제공하는 것이다. 즉, 사회복지실천에서 개입 활동이 효율적이고 효과적으로 결과에 작용하였는지를 평가할 수 있다.

(4) 개입을 통해 획득한 효과의 유지와 강화하기

클라이언트가 원조 과정에서 개입을 통해 성취한 변화를 종결 이후 다른 환경의 일상적인 삶 속에서도 계속해서 그 효과를 유지하도록 돕는다. 이것을 변화 노력의 일반화 혹은 안정화라고 한다.

이를 위해서는 클라이언트가 획득한 성과를 유지하고 계속 발전시켜 나갈 수 있도록 계획하는 것이 중요하다. 즉, 클라이언트가 문제해결을 했던 기본 원칙을 파악하도록 돕는다. 또한, 표적 문제에 대해 문제해결의 원칙이 어떻게 적용되었는지 검토하고 일반화 방법 등에 대해 예측하고 연습을 하게 한다.

토슬랜드와 리바스(Toseland & Rivas, 1995)는 원조과정에서의 변화를 유지하고 일반화하도록 돕는 7가지 방법을 다음과 같이 제시하였다.

① 클라이언트가 변화를 시도할 수 있는 적절한 상황을 선택하도록 돕는다.

② 클라이언트가 자신의 능력에 대하여 확신을 하도록 돕는다.

③ 새로운 행동을 습득하도록 도울 때는 다양한 상황과 환경을 활용하도록 한다. 그렇게 함으로써 클라이언트는 성공적으로 새롭게 배운 기술을 종결 후에도 자신 있게 성공적으로 활용할 수 있다.

④ 인위적 상황보다는 자연적 상황에서 습득하도록 돕는다. 클라이언트가 자연스러운 상황에서 부딪힐 수 있는 상황을 경험하도록 도움으로써, 실제로 장애물을 대면하였을 때 이에 대하여 적절하게 대응할 수 있도록 해준다.

⑤ 치료를 사후지도에까지 확장시킨다. 사후지도는 클라이언트에게 자신의 성장에 대한 다른 사람의 관심을 상기시키고, 자신의 성장을 유지하려는 노력을 강화시키는 역할을 한다.

⑥ 학교, 직장, 가정과 같은 다른 환경에서의 퇴보를 감소시킨다. 이를 위해 주변의 자원을 활용하도록 돕는다.

⑦ 문제해결과정을 가르침으로써, 장차 문제에 직면하여 실제로 문제해결기술을 향상시킬 수 있도록 돕는다.

사후관리(follow-up)는, 종결 후 1~6개월 정도의 일정 기간이 지나서 클라이언트가 잘 적응하고 있는지, 변화의 유지 정도가 어느 정도인지를 확인하는 것이다. 사후관리는 처음 개입계획 단계에서부터 포함되도록 하는 것이 바람직하다. 이때, 사회복지사는 클라이언트에게 사후관리의 목적이 클라이언트 변화의 진전 상황을 점검하는 것임을 확인시켜 줌으로써, 클라이언트에게 긍정적 기대감을 심어 주는 것이 좋다. 계획된 사후관리는 클라이언트에게 사회복지사의 지속적 관심을 받고 있다는 지지감을 부여함으로써, 종결 시의 개입 효과를 지속해서 유지하는 데 도움을 준다.

(5) 미래의 상황에서 클라이언트가 원조를 요청할 수 있도록 격려하기

클라이언트가 종결 후에 현재의 변화를 잘 유지하고 문제 행동의 재발을 방지하도록 하는 계획과 함께, 앞으로 언제든지 클라이언트의 상황에서 필요하면 기관에 찾아와서 원조를 요청할 수 있다는 것에 대해 논의한다. 이러한 노력은 클라이언트의 종결 시 의존성을 감소시키는 데 도움이 될 뿐만 아니라, 미래에 대해 희망을 품고 변화 노력을 지속해 나가는 데 지지적 효과가 있다.

(6) 의뢰하기

의뢰하기는 사례가 종결되었지만 클라이언트에게 새로운 서비스가 더 필요하거나 해결되지 않은 문제가 있는 경우에는 다른 기관이나 전문가에게 보낼 때 행해진다. 의뢰과정은 신중히 다루어져야 하는데, 클라이언트가 의뢰를 '거부'로 받아들여 필요한 도움을 더 이상 받지 않으려고 할 수 있기 때문이다.

의뢰할 때에는 다음과 같은 몇 가지 주의해야 할 사항이 있다(Hepworth & Larsen, 1986, 1990).

① 새로운 서비스에 대한 불신, 걱정, 잘못된 개념에 대한 클라이언트의 감정을 끌어내어 다루어 주고, 의뢰과정의 필요성을 강조하며 준비시키도록 한다.

② 사회복지사는 클라이언트와 함께 최선의 서비스가 무엇인지를 결정한다. 이를 위해 사회복지사는 지역사회 내 다양한 자원에 대한 정보를 충분히 확보하여야 한다. 이렇게 확보된 적절한 자원에 대하여 클라이언트가 잘 판단할 수 있도록 도와야 한다.

③ 사회복지사는 의뢰 시 가장 도움이 될 만한 가능한 대안을 제시하되, 클라이언트의 자기결정권을 존중해야 한다.

④ 다른 기관의 서비스에 대한 헛된 약속이나 비현실적 보증을 하지 않도록 해야 한다.

⑤ 의뢰하는 다른 기관의 기능을 명확히 하되, 그 기관의 사회복지사 역할 등에 대해 미리 설명하여 클라이언트가 실망하는 일이 없도록 한다.

02 평가 단계

1) 사회복지실천에서 평가의 중요성

사회복지실천에서 평가는 사회복지실천 활동이 효과적이었는지 그리고 효율적이었는지를 판단하고, 사회복지실천 과정에서 어떠한 일들이 발생했으며, 그러한 일들이 결과에 어떠한 영향을 미쳤는지 조사하는 활동이다. 결국, 사회복지실천에서 사용되는 중재 혹은 개입의 결과를 사정하기 위한 기술이다(Zastrow, 1995, 1999).

사회복지실천에서 평가의 목적은 사회복지사와 기관의 책무성을 수행하는 것이다. 사회복지의 책무성(accountability)이란 사회복지사가 클라이언트에게 계약 내용대로 서비스를 제공할 책임, 사회복지 전문직의 윤리와 가치를 서비스 전달과정에서 잘 지켜낼 책임, 기관의 프로그램과 정책 및 지침에 맞는 서비스를 제공할 책임, 다수 대중에게 자원이 제대로 사용되고 있는지 입증할 책임을 갖는 것이다.

넓은 의미에서 평가과정은 개입이 효과적이고 효율적이었는지를 사정한다. 그렇지만 개입은 많은 시간과 노력, 자원이 바람직한 목표 달성을 위해 필요한 상황에서는 효율적이지 못할 수도 있다. 사회복지사는 언제나 목적과 목표를 분명히 하여 개입을 시작해야 한다. 개입의 목적과 목표를 분명히 하지 않고 나중에 그 개입이 성공적이었는가를 평가하는 것은 불가능하다.

평가는 문제해결과정의 마지막 단계이다. 평가를 통해서 사회복지사와 클라이언트는 사회복지사가 의도한 대로 서비스 계획을 수행하고 있는지, 그 목적이 달성되고 있는지를 결정할 수 있다.

사회복지실천에서 평가의 중요성과 기능을 살펴보면 다음과 같다.

① 개입의 목표가 달성되었는지 객관적으로 판단할 수 있다. 클라이언트의 변화 및 개입목표의 달성 정도를 측정함으로써 실제로 얼마나 변화가 일어났는지, 목표가 달성되었는지 객관적이고 정확한 판단 및 결정을 내릴 수 있게 된다.

② 사회복지실천의 효과성을 입증할 수 있다. 개입의 목표 달성 여부와 달성 정도를 측정하여 사회복지실천의 효과성을 입증함으로써 자원 사용에 대한 책임성을 입증할 수 있다.

③ 자원의 사용에 대한 책임성을 입증한다. 평가 결과는 재정적 지원이나 지역사회의 승인이 필요할 때, 사회적 자원을 효과적이고 효율적으로 사용했다는 근거로 작용한다.

④ 관련자에게 정보를 제공한다. 평가를 통해 서비스를 클라이언트, 실천가, 프로그램 관리자, 재원 제공자, 정책 수립자 등에게 서비스의 질에 관한 정보를 제공한다.

⑤ 실천과정을 모니터할 수 있다. 사회복지실천 과정에서 클라이언트가 어떻게 반응하고 있는지, 계획했던 변화가 일어나고 있는지 클라이언트의 변화과정을 모니터할 수 있다.

⑥ 사회복지사의 능력 향상 및 사회복지실천 과정 개선에 기여한다. 사회복지사는 사회복지실천 내용을 점검하고 평가함으로써 반성적 성찰의 기회를 갖고 새로

운 활동에 반영함으로써 사회복지사로서의 능력을 향상할 수 있다. 기대했던 변화가 일어나지 않았다면 어떠한 요인이 장애로 작용했는지 점검하여 더 나은 개선활동을 함으로써 발전된 사회복지실천이 이루어질 수 있게 한다.

2) 평가의 유형

(1) 평가 차원에 따른 분류

① 성과 평가(결과 평가)

성과(outcome, 결과)에 대한 평가(evaluation)는 목표에 비추어 성취된 결과를 평가하는 것이다. 측정도구가 없다면 클라이언트의 관점과 생각을 사회복지사의 생각과 비교하기 위해 상담이나 질문지를 사용할 수 있다.

원하는 변화가 사회복지 실천활동을 통해 얼마나 달성되었는가를 검증하기 위해 개입효과검증을 한다. 많이 사용하는 평가방법은 단일집단 사전-사후 비교방법, 통제집단과 실험집단 비교를 들 수 있다.

- 단일집단 사전-사후 비교방법: 사회복지실천현장에서 많이 사용된다. 개입하기 전 문제 수준을 측정하고, 개입 후 다시 같은 방법으로 문제의 정도를 측정하여 개입 전후의 수준이 변화하였는지를 측정하는 것이다.
- 통제집단과 실험집단 비교: 개입을 한 집단(=실험집단)과 개입을 하지 않은 집단(=통제집단)을 비교하여 그 차이를 개입의 결과로 추정하는 것이다. 사전-사후 비교방법에 비해 별로 활용되지 않는데, 그 이유는 개입의 결과라고 판단하기 위해서는 개입 외에 다른 것은 영향을 미치지 않아야 하는데 이것이 실제로 불가능하기 때문이다.

② 과정 평가

과정 평가(process evaluation)는 사회복지실천 과정을 평가하는 것이다. 계획한 대로 서비스가 전달되고 있는지, 프로그램이 진행되고 있는지, 그 과정에서 어떤 일이 일어나고 있는지가 평가의 대상이다.

과정 평가의 초점은 개입의 성공 여부에 대한 판단이 아니라, 개입 과정에서 무엇이, 왜 일어났는지에 있다. 평가내용에는 사회복지사가 목표달성을 위해 사용한 방법이나 기법에 대해 피드백하는 것도 포함한다. 사회복지사와 클라이언트가 개입 중간중간에 주기적으로 평가한다.

③ 사회복지사 평가

사회복지사 평가는 실무자 평가라고도 한다. 개입과정 동안 사회복지사의 행동이나 태도 등이 개입에 어떠한 영향을 주었는지를 알아보기 위해 클라이언트로부터 피드백을 받는 것이다. 클라이언트의 긍정적 피드백은 사회복지사로 하여금 자기 강점을 더 잘 알게 하고 그것을 미래에 자주 활용하게 된다.

부정적인 피드백은 때로 고통스럽지만 사회복지사의 주의산만, 반치료적 행위나 태도, 매너리즘을 알려 준다는 점에서 매우 도움이 된다.

(2) 평가 목적에 따른 분류

① 형성 평가

형성 평가(formative evaluation)는 개입과정에 대한 평가이다. 활동의 진행과정에서 개입을 부분적으로 수정·개선·보완하는 데 필요한 정보를 얻기 위하여 주기적으로 진전 상황을 평가하는 것이다. 형성평가는 프로그램을 계획하거나 실행하는 데 도움이 될 만한 정보를 얻는 것에 초점을 맞추어 진행한다. 일반적으로 총괄평가는 양적 연구방법을 사용하고 형성평가는 양적 연구방법과 질적 연구방법을 모두 사용한다.

② 총괄 평가

총괄 평가(summative evaluation)는 특정한 목표와 목적이 충족되었는지를 결론짓기 위해 총괄적인 판단을 하는 것이다. 사회복지 개입에 대한 최종 결론적인 형태의 평가이다. 따라서 총괄 평가는 개입의 목적과 목표가 충족되었는지, 그리고 개입의 효과가 다른 기관과 집단에도 일반화될 수 있는지를 평가하는 것이다. 일반적으로 개입의 효과성과 효율성을 평가하므로 총괄 평가는 결과 평가와 같은 의미로 사용된다.

함께 풀어 봅시다!

정답 및 해설

1 종결 단계에서 취해야 할 사회복지사의 활동에 관한 설명으로 옳은 것은?

① 클라이언트의 변화를 촉진한다.
② 클라이언트와의 접촉빈도를 줄여 간다.
③ 클라이언트를 위해 서비스를 조정한다.
④ 클라이언트를 대변하여 자원을 확보한다.
⑤ 개입의 효과를 평가하기 위해 기초선 자료를 수집한다.

❷
▶▶ 종결 단계에서는 종결시기 정하기, 정서적 반응 다루기, 효과의 유지와 강화, 의뢰, 평가를 수행한다.

2 사회복지실천에서 평가에 대한 설명으로 바르지 못한 것은?

① 사회복지사가 개입과정과 내용에 대해 모니터할 수 있다.
② 평가의 일차적인 목적은 개입의 효과성을 판단하는 것이다.
③ 개입의 결과뿐만 아니라 개입과정에 대한 평가도 중요하다.
④ 자원 사용에 대한 책임성을 입증하는 수단이 된다.
⑤ 동일한 비용으로 높은 효과를 냈을 때 효과성은 증가한다.

❺
▶▶ 동일한 비용으로 높은 효과를 냈을 때는 효율성이 증가한다.

3 종결단계에서 사회복지사의 과업이 아닌 것은?

① 사후관리 계획 수립
② 성과유지 전략 확인
③ 필요시 타 기관에 의뢰
④ 종결 기준 및 목표 수립
⑤ 종결에 대한 정서 다루기

❹
▶▶ 종결 기준 및 목표 수립은 계획단계에서 수립한다.

4 다음 내용은 사후관리(follow-up)와 의뢰(referral)에 관한 설명이다. 옳지 않은 것은?

① 종결하고 1~6개월 후 클라이언트의 변화를 평가·유지하기 위해 사후세션을 갖는다.
② 종결 이후의 만남은 클라이언트에게 부담이 되므로 사후세션에 대해서는 정보를 제공하지 않는다.
③ 클라이언트를 타 기관에 보내 서비스를 제공하고자 할 때 의뢰한다.
④ 의뢰하기 전, 클라이언트에게 의뢰하는 기관의 구체적인 기능을 알린다.
⑤ 개입 종결 후 클라이언트에게 변화를 지속하도록 동기를 부여하는 것이 사후관리의 목적이다.

❷
▶▶ 사후세션에 대해서 개입 초기 단계에 미리 알려 주어야 클라이언트가 사생활 침해나 사회복지사의 개인적 만족감을 위한 것이라고 생각하는 오해를 방지할 수 있다.

참고 문헌

국내 서적

권구영, 김용민, 박봉정, 진혜경, 최은정, 고은숙(2008). 사회복지실천론. 서울: 창지사.

권향임, 김상아, 신민정, 윤정혜, 이기량, 이남순, 이채식, 전영록(2019). 사회복지실천론(2판). 서울: 창지사.

길귀숙, 강희숙, 오영훈, 오하나, 유진희, 제미자, 현영렬(2010). 사회복지실천론. 파주: 양서원.

김동훈(2021). 에쎕 사회복지실천론. 고양: 공동체.

김영모(1973). 사회복지개론. 서울: 경문사.

김융일, 조홍식, 김연옥(2009). 사회복지실천론(개정3판). 파주: 나남출판.

김융일, 조홍식, 김연옥, 황숙연(2000). 사회복지실천론(개정2판). 파주: 나남출판.

김혜경, 도미향, 문혜숙, 박충선, 손홍숙, 오정옥, 홍달아기(2016). 가족복지론. 고양: 공동체.

김혜란, 홍선미, 공계순(2006). 사회복지실천기술론(개정2판). 파주: 나남출판.

남연희, 박영구, 도기봉(2012). 사회복지실천론. 고양: 공동체.

류종훈(2007). 사회복지실천론. 파주: 21세기사.

박귀영, 오현숙, 간호옥, 신성일, 안원철, 박경숙(2010). 사회복지실천론. 파주: 양서원.

______________________(2015). 사회복지실천론. 파주: 양서원.

박석돈(1999). 사회복지서비스법. 서울: 삼영사.

박주현, 박연옥, 김준환, 배은숙, 박서춘, 박서영(2014). 사회복지실천론. 서울: 창지사.

배은숙, 문혜숙, 김준환, 이금옥, 박주현(2013). 사회복지실천기술론. 서울: 창지사.

보건복지부(2020a). 2020 사회복지관 운영관련 업무처리 안내.

________(2020b). 2020년 장애인복지 사업안내(I).

________(2020c). 2020년 장애인복지시설 사업안내.

________(2020d). 2020년 지역아동센터 지원 사업안내.

________(2021). 2021년 정신건강사업안내. 보건복지부 건강정책국 정신건강정책과.

양옥경, 김정진, 서미경, 김미옥, 김소희(2002). 사회복지실천론(개정판). 파주: 나남출판.

양정남, 최선령(2007). 사회복지실천론(2판). 파주: 양서원.

__________(2011). 사회복지실천론(3판). 파주: 양서원.

엄명용, 김성천, 오혜경, 윤혜미(2005). 사회복지실천의 이해. 서울: 학지사.

____________________(2009). 사회복지실천기술의 이해. 서울: 학지사.

____________________(2011). 사회복지실천의 이해. 서울: 학지사.

윤선오, 김우호, 서보준(2016). 사회복지실천론. 파주: 양성원.

이경남, 김인숙, 김현주, 박은주, 서화정, 이순영, 이찬희, 조윤득, 허영숙(2008). 사회복지실천론. 서울: 학지사.

이경준, 오봉욱, 박선하, 하태선(2014). 사회복지실천론. 서울: 동문사.

이상호, 최경화, 김재열, 안성의, 유인애(2010). 사회복지실천론. 파주: 신정.

이영실, 나임순, 정명희, 황희숙, 최정자(2016). 사회복지실천론. 파주: 양서원.

이장호, 금명자(1996). 상담연습 교본. 파주: 법문사.

이종복, 전남련, 김덕일(2011). 사회복지실천론. 파주: 학현사.

전재일(1981). 사회사업실제에 있어서 가치관. 사회복지연구, 9, 107-138.

전재일, 이성희, 김연희(2010). 사회복지실천기술론. 파주: 형설출판사.

전재일, 이종복, 조운희, 이준상, 이애재, 이성희(2001). 사회복지실천론. 파주: 형설출판사.

______________________________(2004). 사회복지실천론. 파주: 형설출판사.

최덕경, 이혜자, 이무영, 정혜선, 박경애, 김민경(2012). 사회복지실천론. 고양: 공동체.

최선화(2008). 풀어쓴 사회복지실천기술. 고양: 공동체.

최성재(1994). 현대사회와 가족. 파주: 교육과학사.

최세영(2018). 사회복지실천기술론. 고양: 어가.

최세영, 김준환, 박주현, 장연식(2017). 사회복지실천론. 고양: 어가.

최옥채(2006). 사회복지실천론. 파주: 양서원.

______(2007). 사회복지실천론(개정판). 파주: 양서원.

최일섭, 류진석(2002). 지역사회복지론. 서울: 서울대학교출판부.

최해경(2009). 사회복지실천론. 서울: 학지사.

최혜지, 김경미, 남성희, 류은정, 박선영, 박형원, 박화옥, 배진형, 안준희, 장수미, 정순둘(2013). 사회복지실천론. 서울: 학지사.

통계청(2021). 사회통계국 인구동향조사(2020년 출생사망통계 잠정결과). 인구동향과.

국외 서적

Anderson, R. E., & Carter, I. E. (1984). *Human behavior in the social environment: A social systems approach*. Chicago: Aldine.

Austin, D. (1983). The Flexner Myth and the History of Social Work. *Social Service Review, 57*, 357-377.

Ballew, J. R., & Minks, G. (1996). *Case management in social work*(2nd ed.). The Charles C. Thomas, Publisher, Ltd.

Barker, R. L. (1987). *The social work dictionary*. Silver Spring, MD: NASW Press.

__________ (1991). *The social work dictionary*. Silver Spring, MD: NASW Press.

Barker, R. L. (1995). *The social work dictionary*(3rd ed.). Washington, D.C: NASW Press.

__________ (2003). *The social work dictionary*(6rd ed.). Washington, D.C: NASW Press.

Bartlett, H. (1970). *The common base of social work practice*. NY: NASW Press.

Bertalanffy, L. V. (1968). *General system theory: Foundations, development, applications*. NY: Braziller.

Biestek, E. P. (1957). *The casework relationship*. Illinois: Loyola University Press.

Bronfenbrenner, U. (1979). *The ecology of human development: experiments by nature and design*. Cambridge, MA: Havard University Press.

Brown, J. S. T., & Furstenberg, A. L. (1992). Restoring control: Empowering older patients and their families during health crisis. *Social Work in Health Care, 17*, 81-101.

Coat, A. W. (1987). Patten, Simon Nelson, The New Palgrave. *A Dictionary of Economics, 3*, 818-819.

Compton, B. R., & Galaway, B. (1984). *Social work process*(Ed.). Homewood, Ill: Dorsey.

____________________ (1994). *Social work processes*(5th ed.). Belmont: CA: Wadsworth.

____________________ (1999). *Social work process*(6th ed.). Pacific Grove, CA: Brooks/Cole Publishing Company.

CSWE (2008). From the Editor: A Dialogue on Social Justice. *Journal of Social Work Education, 44*(2), 1-6.

Dolgoff, R., Feildstein, D., & Skolnik, L. (1997). *Understand social welfare*. New York: Longman.

Donner, S., & Sessions, P. (1995). *Garrett's interviewing*. Milwaukee: Families International, Inc.

Epstein, L. (1980). *Helping people: The task-centered approach*. St. Louis: C. V. Mosby.

Flexner, A. (1915). *Is social work a profession? in proceedings of the national conference of charities and correction*. NY: National Conference of Charities and Correction.

Friedlander, W. A., & Apte, R. Z. (1980). *Introduction to social welfare*. Englewood Cliffs, NJ: Prentice-Hall.

Frumkin, N., & Lloyd, G. A. (1995). Social work education. In R. L. Edwards, & J. G. Hopps(Eds.), *Encyclopedia of social work*(pp. 2238-2247). Washington, DC: NASW Press.

Garvin, C. D. (1981). *Contemporary group work*. Englewood Cliffs, NJ: Prentice-Hall, Inc.

Gehlert, S. (2006). The Conceptual Underpinnings of Social Work in Health Care.

In S. Gehlert, & T. A. Browne(Eds.), *Handbook of Health Social Work*(pp. 3-23). NJ: WILEY.

Germain, C. B., & Gitterman, A. (1980). *The life model of social work practice: Advances in theory and practice*. NY: Columbia University Press.

__________________ (1996). *The life model of social work practice: Advances in theory and practice*(2nd ed.). NY: Columbia University Press.

Goldstein, H. (1973). *Social work practice: A unitary approach*. Columbia: University of South Carolina Press.

Gottlieb, B. (1983). *Social support strategies: Guidelines for mental health practice*. Beverly Hills: Sage.

Hamilton, G. (1937). Basic concepts in social casework. *The Family, 18*, 147-159.

Hepworth, D., & Larsen, J. A. (1986). *Direct social work practice: Theory and skills*(2nd ed.). Homewood, Ill.: The Dorsey Press.

__________________ (1990). *Direct social work practice: Theory and skills*(3rd ed.). Belmont, CA: Wadsworth Publishing Company.

Hepworth, D., Rooney, R. H., & Larsen, J. A. (2002). *Direct social work practice: Theory and skills*(6th ed.). Pacific Grove, CA: Brooks/Cole Publishing co.

Hollis, F. (1972). *Casework: A psychological therapy*(2nd ed.). NY: Random House.

Johnson, D., & Matross, R. (1975). Attitude Modification Methods. In F. Kanfer, & A. Goldstine(Eds.), *Helping people change*. NY: Pergamon Press.

Johnson, L. C. (1989). *Social work practice: A generalist approach*(2nd ed.). Needham Heights, MA: Allyn & Bacon.

__________ (1995). *Social work practice: A generalist approach*(5th ed.). Needham Heights, MA: Allyn & Bacom.

__________ (1998). *Social work practice: A generalist approach*(6nd ed.). Needham Heights, MA: Allyn & Bacom.

Johnson, L. C., & Yanca, S. J. (2009). *Social work practice: A generalist approach*(10th ed.).

Boston: Allyn & Bacon.

____________________ (2010). *Social work practice: A generalist approach*(11th ed.). Boston: Allyn & Bacon.

Kadushin, A. (1983). *The social work interview*. NY: Columbia University Press.

Kirst-Ashman, K. K., & Hull, Jr., G. H. (1993). *Understanding generalist practice*. Chicago: Nelson-Hall Publishers.

____________________ (1999). *Understanding generalist practice*(Ed.). Chicago: Nelson-Hall Publishers.

Loewenberg, F. M., & Dolgoff, R. (1996). *Ethical decisions for social work practice*(4th ed.). F. E. Peacock Publishers.

Loewenberg, F. M., Dolgoff, R., & Harrinrton, D. (2005). *Ethical decisions for social work practice*. Belmont, CA: Brooks/Cole.

Long, D. D., Tice, C. J., & Morrison, J. D. (2006). *Macro social work practice: A strengths perspective*. Belmont, CA: Brooks/Cole.

Maguoire, L. (2007). *Clinical social work: Beyond generalist practice with individual, group and families*. Belmont, CA: Wadsworth Pub Co.

Mattaini, M. A., Lowery, C. T., & Meyer, C. H.(Eds.) (1998). *The foundations of social work practice*(2nd ed.). Washington, DC: NASW Press.

Miley, K. K., O'Melia, M., & DuBois, B. L. (1995). *Generalist social work practice: An empowering approach*. Needham Heights, MA: Allyn & Bacon.

____________________ (2007). *Generalist social work practice: An empowering approach*(3rd ed.). Boston, MA: Allyn & Bacon.

Moore, S. T. (1990). *A social work practice model of case management*. The Case Management Grid.

Morris, P. M. (2008). Reinterpreting Abraham Flexner's Speech, 'Is Social Work a Profession?' Its Meaning and Influence on the Field's Early Professional Development. *Social Service Review, 82*, 29-60.

Moxley, D. P. (1989). *The practice of case management*. Newbury Park, CA: Sage Publications, Inc.

NASW (1973). *Standards for social service manpower*. Washington, DC: NASW Press.

______ (1981). *Standards for the classification of social workers: NASW code of ethics*. Washington, DC: Author.

______ (1995). *Code of ethics of the national association of social workers*. Washington, DC: Author.

Northen, H. (1969). *Social work with groups*. NY: Columbia University Press.

Perlman, H. H. (1957). *Social case work: A problem-solving process*. Chicago: The University of Chicago Press.

______________ (1979). *Relationship: The heart of helping people*. Chicago: University of Chicago Press.

Pincus, A., & Minahan, A. (1973). *Social work practice: Model and method*. Itasca, IL: Peacock Publishers.

Piven, F. F., & Cloward, R. A. (1982). *The new class war: Reagan's attack on the welfare state and its consequences*. NY: Pantheon Books.

Popple, K. (2005). *Analysing community work: Its theory and practice*. Miton Keynes: Open University.

Richmond, M. E. (1917). *Social diagnosis*. NY: The Free Press Paperback.

________________ (1922). *What is social casework?*. NY: Russell Sage Foundation.

Sheafor, B. W., Horejsi, C. R., & Horejsi, G. A. (1991). *Techniques and guidelines for social work practice*(2nd ed.). Boston: Allyn & Bacon.

____ (1997). *Techniques and guidelines for social work practice*(4th ed.). Boston: Allyn & Bacon.

____ (1998). 사회복지실천 기법과 지침. [*Techniques and guidelines for social work practice*]. (서울대학교 사회복지실천연구회 역). 파주: 나남출판. (원저는 1998년 출판)

Shulman, L. (1979). *The skills helping: Individuals, families and groups*. Itasca: F. E. Peacock Publishers, Inc.

__________ (1991). *Interactional social work practice: Toward an empirical theory*. Itasca: F. E. Peacock Publishers, Inc.

Siporin, M. (1975). *Introduction to social work practice*. NY: MacMiillan.

Stream, H. (1978). *Clinical social work theory & practice*. NY: The Free Press.

Toseland, R. W., & Rivas, R. F. (1995). *An introduction to group work practice*. Needham Heights, MA: Allyn & Bacon.

Turner, F. (1986). *Social work treatment: Interlocking theoretical approach*(3rd ed.). NY: The Free Press.

Weil, M., & Karls, J. M. (1991). *Case management in human service*. San Francisco: Jossey-Bass.

Whitaker, W. H., & Federico, R. C. (1997). *Social welfare in today's world*. NY: McGraw-Hill.

Williams, R. M. Jr. (1952). *American society*. NY: Alfred A. Knopf.

Woods, M., & Hollis, F. (1990). *Casework: A psychological therapy*(4th ed.). NY: McGraw-Hill Publishing Company.

Zastrow, C. H. (1987). *Social work with groups*. Chicago: Nelson-Hall.

__________ (1992). *The practice of social work: A comprehensive worktext*(3rd ed.). Belmont, CA: Wadsworth.

__________ (1995). *The practice of social work: A comprehensive worktext*(5th ed.). Belmont, CA: Brooks/Cole Publishing Company.

__________ (2009). *The practice of social work: A comprehensive worktext*(9th ed.). Belmont, CA: Brooks/Cole Publishing Company.

참고 사이트

국민건강보험공단 노인장기요양보험 www.longtermcare.or.kr

국가법령정보센터 www.law.go.kr

국가통계포털 https://kosis.kr

보건복지부 www.mohw.go.kr

여성가족부 www.mogef.go.kr

통계청 www.kostat.go.kr

한국사회복지사협회 www.welfare.net

한국정신건강사회복지사협회 www.kamhsw.or.kr

한국학교사회복지사협회 www.kassw.or.kr

| 찾아보기 |

ㄱ

ㅈ

ㅊ

C

D

E

F

G

H

I

저자 소개

최세영

공주대학교 일반대학원 사회복지학 석사 및 박사

現) 백석예술대학교 보건복지학부 교수

최근 저서

『사회복지학개론(개정판)』 어가(2021)

『대인관계 향상을 위한 인간관계론(2판)』 정민사(2021)

『청소년복지론』 어가(2020)

『사회복지조사론(개정판)』 어가(2020)

『인간행동과 사회환경』 태영출판(2019)

『사회복지실천기술론』 어가(2018)

『노인복지론』 정민사(2018) 외 다수

사회복지실천론

첫째판 1쇄 발행 | 2021년 6월 10일
첫째판 2쇄 발행 | 2024년 2월 8일

지 은 이 최세영
펴 낸 이 어진용
펴 낸 곳 어가
10449 경기도 고양시 일산동구 장백로 20, 102동 202호(백석동, 동문굿모닝힐1차)
전화 031) 901-4222, 6318
팩스 031) 901-6319
이메일 uhga@uhga.co.kr
홈페이지 www.uhga.co.kr
등 록 2016년 7월 4일·제2016-000133호

ISBN 979-11-91109-27-6 (93330)
정가 21,000원